히브리서의 신학적 강해

도날드 A. 해그너 지음
이 창 국 옮김

크리스챤출판사

Encountering the Book of Hebrews

by **Donald A. Hagner**
translated by **Chang-Kook Lee**

Copyright ⓒ 2002 by Donald A. Hagner
Originally published in English under the title
Encountering the Book of Hebrews
by Baker Academic
a division of Baker Book House Company
P.O. Box 6287, Grand Rapids, Michigan, 49516-6287 in U.S.A.
All rights reserved

Korean Edition
Copyright ⓒ 2008 by Christian Publishing House
Seoul, Korea

본 저작물의 한국어판 저작권은 Baker 출판사와 독점계약한 크리스챤출판사에 있습니다.
신저작권법에 의하여 한국 내에서 보호받는 저작물이므로 무단전재와 무단복제를 금합니다.

차례

역자서문 · 14
편집자 서문 · 16
발행인 서문 · 17
   출간 원칙 · 17
   목적 · 18
   전반적인 주제 · 18
   특징 · 19
학생들에게 · 20
저자서문 · 22

  서론 · 24
   개요 · 24
   목표 · 25
   1) 히브리서의 기원과 역사적 배경 · 26
    (1) 저자 · 26
    (2) 독자들 · 31
    (3) 연대 · 32
    (4) 목적 · 33
   2) 히브리서의 구조 · 34
   3) 히브리서의 문학적 장르 · 39
   4) 하늘의 원형들과 땅의 모형들 · 40
   5) 구약의 사용 · 41
   6) 구약과 신약의 관계 · 48
   7) 유대주의와 반유대주의의 문제에 대한 히브리서의 입장 · 49
   학습 연구 질문 · 51

1. 하나님께서 이제까지 말씀하신 것 중 가장 중요한 것 · 53
   보충 읽기 · 53
   개요 · 53
   목표 · 54
   1) 서언(1:1-2a) · 54
   2) 아들을 묘사하는 일곱 개의 구절들(1:2b-3) · 55
     (1) 구절 1 · 56
     (2) 구절 2 · 56
     (3) 구절 3 · 58
     (4) 구절 4 · 58
     (5) 구절 5 · 59
     (6) 구절 6 · 60
     (7) 구절 7 · 60
   3) 천사보다 월등한 그리스도(1:4) · 63
   4) 일련의 일곱 구약 인용들(1:5-13) · 64
     (1) 인용 1과 2 · 65
     (2) 인용 3과 4 · 67
     (3) 인용 5 · 68
     (4) 인용 6 · 69
     (5) 인용 7 · 69
   5) 천사의 역할(1:14) · 71
   연구 학습 질문 · 72
   Further Reading · 73

2. 하나님의 아들의 완전한 인성 · 75
   보충 읽기 · 75
   개요 · 75
   목표 · 75

1) 독자에의 부가적 적용(2:1-4) • 76
  2) 아들의 완전한 인성(2:5-9) • 77
  3) 성육신의 목표 아들의 죽음(2:10-18) • 81
  학습 연구 질문 • 88
  Further Reading • 89

3. 모세보다 월등한 그리스도 • 91
  보충 읽기 • 91
  개요 • 91
  목표 • 91
  1) 하나님의 집 맡은 아들로서의 그리스도(3:1-6) • 92
  2) 불신과 강퍅함에 대한 훈계(3:7-19) • 96
  학습 연구 질문 • 99
  Further Reading • 99

4. 안식에 대한 남아있는 약속 • 101
  보충 읽기 • 101
  개요 • 101
  목표 • 101
  1) 하나님의 백성에 남아있는 안식(4:1-11) • 102
  2) 마음의 생각들을 감찰하시는 하나님(4:12-13) • 108
  3) 우리의 위대한 대제사장이신 예수(4:14-16) • 110
  연구 학습 질문 • 113
  Further Reading • 114

5. 그리스도의 대제사장직 • 115
  보충 읽기 • 115
  개요 • 115

목표 · 115

1) 대제사장의 의무(5:1-4) · 117

2) 멜기세덱의 반차를 따른 대제사장 예수(5:5-10) · 118

3) 성숙에의 권면(5:11-6:3) · 122

학습 연구 질문 · 124

Further Reading · 124

6. 배교와 하나님의 신실하심 · 125

보충 읽기 · 125

개요 · 125

목표 · 125

1) 배교의 위험성(6:4-12) · 126

2) 하나님의 목적들의 확정된 특성(6:13-20) · 131

학습 연구 질문 · 133

Further Reading · 133

7. 멜기세덱의 제사장직 · 135

보충 읽기 · 135

개요 · 135

목표 · 135

1) 아브라함과 멜기세덱(7:1-10) · 137

2) 멜기세덱의 반차를 좇은 예수의 대제사장직(7:11-22) · 142

3) 그리스도의 완전하고 영원한 제사장 사역(7:23-28) · 145

학습 연구 질문 · 149

Further Reading · 149

8. 더 좋은 새 언약 · 151

보충 읽기 · 151

개요 · 151

목표 · 151

1) 참 장막의 대제사장(8:1-6) · 152

2) 새 언약의 약속과 옛 언약에 대한 암시들(8:7-13) · 156

학습 연구 질문 · 161

Further Reading · 162

9. 영원한 희생이신 그리스도 · 163

보충 읽기 · 163

개요 · 163

목표 · 163

1) 첫 언약의 희생 제사 의식(9:1-10) · 165

2) 대제사장 그리스도의 결정적 사역(9:11-14) · 169

3) 새 언약의 중보로서의 그리스도(9:15-22) · 170

4) 죄에 대한 최종 응답으로서의
   그리스도의 단번의 희생 제사(9:23-28) · 173

학습 연구 질문 · 176

Further Reading · 176

10A. 미완성에서 완성으로(10:1-18) · 179

보충 읽기 · 179

개요 · 179

목표 · 179

1) 구약 희생 제사들이 할 수 없었던 것(10:1-4) · 180

2) 시편 40편에 근거한 새 것에 의해 대체된 옛것(10:5-10) · 183

3) 새 언약을 확립하고 이행하는 완전한 제사(10:11-18) · 185

학습 연구 질문 · 187

Further Reading · 188

10B. 신실, 배교 그리고 인내(10:19-39) · 189

보충 읽기 · 189

개요 · 189

목표 · 189

1) 하나님께 가까이 나아감: 신실함의 근거(10:19-25) · 190

2) 배교의 위험성과 심판(10:26-31) · 197

3) 인내하라는 권면(10:32-39) · 199

학습 연구 질문 · 200

Further Reading · 200

11. 믿음의 최고 예 · 203

보충 읽기 · 203

개요 · 203

목표 · 204

1) 믿음의 본질과 중요성(11:1-3) · 205

2) 아벨, 에녹, 노아의 믿음(11:4-7) · 210

3) 첫 번째 예, 아브라함의 믿음(11:8-10) · 213

4) 아브라함과 사라의 믿음(11:11-12) · 214

5) 현세와 세상을 넘어 존재하는 것에 대한 소망(11:13-16) · 217

6) 최상의 예가 되는 아브라함의 믿음(11:17-19) · 218

7) 이삭, 야곱, 요셉의 믿음(11:20-22) · 220

8) 모세의 믿음(11:23-28) · 220

9) 이스라엘 백성들과 라합과
    다른 많은 사람들의 믿음(11:29-38) · 222

10) 목표에 함께 인도된 모든 성도들(11:39-40) · 227

학습 연구 질문 · 228

Further Reading · 228

12. 신실함에의 초청 · 231

보충 읽기 · 231

개요 · 231

목표 · 231

1) 비할 데 없는 믿음의 본보기인 예수를 응시하라(12:1-3) · 232

2) 그리스도인의 삶 속에서의
하나님의 훈련의 역할(12:4-11) · 234

3) 성결에의 부름과 경고(12:12-17) · 236

4) 그리스도인의 현재 지위의 영광(12:18-24) · 238

5) 독자들에 대한 최종 경고(12:25-29) · 244

학습 연구 질문 · 245

Further Reading · 246

13. 최종 권면과 축복 · 247

보충 읽기 · 247

개요 · 247

목표 · 247

1) 다양한 윤리적 권면들(13:1-9) · 249

2) 진정한 제사들(13:10-16) · 252

3) 교회 지도자들에게 순종(13:17) · 253

4) 기도 요청과 개인적 글(13:18-19) · 254

5) 결론적 기도와 송영(13:20-21) · 254

6) 개인적인 사항을 지닌 후기(13:22-23) · 256

7) 인사말과 축도(13:24-25) · 257

학습 연구 질문 · 258

Further reading · 258

**결론: 신약에서의 히브리서의 위치와 신학과 교회
  그리고 그리스도인들에의 공헌 · 261**

개요 · 261
목표 · 261
1) 히브리서의 특별한 신학적 강조점들은 무엇인가? · 262
2) 히브리서는 신약 신학에 무엇을 제시하는가? · 265
3) 우리의 히브리서는 교회에 무엇을 제시하는가? · 267
4) 히브리서는 그리스도인 각 개인에게 무엇을 제시하는가? · 270
연구 학습 질문 · 275

부록 · 278

보록(EXCURSUS): 히브리서의 신약 정경 진입 · 278
참고문헌 · 285
용어풀이 · 293
주(Footnotes) · 302

표(Tables) 목록
- 히브리서에 대한 요한 칼빈의 견해 · 27
- 히브리서와 바울 서신들 · 28
- 바울을 제외한 히브리서 후보 저자들 · 30
- 히브리서에 나타난 교훈적인 강화와 적용 · 35
- 히브리서에 나타난 미드라쉬적 해석 · 36
- 히브리서 개요 · 38
- 구약 해석 속에서의 sensus plenior · 43
- 히브리서에 나타난 페쉐르(pesher) 해석 · 45
- 히브리서 1:2b-3에 나타난 아들을 묘사하는 일곱 구절들 · 55
- 지혜 기독론 · 57
- 시편 110편의 초대 교회에서의 중요성 · 61

- 예언자, 제사장, 왕이신 예수 · 62
- "히브리서에 나타난 '더 나은(더 좋은: better)'이라는 단어" · 64
- "히브리서 1:5-13에 나타난 일련의 일곱 구약 인용들" · 65
- "초대 교회에 있어서 시편 2편의 중요성" · 66
- 히브리서에 나타난 시편 110편 · 70
- 히브리서 1:4-14에서의 천사들과 아들의 비교 · 71
- 히브리서에 나타난 "온전(perfect)" · 80
- 우리의 구원의 선구자로서의 예수 · 82
- 신약에 나타난 예수와 야훼 하나님의 동일시 · 85
- 히브리서에 나타난 반 영지주의적 요소 · 86
- 히브리서에 나타난 대제사장으로서의 예수 · 87
- 히브리서에서 사용된 "하늘의"(heavenly) · 93
- 히브리서에 나타난 그리스도의 타이틀 · 94
- 안식: 히브리서 3-4장에 나타난 시편 95편 · 95
- 하나님의 백성에게 제시된 안식 · 102
- "오늘"이라는 단어의 중요성 · 105
- "여호수아"의 헬라어 번역으로서의 "예수" · 106
- 히브리서 4:12의 "하나님의 말씀" · 109
- 그리스도의 죄 없음 · 110
- 히브리서에 나타난 하나님 임재에 가까이 나아감 · 111
- 히브리서에 나타난 "은혜" · 112
- 히브리서에 나타난 동사 "드리다(offer)" · 116
- 어떤 의미에서 예수의 기도는 응답되어 졌나? · 120
- 히브리서에 나타난 "영원한"이라는 용어 · 121
- 그리스도의 초보 · 123
- 신자의 영원한 안전성에 대한 질문과 배교 · 127
- 세례 받은 후의 죄 · 130
- 유대 문학에 나타난 멜기세덱 · 136

- 히브리서에 나타난 멜기세덱 · 139
- 히브리서에 나타난 구약과의 불연속성의 주제들 · 141
- 바울의 견해에 비교하여 본 히브리서의 율법관 · 143
- 히브리서에서의 "언약" · 145
- 대제사장으로서 예수가 가진 특성들 · 146
- 히브리서에 나타난 "단번에(Once for All)" · 147
- 왜 히브리서는 성전보다 성막에 대하여 언급하는가? · 153
- 히브리서에 나타난 이원론: 형이상학적 또는 시간적 이원론? · 155
- 히브리서에 인용된 예레미야 31:31-34 · 159
- 신약 성서에서의 새 언약 · 160
- 장막, 제사장 직분, 그리고 희생 제사들: · 164
- 하나님의 거룩에 관한 가르침들 · 164
- 대속의 처소로서의 언약궤 속죄소 · 167
- 히브리서에서의 새 것과 옛 것의 대조 · 170
- 히브리서에서의 영원한 것에 대한 강조 · 171
- 새 언약의 중보로서의 그리스도 · 173
- 그리스도의 사역으로부터 혜택을 받는 자들로서의 "많은 사람"의 의미 · 174
- 구약에 근거한 성전 제사의 불충분성 · 181
- 히브리서에 나타난 권면들 · 191
- 독자들로 하여금 기독교 신앙을 버리게 하는 유혹 · 193
- 그리스도인의 미래 유산 · 196
- 히브리서와 바울 서신에 나타난 하박국 2:4 · 198
- 히브리서 11장에 의한 믿음 · 206
- 히브리서 11장에 기록된 믿음의 최고의 예들에 대한 목록 · 208
- 히브리서 11장에 나타난 보이지 않는 것들의 지배적 실체 · 212
- 히브리서 11:11, 아브라함의 믿음 또는 사라의 믿음? · 215
- 이삭을 묶음(the Akedah)과 히브리서 11:17-19 · 219

- 히브리서 11:32-38에 나타난 믿음의 예들 · 224
- 하나님의 연단으로서 고난이 주는 긍정적인 성과들 · 234
- 옛 언약과 새 언약의 대조: 시내 산과 시온 산 · 239
- 히브리서에 나오는 도성 · 241
- 히브리서에 나타난 실현된 종말 사상 · 242
- 히브리서에서의 새 언약 · 243
- 히브리서 13장에 나타난 권면들 · 248
- 히브리서의 진수 · 273

역자서문

도날드 헤그너(Donald A. Hagner) 박사의 강의를 직접 접한 역자로서 헤그너 박사의 히브리서 총론 (*Encountering the Book of Hebrews*)을 한국어로 번역하여 출판하게 됨을 하나님께 감사드리며 매우 기쁘게 생각한다.

도날드 헤그너 박사는 영국 University of Manchester에서 박사 학위(Ph.D.)를 취득하여 현재 미국 California 주 Pasadena 시에 소재하고 있는 Fuller Theological Seminary에서 George Eldon Ladd 석좌 교수로서 신약학을 가르치고 있다. 저자는 이 분야를 비롯하여 복음서 특히 마태복음에 있어서 크게 권위를 인정받고 있는 훌륭한 학자로서 다수의 연구 논문과 저서가 있다.

본서는 다음과 같은 특징을 지니고 있다.

1. 본서는 히브리서 각 절에 대한 주석적 분석을 제공하기보다는 히브리서 각 부분에 대한 신학적 논의와 이슈에 대한 평가와 히브리서 저자가 전체 서신에서 전하고자 하는 메시지에 초점을 맞추고 있다. 따라서 히브리서에 대한 간략하면서도 철저한 분석을 통해 독자들에게 유익한 학습 자료들을 많이 제공하고 있다.
2. 본서는 히브리서의 내용을 사실적으로 전달하며 서신의 문맥과 배경 및 구약 인용과 해석을 소개하고 기독교 신학에 어떠한 공헌을 하는가에 대한 체계적 설명들을 제공하고 있다.
3. 본서는 히브리서 해석에 있어서 최근 학자들의 견해를 소개하고 그에 대한 평가를 통하여 독자들로 하여금 스스로 이러한 학자들과 대화할 수 있는 길을 열어주고 있다.
4. 베이커 출판사의 "성경 연구 교재"(*Encountering Bible Studies Series*) 시리즈의 다른 책들처럼 본서도 본문의 개요, 사이드바(Sidebars), 도표 및 부록 등 여러 가지 유익한 자료들을 독자들에게 풍부하게 제공하고 있다.

본서는 지금까지 출판된 히브리서 교재들 가운데 가장 성경적이며 신학적인 책으로 개론 및 역사적, 문학적, 해석학적 자료와 해석을 위한 배경 등을 상세하게 설명하고 있다. 따라서 본서는 신학교 교재와 성경연구 자료로 사용하기에 가장 적합한 책임을 독자들은 스스로 발견하게 될 것이다. 본서가 목회자들과 신학도들에게 많은 도움과 유익이 될 것을 확신하며 좋은 평가를 받게 되기를 기대한다.

2005년 7월 25일
Pasadena에서
이 창 국 교수

편집자 서문

교회의 능력이나 그리스도인의 삶의 활력은 성경이 그들 가운데 얼마나 역사하느냐라는 문제와 직결된다. 초대교회의 성도들은 이문제의 중요성을 깨닫고 친교와 기도 및 하나님의 말씀 연구에 많은 시간을 보냈다. 그로부터 이천여 년의 세월이 흐른 오늘날에도 이러한 요구는 변함이 없으나 여러 가지 성경적 개념에 대한 접근 방법은 변화하였다. 그동안 많은 세월이 흘렀기 때문에 현대인들이 신구약의 세계로 들어가기 위해서는 안내가 필요할 때도 종종 있다.

이러한 취지에서 베이커 출판사는 혁신적인 성경 교재 시리즈를 출간중이다. 이 시리즈의 목적은 성경 본문의 세계로 돌아가 당시의 독자들에게 주신 뜻을 깨달음과 동시에 현대인들의 관점에서 오늘날의 시대적 상황에 적용될 수 있는 진리를 찾아내기 위함이다.

본 "성경 연구 교재"(Encountering Biblical Studies)는 대학생 정도 수준의 성경 교재와 그것의 기초가 되는 두 권의 신구약 성경 개론으로 구성되어 있다. 신구약 성경 개론은 저학년을 위한 책이며, 보조 자료로 성경 본문의 배경에 관해 다룬 두 개의 보충적 참고서가 있다. 이 기본적 개론서를 토대로 기독교 대학 교과 과정에서 가장 보편적인 내용을 중심으로 성경 각권에 대해 다룬 상급반응 교재가 있다.

본 시리즈를 완성하는 마지막 교재는 구체적인 쟁점이나 보다 깊은 성경적 사상에 관해 다룬 주석서들이 있다. 이러한 주석서로는 "베이커 성경 주석"(Baker Commentary on the Bible), "베이커 주제별 성경 안내"(Baker Topical Guide to the Bible), "베이커 성경 백과사전"(Baker Encyclopedia of the Bible), "베이커 성경 신학 사전"(Baker Theological Dictionary of the Bible) 및 "복음주의 신학 사전"(Evangelical Dictionary of Theology) 등이 있다.

본 성경 연구 교재 시리즈는 성경의 절대적 진리를 믿고 성경이 우리를 바르게 인도하는 지침서임을 확신하는 복음주의적 관점에서 쓰였다. 본서는 우리를 예수 그리스도에게로 정확히 인도함으로 우리의 신앙과 삶의 든든한 기초가 될 것임을 확신한다.

Walter A. Elwell
General Editor

발행인 서문

성경은 기독교 대학 및 복음주의 신학교 교과 과정에서 가장 핵심적인 과목에 해당한다. 그리스도인에게 있어서 성경은 영적 및 지적인 삶을 포함한 모든 삶의 근간을 이룬다. 이와 같이 성경이 모든 교육의 토대를 형성한다면 성경을 다루는 교재의 중요성이야말로 더 말할 나위가 없을 것이다.

베이커 출판사(Baker Book House)는 대학 수준의 성경 과목에 해당하는 시리즈부터 시작한다. 이 시리즈를 통해 출판되는 교재들은 모두 대학생 정도의 수준에 해당하는 내용이다. 따라서 저학년을 위한 기초적 개론서나 성경 각권에 대해 다룬 상급반용 교재들은 평신도나 목회자 또는 대학원생을 위해 쓰인 책은 아니다. 참고서도 마찬가지이다. 이러한 책들은 모두 대학생들을 염두에 두고 학문적인 관점에서 쓰인 교재라고 할 수 있다.

"히브리서 총론"(*Encountering the Book of Hebrews*)은 기본 개론서인 "신약과의 만남"(*Encountering the New Testament: A Historical and Theological Survey*, Walter A. Elwell and Robert W. Yarbrough)을 기초로 쓰인 책이다. 이 개론서가 대학 신입생들을 위한 교재라면 "히브리서 총론"은 상급반 학생들을 위한 책이다.

본서는 각 절에 대한 주석적 분석을 제공하기보다 히브리서 전체의 신학적 메시지와 학생들을 위한 실질적 내용에 초점을 맞추고 있다. 또한 본서는 개론 및 비평적, 역사적, 문학적, 해석학적 자료와 해석을 위한 배경 설명 등으로 구성되어 있다.

출간 원칙

본서의 편집자와 저자 및 출판업자는 다음과 같은 원칙에 입각하여 본서를 출간하게 되었다.

1. 우리 시대의 가장 훌륭한 복음주의적 학문을 반영한다.
2. 대학 상급반 학생들이 이해할 수 있을 정도의 수준에 맞춘다.

3. 학문적으로 건전해야 한다. 이것은 연구 내용이나 복습 문제, 각 장의 목적과 요약 등 전통적인 관심사뿐만 아니라 자료 제시 방식에 있어서도 적용된다.
4. 사진이나 지도, 도표, 그래프, 그림, 참고 사항(sidebar)과 같은 적절한 삽화를 제시한다.
5. 핵심적 교리나 윤리적 문제에 관한 성경적 교훈에 초점을 맞춤으로 학생들의 관심을 유도한다.

목적

"히브리서 총론"의 목적은 지적인 목적과 교훈적인 목적의 두 가지 범주로 나누어 설명할 수 있다. 지적인 목적은 1) 히브리서의 내용을 사실적으로 전달한다, 2) 역사, 지리 및 문화적 배경을 소개한다, 3) 기본적인 해석학적 원리를 제시한다, 4) 핵심적인 문제를 다룬다(예를 들면 사람들이 성경을 다르게 해석하는 이유 등), 5) 그리스도인의 신앙을 구체화한다.

교훈적 목적 역시 다섯 가지이다: 1) 성경이 학생들의 삶의 한 부분이 되게 한다, 2) 성경을 사랑하게 만든다, 3) 보다 성숙한 사람으로 만든다, 4) 신앙심을 고취시킨다, 5) 하나님을 사랑하는 마음을 불어 넣는다. 결론적으로 본서가 독자들의 평생 성경 연구의 밑거름이 된다면 저자나 발행인으로서는 더 이상 바랄 것이 없을 것이다.

전반적인 주제

본서를 집필함에 있어 세 가지의 핵심적인 신학적 주제가 바탕이 되었다. 하나님, 사람, 그리고 각 개인에게 관계된 복음이 그것이다. 본서 전체에는 인격체이신 삼위 하나님은 초월적이시며 무소부재하신 분이라는 사상이 깔려 있다. 이 하나님은 자신의 형상을 따라 사람을 창조하였으며 인간은 비록 범죄로 타락하였으나 여전히 하나님의 구속적 사랑의 대상이다. 복음은 하나님께서 사람들을 흑암과 죽음으로부터 구원하시기 위해 사용하는 수단이자 하나님의 능동적인 개입하심이다. 그러나 복음은 단순한 구원 이상의 의미, 즉 회복적 개념을 가진다. 복음은 아무런 소망이 없는 죄인들에게 하나님의 사랑에 거함으로 하나님을 기쁘시게 하는 삶을 살도록 결심하게 하고 힘을 준다.

특징

발행인의 목적은 가능한 독특한 자료를 제공하는 것이지만 단순히 유행을 좇으려 하지는 않는다. 다음과 같은 본서의 뚜렷한 특징들은 교수들에게도 많은 도움이 될 뿐만 아니라 학생들에게도 고무적인 내용이 될 것이다.

- 사진이나 그림, 표 및 도표 등의 삽화에 대한 자유로운 활용
- 주석적, 윤리적, 신학적 관심사 및 오늘날 대학생들의 관심사에 대한 참고 사항이나 부록적 설명
- 각 장 서두에 제시한 개요 및 목표
- 각 장 마지막에 제시한 복습 문제
- 유익한 용어풀이
- 참고문헌

학생들에게

이 책의 목적은 신약 성서 중 가장 풍요로운 본문들 중 하나인 히브리서를 이해하도록 돕는 것이다. 특별히 필자의 주된 목표는 히브리서 저자의 논의 전개의 흐름을 독자들이 따르도록 하는 것과 히브리서의 논리를 파악하도록 하는 것이다. 히브리서는 가끔 우리들을 익숙하지 않은 세계로 인도하기 때문에 이러한 목표가 도전 받을 수도 있다.

본서의 핵심은 독자들이 스스로 히브리서와 만나도록 돕는 것이다. 따라서 본서는 히브리서에 대한 장별 해설을 제공한다. 본서는 주석이 아니므로 많은 세부 사항을 자세히 다루지 않고 또한 많은 질문들에 대한 답변도 하지 않는다. 다만 본서는 주요 주제들과 주요 이슈들에 초점을 맞춘다. 그러므로 독자들은 본서와 함께 한 두 권의 주석을 통하여 보충하려 할 것이다.

필자가 제시하는 설명은 독자들이 해당 본문을 읽을 것이라는 것뿐만 아니라 성서 본문을 참고하기 위해서 소지하고 있다는 것을 전제로 한다. 그러므로 필자는 본서에 제시된 설명에서 성서 본문을 거의 반복하지 않는다. 궁극적으로 중요한 것은 히브리서 본문 자체이다. 본서를 비롯한 2차 문헌들은 물론 유익은 하겠으나 중요한 것은 아니다. 본서는 주인과 종의 관계에서 종과 같이 히브리서를 이해하는데 있어서 도움을 주는 것만으로서 의미를 둘 뿐이다. 당신의 눈을 관건이 되는 본문에 계속 맞추라!

본 "성경 연구 교재"(the Encountering Biblical Studies)의 유익한 특징 중 하나는 사이드바(Sidebars: 본문의 한쪽 귀퉁이에 박스로 제시한 설명 자료)이다. 일부 사이드바(편의상 박스라 칭함)는 정수(精粹)와 목록을 제공하고 다른 일부 사이드바들은 구체적 논점에 대한 세부적 논의를 제공한다. 후자의 경우를 위해서 필자는 보충 독서를 위한 약간의 참고 문헌을 제공하였다.

일반 참고 문헌은 본서의 말미에 실려 있고 여기서 독자들은 추천된 주석들을 발견하게 될 것이다. 필자는 장별 해석에서 의도적으로 2차 자료들과의 교류를 회피하였고 각주도 넣지 아니 하였다. 본서에 실린 해석의 목적은 히브리서의 논의에 초점을 맞추는 것이므로 특정 주제에 대한 학자들의 논의에 빠져들려고 하지 않는다. 그럼에도 불구하고 좀더 자세한 연구를 원하는 독자들을 돕기 위해서 필자는 각 장의 말미에 약간의 주요 참고 문헌을 실었다. 흥미 있는 사람을 위해서 필자의 히브리서 주석에서 필자는 약간의 2차 자료 문헌들과 교류를 할 것이다(추천된 주석들을 보라). 본서는 필자의 히브리서 주석에 대한 하나의 보완서이고 완전히 새로운 저술이다.

본서의 말미에서 독자들은 전문 용어들을 이해하도록 의도된 용어풀이를 접하게 된다. 각 장의 서두에 제시된 개요와 목표들은 독자들로 하여금 중요 문제에 집중할 수 있도록 할 것이다.

히브리서에 대한 이해의 시작은 히브리서에 대한 약간의 정보적 지식, 특히 서신의 기원과 배경에 대한 지식을 필요로 한다. 이러한 정보를 서론에서 접하게 될 것이다. 서론에서 필자는 또한 히브리서 저자의 독특한 구약 해석, 특히 본문을 인용하고서는 인용 본문에서 따온 단어들을 사용하면서 주석하는 습관(미드라쉬로 알려진 방식)에 대해서 많은 지면을 할애하였다. 이러한 본문에 대한 필자의 해설에서 히브리서 저자가 인용된 본문에서 따와서 다음 구절에 나오는 본문 주석에 사용된 단어들은 이탤릭체로 표시하였다. 만약 서론에서 제공된 저자의 구약 해석 방식에 대한 신학적 논의를 이해하는데 어려움이 있다면 인내를 가져라. 한두 장을 스스로 학습하고 나면 독자들은 이 주제에 대한 이해를 공고히 하게 될 것이다. 그렇게 되면 다시 서론으로 돌아와서 관련된 부분을 읽어 보도록 하라.

전체적으로 독자들이 많이 투자하면 할수록 더 많은 보상을 받게 된다. 히브리서는 많은 시간과 에너지를 투자 할만한 가치가 있는 책이라는 것과 또한 본서를 읽음으로 믿음과 신앙생활에 놀라운 보상을 받게 될 것이라는 것을 확신한다. 필자는 이 점이 필자의 삶에서 진실 됨을 발견하였다. 하나님께서 교회 역사를 통하여 많은 사람들을 축복하여 오신 것처럼 독자들의 히브리서 연구에 하나님의 동일한 축복이 함께 하기를 기원한다.

저자서문

본 "성경 연구 교재"(Encountering Biblical Studies) 시리즈에 본서를 기고할 수 있도록 초청하여 준 베이커 출판사 및 임직원들에게 감사를 드린다. 거의 20년 전에 <히브리서 주석>(1990년에 헨드릭슨[Hendrickson]에 의해 NIBC[New International Biblical Commentary] 주석 시리즈로 재 출판됨)을 출간한 후 다시 히브리서 연구로 돌아가게 된 것은 필자에게 큰 보상을 받는 느낌이다. 본서는 이전에 출간된 주석과는 완전히 독립된 새로운 책이다. 그러나 모리스 A. 인치(Morris A. Inch)와 C. 헤슬 불록(C. Hassel Bullock)에 의해 편집되고 베이커(Baker) 출판사에 의해 1981년에 출판된 "성서의 문학과 의미"(The Literature and Meaning of Scripture)에 실린 소논문 "Interpreting the Epistle to the Hebrews(히브리서 해설)"로부터 온 여러 자료들을 이용하였다. 이러한 이용을 하도록 허가해준 출판사에 감사드린다.

본서를 저술함에 있어서 학생들이 학적인 수준을 손상하지 않고서 본서에 접근할 수 있도록 고려하였다. 본서는 주석이기 보다는 강해--섹션별로 한 부분에서 다른 부분으로 흐르는 사상의 흐름을 추적--이다. 본서의 주된 목적은 학생들이 히브리서와 이 서신이 제시하는 새로운 세계를 접함에 있어서 이들을 돕고자 하는데 있다. 강해에 덧붙여서 다양한 참고 자료들이 박스(본문의 한쪽 귀퉁이에 박스로 제시한 설명)안에 제시되어 있다. 박스안의 자료들이 유용한 자료들이 되기를 바란다. 히브리서와 관련된 2차 자료들과 교류를 하지 않았지만 학생들이 주된 논의에 대한 지식을 넓히는데 도움을 줄 수 있는 참고 문헌들을 제공하였다.

하나님의 은혜와 성령의 영감을 통하여 히브리서 저자는 그리스도의 대속 사역에 대한 완벽한 설명을 교회에 제공한다. 그리스도는 멜기세덱의 반차를 따라 독특하게 요건을 갖춘 대제사장으로서 구약의 제사 의식을 성취하는 분이시며 또한 자신이 제사장이면서 동시에 자신을 제물로 드리는 분으로 제시된다. 이렇게 그리스도를 제시함에 있어서 저자는 아주 풍성한 신학을 우리에게 제공하고 있을 뿐만 아니라 또한 이러한 신학이 주는 그리스도인의 삶을 위한 실천적 의미를 계속 그려낸다. 본서의 독자들이 히브리서를 이해하고 자신들의 삶에 적용함에 있어서 본서로부터 도움을 받게 되기를 기도드린다. 이러한 체험은 마음을 열고 수용적 입장에서 히브리서를 읽게 될 때 진정한 조우를 맞게 될 것이다.

본서를 집필함에 있어서 감사를 드려야 할 많은 분들이 있다. 무엇보다도 멘체스터(Manchester) 수학 시절 지도 교수였던 F. F. Bruce 교수를 꼽지 않을 수가 없다. 월등한 주석가인 Bruce 교수의 히브리서 강의는 서신의 귀중한 사상들을 내게 소개하였고 그가 저술한 <히브리서 주석>은 최상의 주석중 하나에 속한다. 본서 집필을 위해 연구할 수 있도록 안식년을 허락한 풀러 신학교에 감사를 드린다. 또한 풀러 신학교의 동료 교수들의 격려와 우정에 감사를 드린다. 성인 성경 학교에서 히브리서를 가르친 여러 교회에도 감사를 드린다. 성경 학교 회원들이 종종 특정 본문의 의미에 대해서 통찰력을 얻도록 도움을 주었다. 학습 연구 질문들과 주요 용어 목록과 보충성서 자료와 색인과 용어 풀이를 위해서 도움을 준 박사 과정 학생이며 또한 조교인 크리스 스핑크스(Chris Spinks)에게도 감사를 드린다. 항상 그러하듯이 나의 아내 베버리(Beverly)에게 모든 감사를 돌리지 않을 수가 없다. 심리학자인 아내는 아내와 친구로서의 역할 분담에 균형을 잘 유지 하여 주었고 그녀의 사랑과 격려는 끊임없는 원동력이 되었다.

서론

사랑하는 자여! 이것이 우리의 구원이시고 우리의 연약함을 도우시고 우리를 지켜주시는 대제사장 예수 그리스도를 발견한 길입니다. 그를 통해서 우리가 천국의 하늘을 응시하고, 그를 통해서 힘 없고 숭고한 모습의 반영을 바라보고, 그를 통해서 우리 마음의 눈이 열려지고, 그를 통해서 우리의 어리석고 어두워진 이해가 빛을 향해 열려지고, 그를 통해서 우리가 영원히 죽지 않는 지식을 맛보아야 함을 주께서 원하셨습니다. 그는 위엄의 광채가 되시며 천사보다 훨씬 더 위대하신 분으로 더욱 훌륭한 이름을 상속받으셨습니다.

-- 클레멘트, <1서 36:1-2>에서

개요

- 히브리서의 기원과 역사적 배경
    - 저자
    - 독자들
    - 연대
    - 목적
- 히브리서의 구조
- 히브리서의 문학적 장르
- 하늘의 원형들과 땅의 모형들
- 구약의 사용
- 구약과 신약의 관계
- 유대주의와 반유대주의 문제에 대한 히브리서의 입장

> **목표**
> 1. 히브리서 저자와 연대를 둘러싼 다양한 방면들의 논쟁을 확인하라.
> 2. 히브리서와 바울의 서신들을 비교 대조하라.
> 3. 히브리서 저자가 구약을 어떻게 사용하고 있는지를 보라.

　히브리서는 대부분의 사람들이 사용하기 쉽다고 생각하는 책과는 확연히 다르다. 히브리서에 대한 직접적인 우리의 반응은 내용이 심오하고 풍성하다는 것과 근본적으로 중요한 문제들을 다루고 있으므로 평범한 독자들에게 있어서 그것은 난해하고 심지어는 가까이 할 수 없다는 것이다. 그럼에도 불구하고 히브리서는 항상 그리스도인들 사이에서 인기가 있어 왔다. 확실히 신약의 유명한 구절들 중의 하나는 히브리서의 기독론적 서언이다. 그 서언은 "옛적에 선지자들을 통하여 여러 부분과 여러 모양으로 우리 조상들에게 말씀하신 하나님이 이 모든 날 마지막에는 아들을 통하여 우리에게 말씀하셨으니"라는 장엄한 말로 시작한다. 그리스도의 우월성, 비교할 수 없는 대제사장 사역, 뚜렷한 희생 제사, 이러한 독특한 경우에 제사 드리는 자와 제물이 동일하다는 놀라운 사실에 대한 광범위한 논의들에 의해서 우리는 고무되어 왔다. 우리는 히브리서에서 반복되는 권면들이 도전을 주고 있다는 것과 11장의 신앙의 모델들이, 겸허한 가운데, 격려를 주고 있다는 것을 발견한다.

　하지만 히브리서는 신약 성서 중에서 가장 난해한 책들 중 하나로 아마도 계시록 다음으로 어려운 책이라는 점은 부정할 수 없다. 이것에 대한 이유들은 분명하다. 히브리서는 논의를 진행함에 있어서 신약의 다른 책들 보다 더욱 무겁게 구약에 의존하고 있으며 이점으로 인하여 독자들은 생소한 느낌을 받는다. 생소함은 부분적으로 구약에 대한 얕은 지식 때문이지만 다른 이유들도 있다. 구약은 논의상 반복적으로 인용되는데 종종 구약 본문과 히브리서 저자에 의해 사용된 명백한 의미를 연결하는 데 어려움이 따른다. 논의의 많은 부분들은 인용된 구약 본문에 의존할 뿐만 아니라 옛 언약과 새 언약, 임시적인 것과 영원한 것, 땅의 것과 천상의 것 사이에 존재하는 모형론적 유사성들을 사용하고 있다. 또한 세심한 논증으로 보이는 것에 기초하고 있더라도 논의들 자체는 정교하고 광범위하다. 저자가 하나의 논의에서 또는 논의의 한 단계에서 다음으로 어떻게 이동하고 있는가를 살펴보는 것은 어려운 작업일 수 있다. 전반적인 논의의 연속성은 독자들에 주어진 권면의 잦은 삽입으로 인하여 빈번하게 중단된다. 마지막으로, 히브리서의 어떤 부분들의 의미는 확실치가 않은데 책의 실제 역사적 배경과 기원이 우리에게 알려져 있지 않기 때문이다. 이러한 모든 점은 왜 히브리서가 연구할 가치가 있는 책으로서 뿐만 아니라 많은 연구를 요구하는 책으로서 많은 사람들에게 호소하고 있는지를 설명해 준다.

1) 히브리서의 기원과 역사적 배경

문법적 역사적 해석의 핵심적 중요성으로 인하여 성서에 대한 해석의 출발점은 성서의 각 책이 가진 역사적 상황 결정에 있다. 저자, 저작 연대, 출처, 청중들과 그들의 배경, 의도된 목적, 근거하는 문학적 구전적 자료들 등. 불행하게도 히브리서에서 이 질문들에 대한 답을 제시하기에는 어려움이 따르므로 이러한 사실은 몇 가지 중요한 요점에 있어서 히브리서 해석에 필연적인 영향을 미친다. 이제 구체적 질문들을 살펴보기로 하겠다.

(1) 저자

흠정역(KJV)에서 본 서신의 제목으로 발견되는 "히브리인들에 보내는 사도 바울의 서신"이라는 표제는 히브리서 본문의 원래 부분이 아니라 후대 교회에 의해 추가된 기록이다. 이 표제는 세 가지 면에서 도전을 받아 왔다. (1) 바울이 히브리서를 기록하지 않았다는 것은 거의 이의가 없이 받아 들여 진다. (2) 문서는 서신이라기보다는 설교식 논문이다. 그리고 (3) 이 서신이 히브리인들 즉, 유대인 크리스챤들에게 쓰여 졌느냐에 대해서 이의가 제기된다.

> ### 히브리서에 대한 요한 칼빈의 견해
>
> "히브리인들에게 보내진 서신은 그리스도의 영원한 신성, 그의 최고 통치, 그리고 유일한 제사장직(이것들은 하늘의 지혜에 관한 주된 요점들이다)에 대한 완전한 논의를 담고 있다. 이러한 점들이 서신 안에서 잘 설명되고 있으므로 인하여 그리스도의 완전한 능력과 사역은 가장 생생한 방식으로 그려져 있는 것처럼 본 서신은 교회에서 아주 귀한 보배로서의 위치와 영광을 누릴만한 올바른 자격을 갖는다."(히브리서 주석)

히브리서에 대한 바울 저작설은 서방 교회(로마)에서 4세기 말까지 받아들여지지 않았다. 이보다 훨씬 이전에 동방 교회(알렉산드리아)에서 히브리서는 바울의 저작으로 돌려졌지만 모든 사람이 동의한 것은 아니었다. 가능한 저자들을 살펴본 후에 "그러나 서신을 누가 기록하였는지는 하나님께서만 진정으로 아신다"라는 유명한 말을 남긴 사람은 위대한 학자 오리겐이었다.[1] 만약 이것이 3세기에 이미 존재하였던 오리겐의 결론이었다면 우리는 오늘날 더 나은 입장을 발견하리라고는 거의 기대할 수 없다. 그럼에도 불구하고 히브리서의 원저자에 대한 문제는 대중적 흥미를 자아내는 주제이고 따라서 이에 대한 사변적 견해들이 현재까지 이어져 내려 왔다.

초대 교회의 많은 이들이 히브리서의 저자로 바울을 지목하려는 분명한 열망은 신약 성서 정경화 과정에서 본서신의 정경적 위치를 확인하려는 관심에서 비롯되었다. 이 문제에 세부적으로 접근하기 전에 왜 바울 저작설이 부적절한지에 대한 더 중요한 이유들이 언급되어져야 한다. 신약에 나오는 모든 바울 서신들은 저자에 대한 명확한 언급으로 시작한다; 이와 대조적으로 히브리서는 익명으로 되어 있다. 게다가 익명의 히브리서 저자는 주님의 말씀을 직접 들은 자들로부터 자신을 분리시키는데(2:3) 이러한 진술은 바울의 경우와는 확실히 다르다(갈 1:12). 히브리서의 헬라어--신약에서 가장 우아함--는 바울의 것과는 다르다. 물론 이것만으로는 바울 저작설에 이의를 제기할 수 있는 절대적으로 충분한 반대 근거가 되지 못하는 것은 특이한 문학적 스타일은 대필자를 사용하는 바울에게 있어서 설명이 가능하기 때문이다(cf. 바울의 더디오 사용[로마서 16:22]). 바울 저작에 대한 가장 의미 있는 반대 논의는 히브리서와 바울 서신들 사이에 존재하는 수많은 주요 신학적 차이점들을 포함하고 있는 듯하다 (아래 박스의 "히브리서와 바울 서신들"을 보라). 저자들은 분명히 두개의 다른 이야기 세계 속에 존재하고 있어 보인다.

히브리서와 바울 서신들

히브리서	바울 서신들
"들은 자들이 우리에게 확증한" 복음(2:3)	"이는 내가 사람에게서 받은 것도 아니요 배운 것도 아니요 오직 예수 그리스도의 계시로 말미암은 것이라"(갈1:12)
우아한 헬라어	표준 헬라어
대제사장 예수	바울에게서 발견되지 않음
히브리서에서 발견되지 않음	이신 칭의
하박국 2:4은 신자의 신실함에 대해서 언급한다 (10:38)	하박국 2:4은 이신칭의를 말한다(갈 3:11; 롬 1:17)
히브리서에서 발견 되지 않음	율법에 대한 논박
하나님 우편으로 높아지심에 대한 강조	부활에 대한 강조

> **요한 칼빈:** "바울이 히브리서 저자라는 것을 보여줄 어떤 이유도 제시 할 수 없다."(히브리서 주석)
>
> **윌리암 틴데일(William Tyndale):** "그(히브리서 저자)는 그리스도의 신실한 종이었다는 것과 디모데 뿐 아니라 바울 자신이 속하였던 동일한 교리에 신실한 종이었다는 것과 그는 사도였거나 사도 시대 또는 그 시대 가까이 살았다는 것을 어렵지 않게 볼 수 있다."(히브리서 서문)

하지만 동시에 오리겐 자신이 히브리서에 대해서 주목하였듯이 "고대의 사람들이 아무 이유 없이 본 서신을 바울의 저작으로 후세에 전한 것은 아니다."2) 주목할 만한 차이점에도 불구하고 서신 속에는 바울처럼 들리는 것이 또한 많이 존재한다. 뿐만 아니라 서신 말미에서 저자가 독자들을 방문할 때 그와 함께 갈 것으로 언급된 "우리 형제 디모데"의 놓여남에 관한 개인적 언급은 저자를 바울 써클의 한 멤버로 확인 시킨다(13:23). 의심할 것 없이 여러 곳에서 저자는 바울의 관점과 동일한 것으로 인식할 수 있는 진술들을 하고 있다. 그러므로 저자가 바울 써클의 구성원이었고 바울의 사상에 의해 영향을 받았다는 지적은 고도의 적절성을 갖는다.

수많은 제안들이 히브리서의 저자에 대해서 제시되어 왔다. 누가, 바나바, 실라, 로마의 클레멘트, 아볼로, 빌립, 그리고 브리실라. 이러한 제안의 각각에 대해서 타당한(그리고 어떤 경우에 있어서는 반대의) 이유들이 있다(아래 박스안의 "바울을 제외한 히브리서 저자들"을 보라). 저자에 대한 확실한 근거는 서신 자체에서 도출되어야 한다: 그 또는 그녀(브리실라는 후보자로 남는다)는[3] 구약을 잘 알았고, 명백한 그리스도 중심적 해석학을 구약 해석에 적용하였고, 알렉산드리아에서 유행하였던 플라톤적 이상주의 언어를 알았던 것 같고, 초기 헬라파 그리스도인들이 보편적으로 견지하였던 관점을 가지고 있었고, 바울의 가르침을 알고 있었던 것 같다. 절대 필수 사항은 아니지만 저자가 유대인이었다는 것은 거의 확실하다. 바로 이러한 이유들로 인하여 아볼로는 매력적인 후보자로 거론 되어 왔다(행 18:24-25을 보라). 그러나 이러한 견해는 훌륭한 추측일 뿐이다(히브리서의 저자와 정경에 진입한 이야기에 대한 더 많은 정보들을 위해서 이 책의 말미에 나오는 "보록(Excursus): 히브리서의 신약 정경 진입"을 보라).

바울을 제외한 히브리서 후보 저자들

로마의 클레멘트(유세비우스, 교회사 3.28 참조): 클레멘트 1서는 여러 가지 점들에서 어법상 매우 가까운 일치를 보인다.

바나바(2세기 말의 터툴리안 참조): 사도행전 4:26에서 "권위자"(위로의 아들; 또는 히브리서 13:22에 사용된 것과 동일한 단어인 "권면")로 묘사되고 있는데 그는 바울과 연관되어 있고 성전 제사 의식에 철저히 익숙하였을 것으로 보이는 레위인이었다(그는 사도적 교부들에 나오는 다른 서신[바나바 위서: Pseudo-Barnabas]의 저자는 아니었다)

아볼로(마르틴 루터의 뛰어난 제안): 사도행전 18:24-28에 묘사된 알렉산드리아에서 온 헬라파 유대인은 분명히 본 서신 저자의 프로필과 완벽하게 맞아 떨어진다.

누가: 헬라어 스타일에 있어서 유사성들(알렉산드리아의 클레멘트는 누가가 바울의 서신을 히브리어에서 헬라어로 번역하였다는 견해에 동조한다); 사도행전 7장에 나오는 스데반의 연설의 관점과 비슷.

실라(실루아노): 베드로 전서와 스타일에 있어서의 유사점들(벧전 5:12을 보라), 그리고 그는 바울 써클의 구성원이었다.

에바브라: 골로새서에서와 비슷한(영지주의적) 관심들(골 1:7; 4:12-13을 보라).

브리실라(19세기 말의 A. von Harnack 참조): 브리실라 저작설은 한 여성에 의해 쓰여 진 논문은 권위를 인정받지 못하였을 것이므로 본서의 익명성을 설명 한다. 하지만 그녀는 아볼로를 가르친 사람 이었다(행 18:26). 만약 아볼로가 가능한 저자라면 브리실라는 더 말할 것도

> 없다!(히 11:32의 남성 분사는 추측컨대 그녀가 자신을 겉으로 내세우지 않을 만큼 현명하였을 것이기 때문에 장애가 되지 않는다.)
>
> **기타(아주 적은 이유들을 근거로)**: 빌립, 예수님의 어머니 마리아.
>
> **오리겐(3세기의)**: "그러나 서신을 누가 기록하였는지는 하나님께서만 진정으로 아신다"(유세비우스, 교회사 6.25에 따르면).

(2) 독자들

전통적 표제인 "히브리인들에게(To the Hebrews)"는 2세기 말경에 이르러 처음으로 나타난다.[4] 엄격하게 말해서 이 문서는 서신서에 통상적으로 나타나는 서언이 없으므로 수신자들이 없다. 서신의 어디에서도 원 독자들이 히브리인들이었다는 것을 말하지도 않을 뿐 아니라 그들이 어디에서 살았는지에 대한 언급도 없다. 서신이 유대인 크리스챤들에게 쓰여 졌다는 것은 교회 전통에 근거한 학자들에 의해서 보편적으로 19세기 말까지 추정되어 왔다. 이때부터 많은 학자들은 수신자들이 유대인 이라기보다는 이방인들이었다고 주장하여 왔다.[5]

이러한 입장의 학자들은 서신 속의 어느 것도 원 독자들이 히브리인들이었다는 것을 요구하지 않는다고 주장한다. 그들은 이방인 그리스도인들은 헬라어 구약 성서의 권위를 인식하였을 것이고 그 권위를 인정하였을 것이라고 적절한 주장을 한다. 더구나, 저자가 경고하고 있는 배교는 "살아 계신 하나님"으로부터 돌아서는 것으로 묘사되고 있다 이는 유대교로 돌아가는 유대인들 보다는 이교로 돌아가는 이방인들에게 말하고 있다고 보는 것이 더 적절한 것으로 보인다. 비슷하게, "죽음으로 이르게 하는 행실들" 중의 하나(6:1; 9:14)로 묘사된 독자들의 이전 상황은 유대교 보다는 이교주의를 제시하는 것처럼 보인다. 하지만 이러한 주장들이 흥미롭다고 생각하는 사람은 많지 않다. 이 문제에 대한 더 자세한 연구의 뒷받침이 없다면 우리는 서신이 입증하는 논의의 주된 주장 자체는 분명히 유대 배경을 가진 독자들을 제시한다고 말할 수 있다. 원 독자들은 다른 사람들 보다 훨씬 더 많이 새 언약과 옛 언약 사이의 관계의 문제가 자신들을 누르고 있음을 발견하였을 것이고 무엇보다도 자신들의 이전 생활양식에 더 이끌리게 되었는지도 모른다.

히브리서 독자들은 유대교로 다시 돌아갈 유혹을 받았던 것으로 보이는 유대인 크리스챤들 이었다는 가정을 한다면 우리는 독자들에 대한 더 많은 결론을 내릴 수가 없다. 하나의 구체적인 유대인 공동체, 또는 아마도 집단 유대 공동체들이 분명한 고려 대상이다. 이유가 무엇이든 그들은 자신들에게서 기대되어졌던 성숙함의 성취를 이루지 못하였다. 그들은 다른 사람들을 가르칠 수 있기보다는 오히려 자신들이 젖으로 양육되어야 하였다 (5:12-14). 어떤 이들은 수신자들이 회심한 제사장들이었다고 주장한다.[6] 사해 문서의 발굴 이래로 많은 학자들 사이에 수신자들이 쿰란의 에쎄네 공동체로부터 회심하였거나 또는 적어도 이들로부터 영향을 받은 자들로 확인하려는 경향이 있어 왔다.[7] 실제로 두드러진 유사성들이 수신자들과 쿰란 공동체 사이에 존재하지만 그러나 사려 깊은 학자들의 연구는 이 두 그룹의 신원 확인이 용이하다는 점을 인정하지 않는다.[8]

유대인 크리스챤들이 살았던 장소는 확인되지 않는다. 그들이 유대인들이었기에 팔레스타인 지역에 살았으리라는 것은 유대인들이나 유대인 크리스챤들이 로마 제국 내에 흩어져 살았기 때문에 성립이 되지 않는다. 서신의 마지막에 있는 말("이달리야에서 온자들도 너희에게 문안 하느니라")은 저자가 이태리에서 서신을 기록하였다는 것을 의미할 수도 있으나, 다른 한편으로 이 말은 서신이 로마에 있는 하나 또는 여러 공동체에게 쓰여 졌다는 것과 저자와 함께 있었던 이태리에서 온 자들이 같은 동포임을 기억하기를 원했다는 것을 가리킬 수 있다. 후자의 결론이 더 자연스러워 보이고 다른 주장들과 함께 하여질 때 다수의 학자들로 하여금 로마에 있는 독자들로 결정하게끔 인도한다.[9]

히브리서에 나타나는 두 개의 사항이 로마에 있는 독자들과 잘 맞아 떨어진다: (1) 로마 교회에 해당한다고 알려져 있고 또 실제적으로 궁핍한 예루살렘 교회에게서는 불가능한 독자들의 관대함(6:10; 10:32-34); (2) 49년 클라우디우스 황제의 로마 유대인 추방 또는 네로 황제의 60년대의 박해를 가리킬 수 있는 전날의 박해(10:32).

(3) 연대

히브리서 연대 설정은 부분적으로 10:32-34에 언급된 박해의 확인 여하에 달려있다. 이 박해는 "전날에" 일어난 것으로 언급되고 있다. 얼마나 이전에 일어난 것인지 우리는 모른다. 우리가 아는 것은 학대당하였다는 것, 공중 앞에서 모욕을 당하였다는 것과 개인 재산의 손실이 있었다는 것이지만 생명까지 잃었는지는 분명치 않다(12:4을 보라). 박해가 계속 또는 새롭게 시작됨에 대한 예상은 또한 12장의 분위기로 보아 분명해 보인다. 이 모든 것은 많은 사람들이 신앙으로 인하여 순교를 당하였던 64년의 네로 황제 박해보다는 49년 클라우디우스 황제의 유대인 핍박을 가리키고 있는 것으로 보인다.

더구나 저자는 예루살렘 파괴(70년)에 대하여 모르고 있었던 것 같다는 점에 주목해야 함이 중요하다. 이 점은 성전 제사를 묘사함에 있어 현재 시제를 사용하고 있다는 점에서(두 명의 이름을 거론하자면, 로마의 클레멘트와 순교자 져스틴은 그것이 소멸된 오래 후 동안 이것을 주장) 명백하여 진다기 보다는 저자가 성전의 실제적 종말에 대해서 언급을 하고 있지 않다는 사실에서 명백하여진다. 성전의 실제적 종말은 저자의 논의에 적절한 결정적 증거를 제공하였을 것이다(예를 들어 8:13에서 저자는 "낡아지고 쇠하는 것은 없어져가는 것이니라"라고 기록하고 있다). 저자와 수신자들은 2세대 크리스챤들이었다는 2:3의 암시는 지나치게 년대를 후대로 돌릴 필요성을 제공하지 않는다. 모든 연대를 염두에 두고서 60년대의 한 시점으로 잡는 것이 상대적인 확실성이 있는데, 네로 황제의 핍박이 시작되기 직전으로 보는 것이 개연성이 있어 보인다.

(4) 목적

히브리서의 목적에 대한 이해는 원 독자들에 관한 결론에 상당 수준 근거한다. 명백히, 단일 목적이 아니라면 서신의 주목적은 빈번하게 삽입된 권면들이 증거하듯이 경고하고 권면하기 위함이다. 그러나 독자들이 처한 위험이 구체적으로 무엇이며 또한 서신의 구체적인 논의는 독자들의 상황과 필요에 어떻게 적용되고 있는가? 더 구체적으로 그 위험은 천사 숭배(cf. 1:5-14; 2:5-9), "이상한 가르침들," 음식에의 관심(13:9; cf. 9:10)과 함께 "원 영지주의(proto-Gnosticism)"라고 칭하는 이단에로의 피정(retreat)을 포함하는가? T. W. Manson은 수신자들을 골로새서에서 바울이 반박한 이교적이고 영지주의적 가르침에 노출되었던 골로새에 있는 교회의 회원들로 밝히는데 까지 너무 멀리 나아갔다(골로새서 2장).[10] 하지만, 수신자들의 신원과는 상관없이 다음 진술은 분명한 것으로 남는다. 히브리서는 예수 그리스도 안에서 하나님께서 하신 일의 최고의 우월성과 궁극성을 설명하고자 의도하고 있다. 기독교는 따라서 성격상 절대적이고 영역상 보편적이다. 그것은 바로 처음부터 하나님의 의도된 목적들의 열매이고 하나님께서 "여러 번에 걸쳐서 다양한 방법으로 선지자들을 통하여" 말씀하신 것의 실제적인 성취이다. 이 정의는 이러한 가르침으로부터 다른 가르침으로 떠나가는 것은 생각할 수도 없다는 것을 의미한다. 그러한 경향에 대한 대답은 예수 그리스도와 그가 성취하여 온 것에 대한 이해이며 정확히 히브리서 저자가 전달하려고 하는 바이다. 원래의 독자들이 유대인 크리스챤들이었다는 것은 올바른 결론으로 보이는 반면에, 서신의 논의는 본질상 더 넓은 적용이 가능하다. 따라서 히브리서 본문은 유대인 크리스챤과 이방인 크리스챤들에게 뿐만 아니라 실제로 모든 시대의 그리스도인들에게도 공히 유익하다.

그렇다면, 히브리서의 경우에 있어서 놀랍게도 대부분의 이러한 질문들에 대해서 우리는 계속 진행하여야 할 것이 거의 없게 된다. 서신에 대한 귀납법적 연구는 저자, 수신자들, 기록 연대, 목적에 대한 질문들에 신뢰할 만한 결론들을 도출하지 못한다. 하지만 이러한 문제들이 해석에 영향을 미치므로 누구나 항상 가능한 선택들을 염두에 두고 시험적으로 필요한 방향이면 무엇이든 그것으로 나아가야 한다. 다행스럽게도, 이러한 질문들에 남아있는 불확실성에도 불구하고 히브리서의 대부분의 가르침은 명백하다.

우리가 히브리서 내용으로 직접 들어갈 때 해석 작업을 하나의 요구되어지는 과제로 만드는 몇 개의 독특성들과 만나게 된다. 논의 자체의 구조, 문학적 장르, 하늘의 원형들과 땅의 모형들에 대한 언급, 구약의 사용, 그리고 옛 언약과 새 언약의 관계. 이제 이러한 문제들을 살펴보기로 한다.

2) 히브리서의 구조

히브리서의 중심 주제들이 명백하다 하더라도 서신의 실제 구조와 논의의 순서는 발견하기가 어렵다. 이것에 대한 하나의 이유는 독자들의 상황에 적절한 권면으로 강화를 중단시키는 경향이다(박스안의 "히브리서에 나타난 교훈적인 강화와 적용"을 보라). 그러나 히브리서는 권면을 하기 위해서 존재하므로 그것들을 중단이라고 부르는 것은 정당하지가 않다. 중요한 점은 "강해 자료(material)는 서신 전체의 목적인 권면을 위해서 기능 한다"는 사실이다.[11] 바로 이러한 이유로 인하여 히브리서는 수사학적 비평(rhetorical criticism)에 이

례적으로 풍부한 장소를 제공한다. 고대 사회에 수사법은 설득의 기술이었다. 저자는 실제로 독자들을 설득하는 것만을 열정적으로 갈망하고 있으므로 그는 고대 사회로부터 우리에게 알려진 많은 수사학적 기법들을 사용한다.[12]

히브리서 논의를 이해하는 것을 빈번히 더욱 어렵게 만드는 것은 미드라쉬로 알려진 기법에서 행해지는 구약 성경 본문의 인용과 사용(박스안의 "히브리서의 미드라쉬적 해석"을 보라), 표어(catchwords)들에 의한 각 섹션의 연결, 약간의 변형만을 가진 논의들의 반복, 그리고 주기적인 요점 반복이다. 면밀한 연구는 저자의 스타일이 처음에는 상례적이고 단순한 것처럼 보이지만 종종 인상적인

히브리서에 나타난 교훈적인 강화와 적용

히브리서가 그 연결된 논의들에 있어서는 하나의 논문처럼 보이지만, 추상적이거나 또는 이론적으로 의도되지는 않았다. 그 문학적 장르는 설교 논문(a sermon-treatise)으로 가장 잘 묘사되어 진다. 저자는 매우 구체적이고 실제적인 목적을 지닌다. 독자들이 크리스챤이 되기전 가졌던 유대교 신앙으로 되돌아가는 것을 방지하는 것. 따라서 저자는 상세한 설명을 통해서 수많은 부분의 적용을 흩어 놓는다. 물론 히브리서의 논의는 그 자체로 설득력이 있어서 홀로 설 수 있었다. 그러나 저자는 반복해서 그의 독자들의 상황에 그것을 적용시킨다. 저자에 있어서 논의와 적용은 불가분의 관계에 있다. 다르게 설명하자면 저자가 진행하는 논의는 중요한 분기 지류들을 가진다. 이점은 강화와 적용의 교훈적 배열을 설명한다. 어떤 구절들에서는 적용과 강화는 섞여 있다. 적용은 저자의 마음에서 절대로 멀리 떨어져 있지 않다. 실제로 그는 자신의 서신을 "나의 권면의 말"로 묘사 한다(13:22).

1:1-14, 강화	6:13-10:18, 강화
2:1-4, 적용	10:19-39, 적용
2:5-3:6, 강화	11:1-40, 강화
3:7-19, 적용	12:1-17, 적용
4:1-16, 혼합됨	12:18-24, 강화
5:1-10, 강화	12:25-13:6, 적용
5:11-6:12 적용	13:7-21, 혼합됨

예술적 수완을 나타내고 가끔 교차대구적인 구조 또는 동심의 대칭 구조를 사용하고 있다는 것을 보여 왔다. 예를 들면 3:1-4:13은 거의 대칭적인 형태로 소개가 되고(3:1) 요점이 반복 된다(4:14); 2:1-4은 대칭적인 형태를 드러낸다. 1:5-8의 교차 대구적 배열인 그리스도/천사들/천사들/그리스도는 1:13-2:3에서 반복되어진다. 이러한 미묘한 스타일의 기법이 히브리서에는 풍부하게 나타난다.

히브리서에 나타난 미드라쉬적 해석

저자가 즐겨 쓰는 해석 기법중 하나가 미드라쉬이다. 이 기법은 성서 본문 인용이 먼저 나오고 이를 설명하는 해설 속에 인용 본문과 동일한 말들을 의도적으로 선택하는 해석 방식이다. 이러한 본문과 연계된 해석은 제2 성전기 유대 문학에서 이미 실행되고 있었다. 본문을 인용한 뒤에 인용된 실제 말들을 해설에서 사용하면서 자신의 논의에 가장 적절한 구절에 대한 해설을 하는 것은 히브리서 저자의 스타일상 전형적인 방법인데(특별히 3:12-4:10; 7:11-28; 10:8-18을 보라), 이는 현대 주석에서 많이 행하여지기도 한다.

명사형인 "미드라쉬"는 히브리어 동사인 다라쉬(*darash*)에서 파생된 단어로서 "찾다"(seek), "조사하다"(investigate), "해석하다"(interprete)를 의미한다. 미드라쉬적 해석은 성서 각각의 단어에 까지 부여된 독특한 권위에 근거한 유대적 방법이다. 우리가 알고 있듯이 그것은 원저자가 원 독자에게 전하고자 의도했던 원래의 의미에 도달하려는 시도인 주석에 근거하지 않는다. 오히려, 미드라쉬적 해석은 더 깊은 의미(*sensus plenior*: fuller meaning)를 사용하면서 당대의 독자들을 위한 본문의 의미위에다가 특별히 최근의 발전된 관점에서 도출하여 낸 해석과 적용을 쌓아 올린다.

히브리서에서 미드라쉬적 해석은 매혹적이다. 이에 대한 가장 온전한 인식은 헬라어 본문 또는 아주 문자적인 번역(예를 들어 ASV 또는 NASB)을 사용함으로써 그리고 인용에 뒤이어 나오는 설명부에서 인용으로부터 도출된 것들 즉, 동일 어근의 단어들이나 동일한 말들을 표

> 시 함으로써 얻어진다. 본 히브리서 주석에서 이러한 말들은 이탤릭체로 되어 있다.
>
> 미드라쉬적 주해는 히브리서에서 성서 인용들과 함께 일어난다(가장 두드러진 예들은 2:5-9; 3:7-4:11; 10:5-14; 12:5-11이다). 예외들은 1장에서의 인용들이다. 여기서의 인용들은 설명의 필요가 없이 논의를 진행한다. 하지만 여기에서도 1:14의 말들은 1:7에서의 인용(시편 104:4으로부터)과 비교할 수 있다. 히브리서 논의의 상당 부분은 우리가 앞으로 보게 되는 것처럼 미드라쉬적 주해에 의해서 이루어진다.

히브리서 구조에 있어서 근본적으로 중요한 것은 구약의 인용과 이것이 히브리서 내용 자체의 상당 부분을 다스리는 인용의 정도이다. 실제로 우리가 살펴보게 되는 것처럼 논의의 상당 부분은 구약 본문에 대한 미드라쉬적 처리를 통하여 이루어진다.[13] 1장에서 천사들에 대한 아들의 우월성에 대한 논의는 약간의 논평을 곁들인 일련의 일곱 인용에 근거한다. 2:6-8에 주어진 긴 인용은 미드라쉬적 주석과 적용이 뒤따르는데, 여기에서 인용에 나오는 구절들이 도출되고 인용에 나타난 실제적 단어들이 사용되어 진다. 더욱 인상적인 것은 3:12-4:11의 논의가 어떻게 미드라쉬적 궤도를 따라 시편 95:7-11의 인용에 대한 주해를 구성하는가 하는 방법이다. 서신의 다음 주요 부분은 5:5-6에서 인용된 시편 2:7과 110:4에 근거한다. 멜기세덱의 제사장직에 대한 논의는 이 주제와의 긴 이탈(5:11-6:12)에 의해 중단된다. 이 논의는 7장에서 다시 재개되는데 여기서 창 14장의 아브라함과 멜기세덱에 대한 이야기가 도입되면서 시편 100:4이 두 번 인용된다. 7장의 논의는 구약 본문들에 대한 숙련된 역작이다. 옛 언약을 대체한 새 언약의 우월성에 대한 논의를 하는 8장은 예레미야 31:31-34에 대한 긴 인용에 근거한다. 9장은 모세 오경 자료를 미드라쉬적으로 제시하지만 직접 인용은 거의 하지 않는다. 10장의 서언은 시편 40:6-8을 간략한 주석을 곁들여 제시 한다. 이 부분은 예레미야 31:33-34의 재인용이 뒤따라 나오는 하박국

2:3-4의 인용에 의해 매듭지어진다. 11장은 구약에 나오는 믿음의 영웅들에 대한 유명한 장이다. 12장에서 다시 권면이 나타나지만 구약 자료의 마드라쉬적 처리가 없는 것은 아니다(잠 3:11-12, 오경의 자료, 그리고 학개 2:6). 요약하면, 구약의 자료는 도처에 존재한다.

엄격하게 말해서, 13장은 일부 학자들에 의하여 원래의 문서에 속하지 않는 것으로 여겨졌다. 13장은 연결이 되지 않는 윤리적 명령들과, 정교한 송영, 그리고 인사말들과 축도를 포함한 개인적 정보 등의 부류를 포함한다. 그러나 13장 역시 오경 자료(13:10-15)를 미드라쉬적으로 다루고 있고 또 앞의 12장들과 함께 동일한 문서에 속한다는 것을 부인할 강력한 이유도 없다.[14]

아무리 우리가 최종적으로 히브리서 구조를 인식한다 하더라도, George Guthrie의 '각 책에 대한 어떠한 적절한 개요도 두 주요 자료--주해(강화)와 권면--와 이 둘의 상호 관계에 합당한 장소를 제공하여야 한다' 는 주장은 옳다. 그는 다음과 같이 기록 한다.

히브리서 개요

I. 아들 안에 나타난 하나님의 명확한 계시(1:1-4)
II. 강화: 그리스도는 그의 신성에서 천사보다 우월하다(1:5-14)
 • 적용: 신실함에의 부름(2:1-4)
III. 강화: 그의 인성에도 불구하고 그리스도는 천사보다 우월하다(2:5-9)
 • 그리스도 인성의 혜택들(2:10-18)
IV. 강화: 그리스도는 모세보다 우월하다(3:1-6)
 • 출애굽에 의해 고취된 권면(3:7-19)
V. 강화: 안식에 대한 남은 약속(4:1-13)
 • 권면(4:14-16)
VI. 강화: 예수의 대제사장직(5:1-10)
 • 적용: 성숙함의 중요성(5:11-6:3)
  - 배교의 심각성(6:4-12)

> VII. **강화:** 하나님의 신실하심(6:13-20)
> - 멜기세덱의 대제사장직(7:1-10)
> - 그리스도 대제사장직의 적법성과 우월성(7:11-28)
>
> VIII. **강화:** 진정한 대제사장(8:1-6)
> - 새 언약의 약속(8:7-13)
> - 옛 언약의 제사들(9:1-10)
>
> IX. **강화:** 그리스도 사역의 뚜렷한 본성(9:11-10:18)
> - 적용: 신실함의 근거들(10:19-25)
>   - 배교의 위험성(10:26-31)
>   - 인내에 대한 권면(10:32-39)
>
> X. **강화:** 믿음과 모범적 예들(11:1-40)
> - 적용: 신실함, 인애, 거룩에의 부름(12:1-17)
>
> XI. **강화:** 그리스도인의 현재 지위의 영광(12:18-24)
> - 적용: 다양한 권면들(12:25-13:17)
>
> XII. **결언:** 마치는 기도, 송영(13:18-21)
> - 후기와 최종 축도(13:22-25)

음악회에서 진행은 되고 있으나 엄밀하게는 일치하지 않는 두 장르의 개념은 의미가 있다. 이것들은 상이한 궤적을 따라 움직이지만 동일한 목표를 향하여 달린다. 각각의 궤적에서 청자들에게 인내에 대한 도전을 주는 목표를 건설하여 간다. 주해 자료는 인내에 대한 월등한 근거로서 임명된 대제사장에 초점을 맞춤으로써 목표를 세워 간다. 권면의 구절들은 청자들에게 인내에 대한 도전을 주기 위한 경고들과 약속들과 본보기들을 반복함으로써 목표를 향해 나아간다.[15]

3) 히브리서의 문학적 장르

히브리서는 우리가 이미 주목하여 보았듯이 통상적 서신 방식으로 시작하지 않는다. 저자나 수신자에 대한 확실한 언급이 없고 서언에서의 인사말도 없다. 그럼에도 불구하고 본문은 한 특정 공동체(또는 공동체들)에 말하고 있다는 점을 분명히 한다. 더구나 히브리서는 개인적 정보, 인사말, 송영과 축도와 함께 서신서로서 끝을 맺는다.16)

저자는 자신의 저술을 "권면의 말"(logos tēs paraklēstōs [13:22])로 표현한다. 히브리서는 성경을 미드라쉬적으로 다루고 반복적인 권면의 말씀으로 강조된 세심한 논증으로 이루어진 설명(a carefully argued exposition)이라는 효과적 표현으로 묘사되어질 수 있다. George W. Buchanan은 "시편 110편에 근거한 설교적 미드라쉬"로 묘사하는 데까지 나아간다.17) 히브리서는 그것이 또한 서신이지만 전형적 서신이라기보다는 훈계 또는 설교에 더 가깝다. 이러한 현상은 신약 성서에서 독특한 것은 아니다. 요한 1서는 서신적 서언도 결언도 없고 그 독자들을 권면하려는 목적에 있어서 히브리서를 닮았다. 야고보서는 서신적 서언으로 시작하지만 매우 급작스럽게 끝을 맺는다. 로마서는 서신의 서언과 종결을 갖고 있지만 서신인 한편 또한 바울 복음에 대한 논문이기도 하다. 합당한 결론은 간략하지만 적절한 서신 종결 양식을 갖추고 있는 히브리서는 본질에 있어서 저자에 의해서 주의 깊게 저술되어 심각한 위기를 겪고 있는 특정 공동체 또는 공동체들에 보내진 논문 형태의 권면 설교(treatiselike exhortatory sermon)라는 것이다.

4) 하늘의 원형들과 땅의 모형들

많은 사람들이 알렉산드리아 출신 유대인 필로(약 20 B.C. to A. D. 50)가 히브리서의 주해 방법론에 영향을 미쳤을 것이라는 가능성을 인식하였다. 그러나 한층 더 일반적으로 받아들여진 것은 히브리서 저자가 하늘의 실체들에 대한 땅의 모형들에 대해서 언급할 때 그는 필로를 통해서였는지는 확실치 않으나 아무튼 알렉산드리아 헬레니즘에 의해서 영향을 받았다는 주장이다. 여기서 우리가 말하는 것은 헬라 철학 속으로 들어가 이상과 인식의 현상으로 구성된 이원론을 가르쳤던 플라톤의 이상주의에서 그 원인을 찾는다. 우리가 체험하는 모든 물체에 대해서 완전하고 변하지 않는 "이데아" 또는 "형태"가 하늘에 있는데 이것이 우리가 세상에서 인식하는 것의 원형으로 기능하고 있고 오직 지성을 통해서만 알 수 있다. 이점은 확실히 히브리서 저자가 몇몇 군데에서 주장하고 있는 것과 명백한(prima facie) 유사성을 갖고 있다 (8:1, 5; 9:11, 23-24;

10:1, 11:1, 3을 보라). 8:5의 언어는 억양에 있어서 플라톤적인 것처럼 보이지만 하늘 성전의 모형으로서 하나님의 땅의 성전의 개념은 플라톤의 시대보다 먼저 있었고 또한 심지어는 구약의 시대에도 발견되어 진다(예를 들어 출 25:40). 바로 이러한 이유로 인하여 필로는 플라톤 보다 훨씬 이전 시대에 모세를 플라톤 주의자로 만든다.

더욱 중요한 것은 히브리서에 나타나는 이원론은 철학의 형이상학적 질문들로 방향을 맞추고 있지 않다는 점이다. 대신에 저자의 의도된 목적과 맥을 같이 하는 이것은 기본적으로 시간적 또는, 더 좋게 말하자면 종말론적 이원론이다.[18] 필로에 의해 중개된 플라톤의 언어와 히브리서 저자의 언어 사이에 있는 모든 표면상의 유사점에도 불구하고 엄청난 차이가 강화의 두 세계를 분리시킨다.

하늘의 영역은 그리스도에 의해 점령되었고(플라톤적 구상으로는 불가능한 것), 그곳에서 그리스도는 땅의 모형들이 지향하고 있는 것을 성취하셨다. 히브리서에 나타난 땅의 모형들과 하늘의 실체들은 약속(그림자)과 성취(도래할 좋은 것들에 대한)로서 관계를 맺는다. 그것의 영광스러운 본성으로 말미암아 성취는 영적 영역의 고양된 언어, 즉 영원한 실체의 언어로 표현되어 진다. 항상 그러하듯이 저자는 우리의 주의를 하나님의 목적들의 절정인 예수 그리스도의 사역에 맞추고 있다.

5) 구약의 사용

히브리서는 우리가 주목하여 보았듯이 구약의 인용들로 가득하고 저자는 인용들 위에 자신의 주장을 대부분 쌓아 간다. 인용된 본문은 히브리 본문(맛소라 텍스트)보다는 일반적으로 70인경(기독교 이전의 구약의 헬라어 번역)의 것을 [19] 따르는데 이점은 히브리서에 나타나는 인용과 영어 번역본 구약(모두가 히브리 텍스트의 번역들)과의 차이점들을 설명한다.

인용된 본문에 대한 질문 보다 더 흥미로운 것은 저자의 논의에서 인용들이 어떻게 사용되고 해석되느냐에 있다. 많은 사람들이 저자가 구약을 어떻게 해석하고 있는 지에 대해서 고민하여 왔다. 구약 본문의 명백한 의미로부터 어떻게 저자가 주장하는 이해를 하게 되었는지에 대해서 분명치가 않을 때가 종종 있다. 따라서 저자의 주석 방법은 빈번하게 비판을 받는다.

히브리서의 많은 부분은 내용상 기독론적으로 묘사되어 질 수 있다. 즉, 그것은 예수 그리스도의 인성과 사역을 중점적으로 다룬다. 저자의 구약 해석은 또한 그리스도 중심적이라고 지목된다. 간략히 말하자면, 이것은 구약의 궁극적 또는 최종적 의미는 그것이 갖는 telos(목표)인 그리스도안에서 발견되어져야 한다는 것을 의미한다. 하나님께서 구약에서 말씀하시고 행하여 오신 모든 것의 성취된 목적이며 목표로 서 계신 분은 역사속의 예수 그리스도이시다. 어느 면에서, 구약의 모든 것은 실제로 그리스도를 궁극적으로 가리키는 것으로 이해되어 질 수 있다. 이러한 구약에 대한 견해는 원래의 구약 저자들이 구속사적으로 볼 때 초기 단계에 있는 자신들의 위치에서 이해할 수 있었던 것을 훨씬 넘어서는 것이다. 하지만 하나님의 구속 사역은 단편적인 것이 아니라 교회의 주님 되시는 그 분 안에서 정점을 발견하는 통일된 완전체이다. 따라서 그리스도는 히브리서 저자에게(그가 다른 모든 신약 저자에게 하듯이) 구약을 새로운 이해를 가지고 읽을 수 있는 관점(a point of orientation)을 제공한다.

예수 그리스도 안에 있는 하나님의 백성에게 임한 성취를 가정하면 구약은 '보다 온전한' 또는 '더 깊은' 의미인 sensus plenior("구약 해석 속에서의 sensus plenior"를 보라)를 소유하고 있는 것으로 보여 진다. 원래 저자들의 의도를 넘어서는 구약에 대한 이러한 '보다 온전한 의미'에 대한 인식은 가끔 주장되어지는 것처럼 경솔하고 잠정적인 석의(또는 eisegesis)로 인도하는 것이 아니다. 구약 해석에 그리스도 중심의 해석학을 적용하는 것은 알레고리 해석의 경우에서처럼 어떤 낯선 요소를 그림 속에 도입하는 것이 아니다. 반대로 그것은 성경에 영감을 부어 주신 분의 궁극적 의도에 더 밀착되어 나아가는 것이고 역사 속에서 하나님 사역의 강조된 일치를 인식하는 것이다. 그리스도 이전에는 없었던 그러한 궁극적인 의도나 일치로 나아가는 열쇠가 이제는 그리스도안에서 발견되어 진다. 하나님은 자신의 목적들을 온전히 드러내셨다. 따라서 모든 성경은 공동체에 의해 체험된 현재의 실체를 예기하는 것으로 보여 진다. 사람은 구약과 신약을 비교하여서 반복적으로 "이것이 그것이다"라고 말할 수 있다. 이러한 형태의 해석은 패쉐르(pesher)라고 불리어 지는데 쿰란 공동체에서 또한 발견되어

진다. 쿰란 공동체는 자신들이 종말적 성취에 직면하고 있다고(잘못) 이해하였는데 이는 물론 성경을 여는 열쇠로서의 그리스도가 결여된 이해였다. 사해 문서(the Dead Sea Scroll)의 "의"의 선생(Teacher of Righteousness)은 메시야가 아니었다. 교회의 주님이신 예수가 메시야 즉, 구약이 가리키는 *telos*(목표)이었다.

구약 해석 속에서의 *sensus plenior*

히브리서에 나타난 대부분의 구약 인용들에서 우리는 신약 성서 전체를 통해서처럼 문법적 역사적 주해로부터, 다시 말하자면 원 독자들을 위해서 원저자들에 의해 의도된 실제 의미로부터 발전되어 나오지 않는 본문 해석을 접하게 된다. 이러한 이유로 인하여 히브리서에서의 구약 인용들의 사용은 종종 학자들에 의하여 임의적이고 경솔한 것으로 의문시되거나 거부되어져 왔다. 이러한 본문들은 신약 성서 저자들이 의미하기 위해서 취하는 것을 단순히 의미하지 않는다고 주장한다.

신약 성서 저자들이 구약 원저자들이 의도하였거나 또는 심지어 알 수 있었던 것 보다 더 많은 의미를 본문들에서 발견하는 것은 사실이다. 이 점에 있어서 그들은 이미 확립된 유대 관습을 따른다. 유대 관습에서 어떤 본문들은 그것들의 특정 역사적 상황에서 인식된 것 보다 더 많은 의미를 갖고 있는 것으로 간주되어지는데 예를 들면 소위 말하는 메시야 시편들의 경우이다. 이 본문들은 그것들을 넘어서 미래를 가리킨다. 모두가 유대인이었던 초대 그리스도인들은 부활하신 그리스도와 그가 가져온 성취를 접하고 난 후에 자신들의 성서(구약 성서)를 다르게 읽었다. 그 때로부터 그리스도는 구약의 의미를 열어주는 해석학적 열쇠였고 그들의 해석은 그리스도 중심적이 되었다. 많은 본문들(모든 본문이 아님!)은 이제 그리스도와 그를 통하여 미래에 일어날 일과 이미 일어났고 일어나고 있는 일을 가리키는 것으로 보여졌다.

그리스도라는 새로운 프리즘을 통하여 이제 뒤돌아보는 본문의 의미는 자주 *sensus plenior* 즉, '보다 온전한' 또는 '더 깊은 의미'로 불리어 진다. 여기서 원저자는 자신의 이해 범위를 넘는 것들 즉, 오직 후대에 그리스도에 의해 도래한 성취를 체험한 자들에 의해서만 알수 있었을 궁극적 의미를 무의식적으로암시한다. *sensus plenior*는 원래 언급되어졌던 것과 성취의 시대에 그 대응물 사이에 일치를 매우 자주 포함한다. 이러한 일치는 일반적으로 단지 우연의 문제로 생각되어 질지도 모르지만 여기에서의 관계는 신적으로 의도된 것으로 간주되어 진다. *sensus plenior*는 다음의 전제들에 근거를 갖고 있다는 것을 깨닫는 것이 중요하다. 하나님의 주권, 성서의 영감, 하나님의 구원 계획의 일치, 그리고 가장 중요한 것으로 창조 질서를 그 타락으로부터 구속하려는 하나님 계획의 *telos* 즉 목표로서의 그리스도,

거의 모든 경우에 있어서 일치는 분명하고 실제적이고 식별이 가능하다. 일반적으로, 작동된 통제들이 존재 한다. 유추(analogies)는 역사적 패턴들을 포함하고 주변의 것이 아닌 중대한 문제들에 간여한다. 만약 누가 이러한 저자들의 입장에 들어가서 그들의 본문 사용을 이해하려 한다면 그들의 관례는 임의적도 아니고 주관적도 아니라는 것이 분명해 진다. 히브리서 저자를 인도하고 그의 구약 본문 사용을 알기 쉽게 하고 설득력 있게 하는 *sensus plenior*에 강조된 근본 이유가 있다.

Further reading:

Ellis, E. E. *The Old Testament in Early Christianity*. Tü-bingen: Mohr Siebeck, 1991.

Goppelt, L. Typos: *The Typological Interpretation of the Old Testament in the New*. Grand Rapids: Eerdmans, 1982.

LaSor, W. S. *Prophecy, Inspiration, and Sensus Plenior* Tyndale Bulletin 29 (1978): 49-60.

Longenecker, R. N. *Biblical Exegesis in the Apostolic Period*. Rev.ed. Grand Rapids: Eerdmans, 2000.

히브리서에 나타난 페쉐르(pesher) 해석

대부분의 미드라쉬 해석의 근저에는 소위 말하는 페쉐르(*pesher*) 해석학이 있다. 이 접근은 70인역 본문이 말하는 것과 현재(또는 최근)의 실체들 사이의 일치(correspondence)에 주목한다. 페쉐르(*pesher*) 해석은 현재의 실체들을 성경의 성취로 이해하는데 있어 다시 말하자면 실제로 성서가 지목하여 가리키는 바로 그것들로 이해하는데 있어서 "이것이 그것이다"의 논리를 사용한다.

명백히, 페쉐르 해석은 *sensus plenior* 즉, 최근 사건들의 견지에서 과거로 거슬러 올라가는 방식에서 인식되어 질 수 있는 본문의 '보다 깊은 의미'에 대한 평가에 의존한다. 따라서 일어났거나 일어나고 있는 사건은 문제의 성서 구절에 대한 궁극적 의미로 보여 진다. 다른 몇몇 신약 저자들은 이러한 형태의 페쉐르 미드라쉬에 간여한다. 잘 알려진 예는 에베소서 4:8-10에 나타난다.

히브리서에서 우리가 접하는 미드라쉬 페쉐르 해석 방법의 잦은 사용은 쿰란 공동체에 의해 생산된 성서 주석들의 방법과 유사하다(하박국, 미가, 나훔, 그리고 시편 37편에 대한 쿰란 주석들을 보라). 이러한 방법에 익숙해짐은 히브리서에서의 구약 사용을 이해하는데 실제적으로 아주 중요하다.

이와 동일한 관점이 히브리서 저자뿐만 아니라 신약 성서 모든 저자들에 의해서 견지되어 진다.[20] 우리가 이제까지 기술하여 온 것은 히브리서에서 주요하게 나타나는 구약 인용을 살펴봄으로써 설명될 수 있다. 제기되는 질문은 "원래의 문맥에서 구약 본문의 의미는 무엇이며, 히브리서 저자가 자신의 인용에서 이해하고 있는 의미는 무엇인가?"이다. 서언에 나타난 일련의 일곱 인용은 잘 알려진 "메시야" 구절에 속하는 세 개 구절들을 포함 한다. 시편 2:7; 삼하 7:14(이 둘은 1:5에서 인용); 시편 110:1(1:13에서 인용). 이미 우리는 원래의 역사적 언급에서 발견되는 것(두개의 시편에서 등극한 왕; 사무엘하 7장에서의 솔로몬)보다 '더 깊고 더 온전한' 의미를 다루고 있다.

시편 45:6-7(1:8-9에서 인용)과 시편 102:25-27(1:10-12에서 인용)에서 하나님은 수신인이다. 서두에서 언급된 후의 첫 번째 구절에서 하나의 전환이 일어나는데 여기서 하나님께서 임명하신 왕이 언급 된다(1:9). 히브리서 저자에 있어서 메시야(즉, "기름부음 받은 자")는 실제로 하나님으로 말하여질 수 있으므로 이 전환은 우연히 일어 난 것이 아니라 의도적이고 특별히 성육신의 실체에 적합한 것으로 보여 진다. 두 번째 인용은 하나님을 창조자로 말한다. 저자의 기독론은 창조자로서의 그리스도의 도구적 역할(1:2)을 포함하고 있어서 그는 이 구절을 70인경에서 이루어진 *kyrios*(신약에서 예수께로 돌려지는 첫째 칭호인 "주") 칭호의 삽입에 도움 받아 그리스도에게로 적용시킬 수 있다. 1:6에서 이루어진 신명기 32:43의 인용은 히브리어 성경에서 발견되지 않으므로(그래서 구약 영어 성경에 나타나지 않는다) 독자들에게 약간의 어려움을 야기 시키지만 70인역(LXX) 에서만 나타난다.21) 여기서 경배를 받으실 분은 70인역에서 재차 *kyrios*로 불리워지는 이스라엘의 하나님이시다. 만약 천사들이 이스라엘의 *kyrios*를 경배하여야 한다면 그들은 모든 이의 *kyrios*이신 하나님의 아들을 경배하여야 한다.22)(초대 교회에서 예수와 야훼 하나님[YHWH]이 동일시되었음에 대해서는 2장 박스안의 "신약에서의 예수와 야훼 하나님과의 동일시"를 보라).

동일하게 흥미로운 것은 2:12-13에서의 인용들이다. 첫 번째 것은 한 의로운 이스라엘 사람의 고난을 묘사하는 시편 22편에서 온다. 하지만 예수께서 시편 22편의 첫 서언 구절을 십자가에서 인용하신 것은 언급하지 않더라도 이 시편이 얼마 지나지 않아 곧 예수의 고난에 적용되어졌다는 것은 놀라운 일이 아닐 수 없다(특별히 마태복음 27장과 요한복음 19-20장을 보라). 이 시편의 보다 깊은 의미가 예수 자신의 체험에서 깨달아진 것이라면 또한 그는 시편 22:22을 말하는 분으로 또 더 나아가 인성을 가지신 분으로 이해되어질 수 있다.

차라리 더 난해한 것은 2:13에 이어서 나오는 이사야 8:17-18에서의 두 인용들이다. 히브리어 구약 성서에서 이사야는 자신에 대해서 일인칭으로 이야기

한다. 이사야 선지자에 의해 언급된 자신의 개인적 상황을 가리키는 말들이 어떻게 예수께로 돌려질 수가 있는가? 일상적 설명이 예표적 일치(typological correspondence)의 틀을 따라 진행된다. 시편 기자의 경우에서처럼 이사야 선지자의 체험은 예수의 체험을 미리 보여준다. 예수님은 고난과 거부 속에서 이사야 선지자처럼 하나님을 신뢰하였다. 2:13b의 주요점인 자신의 인성 확인에서 그는 하나님의 새로운 공동체가 될 남은 자로서 그의 자녀들과 함께 섰다. 이사야 선지자의 체험과 예수 체험 사이의 유사성은 단지 우연의 일치로 간주되지 않는다. 종말의 선지자요 이스라엘 집합체를 대표하는 예수 안에서 이 구절의 내용에 대한 가장 완전한 표현이 실현된다.

이 모든 것이 가능한 반면에 이러한 언어들을 예수께로 돌림에 대한 진짜 설명은 아마도 훨씬 더 단순해 보인다. 히브리서 저자가 즐겨 사용하는 70인역에서 인용된 말들은 "그가 말할 것이다"라는 공식(formula)으로 소개가 되는데 히브리 구약 성서에서 이 공식은 나타나지 않는다. 앞서 언급된 내용에서 메시야적인 이사야 구절에서 주(Lord)는 말씀하시는 분이시므로(사 8:11: kyrios; 히브리서 YHWH), 주를 이사야 8:17-18에서의 화자(speaker)로 보는 것은 매우 자연스러울 뿐이다. 모두가 유대인이었던 70인역 번역자들은 명백히 자신들의 히브리어 본문 속에 이러한 소개 공식(introductory formula)을 가지고 있었고 또한 이 본문을 이러한 방식으로 이해하였다. 이사야 8:17-18에서 말씀하셨던 주(kyrios)는 교회의 주님(kyrios)이셨다.

히브리서 2:6-8에서 시편 8:4-6의 중요한 인용을 접한다. 시편 자체는 분명히 인간에 대해서 말하고 있다. 여기의 인간은 분명히 중요하지는 않지만, 역설적으로 그에 종속된 창조안의 모든 것, 영광과 존귀로 관 씌우져 있다(창 1:26, 28에서의 신적 회의를 가리킨다). 만약 이 구절이 일반적인 사람에 대해서 언급한다면 이것은 인간의 원형인 예수 그리스도를 또한 가리킨다. 이러한 일체화(identification)는 시편 기자가 "사람"과 동의어로서 이해한 용어인 "인자"가 인용에 나타남에 의해서 강화된다. 그러나 히브리서 저자와 독자에 있어서 이것은 예수께서 자신에 대해서 정규적으로 사용한 칭호(예수의 말씀에 대한 구전을 통하여 그들에게 알려졌을 칭호)를 떠올린다. 히브리 구약 성서에서 시편 8편은 사람은 하나님보다 조금 못하게 창조되었다고 말하지만 그러나 70인역은 "하나님" 대신에 "천사"를 말하는데 이것이 히브리서 저자의 논의와 매우 잘 어울린다. 사람이 하나님/천사 보다 못하게 만들어졌던 것처럼 예수도 잠시 동안 천사보다 못하게 지음을 받았다. 히브리서 저자는 만물이 아직 사람에게 복종치 아니 하였다는 점을 덧 붙인다(2:8b). 그 굴욕의 때가 지나간 지금 이 마지막 때에 그는 영광과 존귀로 관 씌시고 그 나라의 종말적 실현에 자신의 주권을 나타낸다 하더라도, 동일한 것이 예수께 대하여 말하여질 수 있다.

이러한 예들은 구약을 시간을 초월한 하나님의 신탁으로 보는 저자의 높은 식견뿐만 아니라 그가 구약에서 발견한 위대한 자원을 가리킨다. 구약에 대한 저자의 이해와 해석은 그리스도 중심적 관점에 의한 지배를 받고 *sensus plenior*(더 온전한 의미)를 통한 신약과의 상호 관계 및 일치를 포함한다. 가끔 제기되는 주장과는 대조적으로 우연적이고도 피상적인 유사성에도 불구하고 우리는 필로에게서 발견되는 것과 같은 구약에 대한 알레고리적 해석을 히브리서에서 발견하지 못 한다. 필로와는 달리 히브리서 저자는 실재와 이상 사이를 그렇게 자주 왕래하는 것이 아니라 이전의 것과 이후의 것 사이 즉, 예시적인 것들과 성취 사이를 왕래한다.

불행히도 많은 현대 학자들은 저자의 구약 해석 방법을 잠정적이고 설득력이 없는 것으로만 보고 이외의 다른 것으로 보는 것이 불가능하다고 생각하여 왔다. 그러나 만약 우리가 저자의 세계에 들어가서 그의 전제와 관점에서 살펴본다면 신약에서 발견되어지는 이러한 종류의 해석은 무책임한 것도 변호할 수 없는 것도 아니라는 것을 알게 된다. 반대로 그것은 이치에 합당하고 논리적이고 설득력이 있다. 하지만 이점은 저자와 함께 우리가 하나님의 주권, 성경의 영감(그래서 기록된 일치들은 우연이 아니다), 하나님의 구원의 목적의 일치, 그리고 가장 중요한 것으로 이러한 목적들의 *telos* 또는 목적으로서 그리스도를 받아들일 때만 명백해진다.

6) 구약과 신약의 관계

구약과 신약의 관계는 물론 앞에서 다룬 주제와 밀접한 관계가 있다. 명백히 히브리서는 그리스도에 의해 완성된 성취를 강조한다. 그러나 이제 새것이 왔으므로 옛것의 지위는 무엇인가? 여기에 대한 답은 간단하지 아니하고 질문 전체가 히브리서의 해석과 관계가 있다.

논점은 마태복음 5:17에 언급된 것처럼 예수와 율법의 논쟁과 유사하다. 여기에서 예수는 그가 율법과 선지자를 폐하려는 것이 아니라 오히려 그것들을 성취하기 위해 왔다고 말한다. 히브리서 저자는 이러한 강조점이 성취에 있다는 것에 동의하려 한다. 하나님께서 구약을 통하여 계속 말씀하여 왔다는 하나님의 신탁 자체로서의 구약에의 거듭된 호소는 구약은 단순히 폐지되지 않았다는 것을 보여준다. 그러나 옛 질서는 본질적으로 미완성이다. George B. Caird가 말하듯이 그것은 "자체 고백적인 불충분"이다.23) 구약은 종결되지 않은 이야기이다; 그것은 전적으로 자체의 다리로 서도록 만들어 질 수 없었다. 구약은 필수불가결한 준비로서 유효하지만 그러나 예레미야 선지자가 보았던 것처럼 어떤 새로운 것이 필요하게 되었다. 이미 옛 질서 내에서 구약은 적절치 못한 것으로 보여 졌다. 예레미야를 통하여서 하나님께서는 첫 번째 언약은 옛 것이고 곧 사라지리라는 것을 선언하였다(cf. 히 8:13). 새것의 도래는 옛 것의 근본적인 변화를 포함하였다. 히브리서와 관련된 놀라운 것들 중 하나는 유대인 독자들에게 쓰고 있는 유대인 저자가 옛것과 새것의 불연속 단절의 선을 긋는 용기이다(7장에서의 "히브리서에 나타난 구약과의 불연속성의 주제들"을 보라). 하지만 히브리서 저자에 있어서 새 언약은 옛 언약의 성취로서 항상 간주되어 질 수 있었다. 이러한 이유로 인하여 그는 새 언약에 관한 예레미야의 예언을 소중히 여긴다. 새 언약은 옛 언약이 약속하였던 것이다. 예레미야 선지자가 예언하였던 것이 이제 도래하였으므로 구약은 적은 의미보다는 더 큰 의미를 떠맡는다. 하지만 구약은 항상 그 자체 내에서 의미를 발견하는 것이 아니라 아들 안에서 행하신 하나님의 명확한 계시를 가리키는 큰 화살과 같다.

7) 유대주의와 반유대주의의 문제에 대한 히브리서의 입장

히브리서에서 우리가 접한 옛 언약과 새 언약 사이의 단절에 대한 매우 강력한 강조는 유대교에 대한 그리스도인들의 인식과 관련하여 어려운 문제들을 제기한다. 히브리서 저자에 있어서 유대교는 시대에 뒤떨어지는 것이다. 아브라함 안에서 지상의 모든 민족들이 복을 받으리라는 약속에서부터 이스라엘이 모든 민족들에게 빛이 되리라는 부르심에 대한 이사야 선지자의 거듭된 강조에 이르기까지 하나님께서 항상 이스라엘을 통하여 행하시려고 의도하여 온 우주적 사역을 준비함에 있어 구약은 필수적인 임무를 수행하여 왔다. 이스라엘은 교회를 통하여 이방인들에게 축복과 빛이 된다. 저자의 관점에 의하면 유대교는 기독교 안에서 그 성취를 발견한다.

독자는 물론 저자 어느 누구도 그들이 자신들의 유대 유산에 충실하지 아니 하였거나 그리스도인이 되는 과정에서 유대인 신분을 벗어 버렸다는 것을 믿지 아니 하였다는 것에 주목하는 것이 중요하다. 이와는 반대로 그리스도인의 믿음은 이스라엘의 소망을 꽃피우는 것이었다. 따라서 유대교와 기독교 사이에는 강한 연속성이 있다. 그러나 하나님의 아들이요 대제사장이신 메시야의 오심과 더불어 유대교는 그 목표에 도달하였다. 그래서 우리는 또한 히브리서에 나타나는 불연속의 강한 주제를 만난다. "반유대주의"는 그것을 묘사하는 가장 적절한 방법이 아니라 하더라도 이러한 불연속성은 부인될 수가 없다. 구원은 성전 제사들에서는 더 이상 발견되어 질 수 없고 그것들이 지향하는 것, 즉 모든 면에서 충분한 그리스도의 제사에서 발견되어 진다. 그러므로 유대인 크리스챤들은 이전의 유대교로 되돌아가는 것을 생각조차 하지 말아야 한다.

명백히, 히브리서에 나타나는 불연속성에 대한 날카로운 강조는 치명적인 유대 논쟁의 결과이다. 잘 알려진 사회학적인 원리는 다른 종교적 신앙을 위해 기존의 종교 신앙을 떠나는 자들은 가끔 그들이 떠났던 신앙에 대해서 가장 호된 비평가가 된다는 것과 수반되는 논쟁은 더욱 치열해질 수 있다는 것이다. 히브리서는 유대교에 대한 비평에 있어서 가혹하지도 치열하지도 않지만 매우 직선적이다. 그리고 그것은 이제 메시야가 도래하였으므로 이 마지막 날에 야기되어진 새로운 상황 속에서 이끌어진 결론으로부터 조금도 물러서지 않는다.

여기서 강조되어 져야 할 점은 히브리서에서 우리가 접하는 기독교의 새롭고 결정적인 분기점에 대한 논의들은 반유대주의를 위한 구실을 조금이라도 제공하는 것으로 이해되어 져서는 절대로 아니 된다는 것이다. 우리는 끊임없이 기독교 신앙은 유대교의 자연적 발전 결과라는 점을 상기하여야 한다. 요한복음서에 기록되어 있는 것처럼, "구원이 유대인에게서 남이니라"(요 4:22). 만약 유대교가 어느 면에서 기독교의 "어머니"라면 유대인에 대한 박해는 모친 살해와 다를 바 없다.

교회사에 있어서 부끄러운 일들 중에서 가장 수치스러운 일은 그리스도인들의 유대인 박해이다. 이러한 이유로 인하여 "이방을 비추는 빛이요 주의 백성 이스라엘의 영광"이 되기로 되어 있었던 예수(눅 2:32)는 유대인들에게 거치는 돌이 되었다. 이런 일을 명목적 그리스도인들이 하였다 할지라도 그리스도인들의 결점이다. 최고의 풍자는 히브리서의 중심 존재이며 그의 죽음이 기독교 구원의 근거 자체를 제공한--그리스도인들이 즐거이 주로 시인하는--예수 그 자신이 유대인이라는 점이다: "조상들도 저희 것이요 육신으로 하면 그리스도가 저희에게서 나셨으니"(롬 9:5). 예수께서 후손으로 나신 바로 그 민족을 어떻게 그리스도인들이 박해할 수가 있을까? 우리가 그들에게 감사하고 그들을 존중하고 사랑하여야 하지 않을까?

일세기에 그랬던 것처럼 오늘날도 또한 유대교와의 신학적 불일치는 계속될 것이다. 그러나 그 불일치가 아무리 강하다 할지라도 기독교 윤리인 사랑을 거역하는 것을 허용하여서는 절대로 아니 된다. 오직 모든 형태의 반유대주의를 조건 없이 반대한다면 나치 유대인 대학살 이후 시대에 기독교 신학의 급진적 개정을 요구하는 현재의 요구에 우리는 저항할 수 있다. 그 어떤 것도 그리스도와 히브리서 저자를 더 기쁘게 하지 못할 것이다.

학습 연구 질문

1. 히브리서와 바울 서신들 사이의 유사점들과 차이점들에 대해서 논의하라.
2. 히브리서에서 발견되어지는 두 종류의 중요 본문에 대한 논의를 하라.
3. 히브리서 저자는 구약을 어떻게 다루고 있나?

1장 하나님께서 이제까지 말씀하신 것 중 가장 중요한 것

서신의 첫 문단은 서신에서 다루려는 본 주제에 대한 전체적 개관을 제시하는데 그것은 구약에 나타난 예비적 계시와는 대조되는 그리스도안에서의 절대적 계시의 완성을 말한다.

-- B. F. Westcott, <히브리서 주석>에서

보충 읽기
잠언 8:27-31; 요한 1:1-18; 빌 2:6-11; 골로새서 1:15-20

개요
- 서언(1:1-2a)
- 아들을 묘사하는 7개 구절(1:2b-3)
    - 구절 1   구절 2
    - 구절 3   구절 4
    - 구절 5   구절 6
    - 구절 7
- 천사보다 월등한 그리스도(1:4)
- 일련의 일곱 구약 인용(1:5-13)
    - 인용 1과 2
    - 인용 3과 4
    - 인용 5
    - 인용 6
    - 인용 7
- 천사의 역할(1:14)

> **목표**
>
> 1. 아들에 대한 7개의 묘사를 나열하라.
> 2. 천사들의 적절한 역할에 대해 평가하라.
> 3. 기독교 신앙과 예배에 그리스도가 중심이 됨에 대하여 기술하라.

오늘날의 세대는 많은 것들을 말하는 다양한 목소리의 시대이다. 이러한 세태는 종교적 주장의 영역에서 더욱 그러하다. 가치와 진리의 조각들이 여러 장소에 산재하여 있는 듯하다. 하지만 대문자로 표기되어 져야 하는 진리(Truth), 보편성과 통일성을 띤 진리가 종교적 영역에서 별도로 존재하고 있는가? 절대적 의미에서 진리를 이야기하는 것이 다소 낡은 것 같으나 기독교인들은 예수 그리스도에게로 향하여 이러한 확언을 한다. 그리스도만이 최종의 충만한 진리이다. 그분 안에 하나님께서 단정적으로 말씀하여 오셨고 지금까지 일어난 일들 중 가장 중요한 일을 행하여 오셨다. 그러므로 우리는 서신의 서언에 비추어 우리 앞에 놓여 있는 문제들에 깊은 관심을 기울이는 것은 당연하다.

1) 서언(1:1-2a)

히브리서는 예수 그리스도라는 최종 진리에 대한 절대적 확언으로 시작한다. 영어로 번역하기 어려운 우아한 표현을 띠고 있는 첫 구절은 하나님께서 과거에 그의 백성들에 말하여 온 단편적이고 또한 다양한 방식의 의미를 가리킨다. 이스라엘과 함께한 하나님의 역사 전체가 보여 진다. 이러한 언급 속에 숨어있는 확신은 구약은 그 자체만으로는 통일적이고 결론적인 하나님의 말씀을 공급하지 못한다는 점이다. 하나님께서 과거에는 자주 예언의 영감을 받은 인물들을 통하여 분명하고 확실한 것을 말씀하셨다. 그러나 이러한 모든 것이 궁극적으로 어디로 인도하고 있었나 하는 것은 분명하게 드러나지 않았다.

2절의 초두에서 저자의 주된 확언을 만나게 된다. "이 모든 날 마지막에 아들로 우리에게 말씀하셨으니." 특이하게도 "예수"라는 이름은 2:9에 이르기까지 나타나지 않는다. 이러한 사실과 더불어서 또한 2절의 헬라어 본문에는 아들(Son) 앞에 붙는 정관사가 빠져있음에도 불구하고 초대교회의 어느 누구도 2절에 언급된 아들의 정체성에 대한 불확실성을 제기하지 않았다. 아들의 독특한 지위는 1장의 나머지 부분에서 중심 초점이 되고 있다. 1절의 언급과는 대조적으로 2절에서 '하나님의 아들을 보내심'은 구원을 이룸에 있어서 중추적 사건이요 하나님께서 그의 백성을 다루어 온 역사 속에 선행되어온 모든 것을 해석할 수 있는 열쇠를 가지고 있다는 것을 가리킨다. 실제로 이러한 통찰은 시대의 종말에 수반되는 조명(illumination)의 일부분이다. 하나님의 아들의 오심은 종말론적이고 결정적인 것이다. "이 모든 날 마지막에." 시대에 있어서 전환점이 도래하였다("그가 … 단번에 세상 끝에 나타나셨느니라"[9:26]). 이것은 저자가 현세대는 어떤 의미에 있어서 도래할 시대의 시작임을, 초대 기독교에 동의하여, 믿었다는 것을 의미한다. 독특한 시대인 종말에 하나님께서 그의 백성들에게 은사를 부어주심은 도래하는 시대를 내다보게 하는 선제 행위였다(6:5; 12:22을 보라).

2) 아들을 묘사하는 일곱 개의 구절들(1:2b-3)

이제 아들에 관하여 말하여짐은 놀랍지 않을 수가 없다. 비중 있는 구절들이 아버지와의 독특한 관계에서 유래하는 독특한 위엄을 가리키고 있다. 1장에서 일곱 구절들이 선행되고 일곱 개의 구약 인용이 뒤따르는 것은 우연이 아니다. 그 이유는 일곱이라는 수가 충만 또는 완전의 숫자로 인식되어졌기 때문이다.

히브리서 1:2b-3에 나타난 아들을 묘사하는 일곱 구절들

1. "만유의 후사로 세우시고"
2. "저로 말미암아 모든 세계를 지으셨느니라"
3. "하나님의 영광의 광채시요"

> 4. "그 본체의 형상이시라"
> 5. "그의 능력의 말씀으로 만물을 붙드시며"
> 6. "죄를 정결케 하는 일을 하시고"
> 7. "높은 곳에 계신 위엄의 우편에 앉으셨느니라"
>
> 여섯 번째 묘사--"죄를 정결케 하는 일을 하시고"-만이 죽을 인간인 대제사장과 유사한 병행을 이룬다. 하지만 여기에서도 최종의 효력을 발휘하는 것은 아들의 사역이다. 그 외의 모든 묘사들은 예수의 신성을 가리킨다.

(1) 구절 1

아들은 먼저 "만유의 후사"로 묘사되고 있다. 이스라엘에 있어서 상속은 장자의 권리였다. 상속자로서 만유는 원칙상 아들에게 이미 속한다. 이는 만유가 종말에 실제적으로 그리고 최종적으로 그의 것이 되는 것과 같다. 본 절의 강조점은 미래에 주어지고 있는데 그리스도께서 모든 것의 주로 인식되고 인정되는 때이다(빌 2:10-11). 다른 신약 성서 저자가 일컫듯이(골 1:16), 만유는 "그를 위하여" 창조되었다. 온전한 의미에 있어서 최종적으로 그에게 속하지 않을 것이 없다.

(2) 구절 2

뿐만 아니라, 아들은 존재하는 모든 만유의 창조 도구였다("세계[universe]"에 해당하는 헬라어는 문자적으로 "세대[the ages]"를 의미한다). 창조 시에 아들의 주요 역할은 바울(고전 8:6; 골 1:16)과 요한복음(요 1:3)에 의해 확인된다. 이러한 사상을 강조하는 것이 지혜 기독론인데 이는 잠언 8:27-31과 유사한 저술인 외경에 나오는 솔로몬의 지혜("지혜 기독론"을 보라)에서 말하고 있는 인격화된 지혜와 그리스도를 동일시한다. 따라서 아들은 창조의 근원으로 하나님과 함께 조화를 이루고 있어서 피조물의 부류에 넣을 수 없다. 아들의 창조 사역에 빚지지 않는 존재는 하나도 없다. 만물은 그의 창조 권한으로 인하여 그의 것이다.

지혜 기독론

히브리서	잠언	솔로몬의 지혜서
1:2 "저로 말미암아 모든 세계를 지으셨느니라"	8:27-30 "그가 하늘을 지으시며 궁창으로 해면에 두르실 때에 내(지혜)가 거기 있었고 구름하늘을 견고하게 하시며 바다의 샘들을 힘있게 하시며 바다의 한계를 정하여··· 땅의 기초를 정하실 때에 내가 그 곁에 있어서 창조자가 되어"	9:2, 9(역자 번역) "당신의 지혜로 [당신이] 인간을 만들고, "당신께서 세상을 만드실 때 지혜가 있었으며"
1:3 "하나님의 영광의 광채"		7:25-26 "그녀(지혜)는··· 전능자의 영광의 순전한 발현이다." "그녀는 영원한 빛의 반영 이다.
1:3 "그 본체의 형상"		7:25-26 "그녀는 하나님의 능력의 숨결이요 하나님의 역사하심의 흠없는 거울이요 그의 선하심의 형상이시다."

> **Further reading:**
>
> Hamerton-Kelly, R. G. Pre-existence, *Wisdom and the Son of Man.* Cambridge: Cambridge University Press, 1973.

(3) 구절 3

3절의 첫 구절은 아들이 "하나님의 영광"을 독특하게 드러내고 있다고 언급한다. NIV 성경에서 "광채"(radiance: RSV나 NRSV의 반영(reflection)보다 더 잘된 번역)로 번역된 헬라어 *apaugasma*는 헬라어 신약 성서에서는 이곳에 단 한번만 사용되고 있는데 태양 광선처럼 "빛을 발산하다(shining forth)"는 의미를 갖고 있다. 요점은 하나님의 영광의 밝음이 아들 안에서 보여 진다는 것이다. 개념은 고후 4:6의 "그리스도의 얼굴에 있는 하나님의 영광을 아는 빛"을 말하는 바울의 언급과 동일하다. 아들은 바로 하나님의 영광의 찬란한 계시이다 (cf. 요 1:14). 다시 한번, 지혜 기독론이 이러한 의미의 배경을 이루고 있다. 솔로몬의 지혜 7:25-26은 지혜를 "영원한 빛의 광채 … 하나님의 영광의 순전한 발현"으로 묘사한다. 예수를 보는 것은 곧 하나님의 영광을 보는 것이다.

(4) 구절 4

아들은 "그의 본성의 특성을 띠고 있다." 다시 말하면, 예수는 하나님의 본질을 그대로 나타낸다. 여기서 저자는 영어로 파생된 헬라어 단어 *charaktēr*를 사용한다. 헬라어에서 이 단어는 두 의미의 관련성이 있더라도 영어에서 통상적으로 의미하는 '특징' 보다는 '각인'(stamp) 또는 '날인'(impress)을 의미한다. 이 헬라 단어의 숨어있는 의미는 동전을 주조하는 금형의 의미와 같다. 동전에 찍히는 형상이 금형에 각인된 상을 나타내듯이 아들은 아버지와 동일한 초상이다. "그 본체"라는 단어들이 가리키듯이 나타내 보여 지는 것은 물리적(육체적) 초상을 의미하는 것이 아니라 하나님의 존재 또는 본질(NRSV는 "하나님의 바로 그 본질의 동일한 각인[the exact imprint of God's very being]"로 번역)을 의미한다. 여기서 다시 한번 저자는 신약의 다른 곳에서는 발견되지 않는 헬라 단어를 사용한다. 하지만 그 의미는 바울의 '하나님의 형상으로서의 그리스도'의 개념(고후 4:4; 골 1:15) 또는 '아들을 본자는 아버지를 보았다'는 요한의 단언(요 14:9; cf. 요 1:18)과 크게 다르지 않는다. 아들은 하나님의 독특한 계시이다.

(5) 구절 5

아들은 전체 창조 질서를 유지하고 떠받친다. 현재 분사 헬라어 *pherōn*(sustaining: 유지하다, 떠받치다)은 현재에 계속 진행되는 아들의 행위 즉, 존재하는 모든 것을 떠받치는 현재 행위와 계속 진행되는 행위를 가리킨다. 이러한 떠받치는 행위는 아들의 "능력있는 말씀"에 의하여 성취된다. 여기에 나타난 의미는 하나님의 역동적인 말씀 즉, 창조하였던 말씀과 하나님의 뜻을 성취하는데 본성적으로 효과적인 말씀에 대한 셈어적 개념이다. 그 의미는 그리스도안에 "만물이 함께 섰느니라"(골 1:17)는 바울의 말과 크게 다르지 않다.

살펴본 다섯 구절들의 언급에서 저자는 독특하게 우리로 하여금 예수와 하나님을 동일시하도록 이끌고 있음을 본다. 아들은 하나님과 함께 태초와 종말에 계셨는데 창조 시에는 창조의 도구로 함께 하셨고 종말의 때에는 만물의 영원한 상속자로 임하신다. 창조로부터 종말의 때가 이르기까지 중간 기간에 그는(아들은) 또한 거역할 수 없는 섭리를 통하여 모든 현존하는 존재를 가능하게 하는 자로서 하나님의 능력 안에서 역사한다. 이러한 세 개의 시간 구조는 저자가 서신의 말미에서 말하려는 것 즉, "예수 그리스도는 어제나 오늘이나 영원토록 동일하시니라"는 말씀(13:8)에 대한 언질이다.

세 번째와 네 번째 구절에서(3절) 저자는 다른 세 개의 구절들에서는 암시만 되어 있는(assumed) 예수와 하나님사이의 독특한 관계를 직접 거론한다. 예수는 하나님의 영광의 광채를 발하며 신적 존재로서의 각인을 완벽하게 보여준다. 나사렛 목수의 아들이었으며 얼마 전까지도 가르쳤고 병자를 고쳤고 범죄인으로 처형을 당하였던 인간 예수가 이러한 놀라운 언어로 묘사되어질 수 있다는 것은 기이한 사실이다. 빌 2:6-11, 골 1:15-20, 요 1:1-18의 구절들과 함께 본 구절은 신약 기독론의 중요한 사상을 대표하는 구절이다.

(6) 구절 6

아들은 "죄를 정결케 하는 일을" 하셨다. 즉, 그는 죄를 제거하기 위하여 속제의 제물이 되었다. 일곱 개의 구절들 중에서 여섯 번째 구절만이 성전에서 희생 제사를 드리는 제사장들의 활동과 병행을 이룬다. 그리고 이것이 그리스도의 제사장 사역이요 저자가 9-10장에서 주장하려는 중심내용이다. 그러나 그리스도의 사역과 성전 대제사장의 사역 사이의 유사점에도 불구하고 저자가 지적하듯이 둘 사이에 엄청난 차이점이 존재한다. 그래서 한편으로는 희생 제사라는 말이 독자들에게 친근한 말이었지만 다른 한편으로 이전의 세대들에게 주어졌던 의미보다 훨씬 더 깊은 중요성을 띤다. 그리스도가 이 세상에 오게 된 근본 목적은 죄를 위한 제물을 드리기 위함이었는데 자신을 직접 드림으로 그 목적을 이루셨다. 이것은 동반된 다른 구절들에서 독특한 아들로 묘사된 자를 제물로 드린 것으로 독특한 제사이다. 이러한 제사만이 세상을 구원하기 위해서 효력을 발휘할 수 있다(롬 3:24-26). 그래서, 본 소구절은 복음의 핵심을 담고 있고 그럼으로 인하여 초기 독자들에게 즉각적인 동참을 촉진하였다.

(7) 구절 7

아들은 하나님의 우편에 앉도록 높임을 받았다. 마지막 절정적 구절인 일곱 번째 구절은 하나님의 우편에 앉아서 자신의 절대 권위를 나누는 아들의 독특성에 대해서 다시 한번 언급한다. 이 구절은 시편 110:1의 말씀을 암시하여 가리키는데 시편 110:1의 말씀은 초대 교회에서 중요한 구절 이었다(박스안의 "시편 110편의 초대 교회에서의 중요성"을 보라). 시110:1을 알고 있는 사람들은 이 말씀을 발등상 아래 놓일 적들과 관련하여 미래의 승리에 대한 암시로 볼 수도 있었지만, 아들의 앉아 있는 모습은 그의 사역의 완성을 가리킨다. 13절에서 저자는 시편의 이 말씀을 인용한다. 초대 교인들에 있어서 그리스도는 과거와 미래의 주님이었을 뿐만 아니라 현재의 주님이기도 하였다. 그의 지상 사역을 완수함으로 그는 그가 다스리게 될 아버지 옆의 왕좌를 취하였다. 그리스도의 현재 주권은 항상 그리스도인들에게 확신이 되었을 뿐만 아니라 위로와 힘이 되어 왔다.

시편 110편의 초대 교회에서의 중요성

신약에서 구약의 어떤 본문들 특히 이사야서와 시편의 구절들은 특이하게 자주 인용되어 진다. 이러한 본문들 중 하나가 시편 110편이다. 예수의 승천(이것은 부활을 전제로 한다)은 물론 현세대의 마지막에 원수들에 대한 그의 궁극적 승리까지 적절하게 묘사하고 있는 것으로 보이는 말들이 발견되고 있기 때문에 초대 교회에서 시편 110은 아주 중요한 시편이었다. 그래서 시편 110:1은 공관 복음서와 사도행전, 로마서, 고린도 전서, 에베소서, 골로새서 그리고 당연히 히브리서에서 언급되어진다. 하지만 히브리서만이 시편 110:4을 중요시하는데 그 이유는 분명해진다. 널리 인정된 사실 즉, 시편 110:1은 예수의 하나님 우편으로의 승천을 예상했다는 사실(은유적으로 이해되어진)을 통하여 저자는 4절을 또한 그리스도게로 관련시킬 수 있었다. 중대한 결과는 그리스도를 멜기세덱의 제사장직에 연관시킬 수 있음으로 인하여 그리스도는 제사장이 되어 제사장직을 수행할 수 있다는 점이다. 이러한 주장은 7:1-22에서 명백히 제시된다. 히브리서 저자에게 있어서 시편 110은 너무나 중요하여서 G. W. Buchanan은 그의 앵커 바이블 주석에서 히브리서를 시110편에 근거한 설교적 미드라쉬(해석)으로 설명한다. 이러한 설명이 과장된 면이 있더라도 저자의 논증에 시편의 중요성이 얼마나 큰지를 가리킨다 하겠다.

Further reading

Hay, David M. *Glory at the Right Hand: Psalm 110 in Early Christianity*. Society of Biblical Literature Monograph Series 18. Nashville: Abingdon, 1973.

Loader, W. R. G. "Christ at the Right Hand--Ps. CX 1 in the New Testament." *New Testament Studies 24* (197-78): 199-217.

그렇다면, 일곱 구절들은 하나님을 독특하게 드러내는 아들의 영광과 광채를 가리키는 다이아몬드의 일곱 단면과 같다고 하겠다. 여섯 번째 구절을 제외한 모든 구절은 명백히 독특한 아들을 가리킨다. 하지만 여섯 번째 구절도 십자가의 신적 필연성과 이후의 서신서의 주장의 관점에서 이해할 때 독특하고 명확한 성취를 가리킨다. 예수의 인성에 관한 히브리서 저자와 독자의 결론은 현대 '역사적 예수의 연구'에서 단지 윤리 선생으로 축소 해석하려는 예수에 대한 평가와는 확연한 대조를 이룬다.

많은 학자들은 일곱 구절의 숭고한 언어의 특징, 즉 고백적 특징과 양식을 저자에 의해 선택된 찬양시나 예전의 부분을 가리키는 것으로 보아왔다. 아울러 주목하여야 할 점은 이 구절들에서 아들은 구약의 주요 삼대 직분인 예언자, 제사장, 왕직을 자신 안에서 구현하는 자로 묘사되고 있다는 점이다.

예언자, 제사장, 왕이신 예수

아들을 묘사하는 서언에서 예수는 구약의 3대직인 선지자, 제사장, 왕직을 소유한 것으로 나타낸다.

예언자(하나님께서 그의 아들 예수에 의해 말씀하여 오셨다)
제사장(예수는 죄를 정결케 하는 일을 완수하셨다)
왕(예수는 하나님의 우편에 앉아 계시다)

구약이 갖는 다양한 기대의 모든 초점이 예수에게로 모아진다. 명백히 저자는 그리스도가 가장 높은 중요성을 띤 자가 되기 위해서 어떤 인물이 되어야 하는 지에 대한 적합한 이해를 갖고 있다. 서신이 핵심적으로 다루는 비중 있는 논증은 그리스도의 인성과 직결된다. 히브리서가 시작하는 논증의 방향은 우연히 이루어진 것이 아니다.

3) 천사보다 월등한 그리스도(1:4)

이제 막 논의한 그리스도에 대한 견해를 염두에 두고서 저자는 천사에 대한 적절한 평가를 내릴 수 있는 암시들을 구체적으로 도출해내고자 한다. 천사를 주제로 한 수많은 최근의 책들에 의해 입증된 천사에 대한 당대의 관심에도 불구하고 히브리서 저자가 천사에 대한 평가를 하는 것은 현대의 독자들에게 특이한 것으로 비쳐질 수 있다. 하지만 일부 사람들이 천사를 숭배하였다는 것은 일세기 자료들에 의해서 입증 된다(예를 들어, 신약 성서 골로새서 2:18). 영지주의에 이끌린 사람들--다시 말하자면, 물질을 본질적으로 악하다고 생각하는 사람들--은 영적 존재인 천사들은 인간의 몸을 입고 성육신한 예수보다 나은 존재라는 결론을 내릴 수가 있었다. 천사들은 많은 사람들에 의해서 하나님과 인간 사이의 강력한 중보자요 두려움과 달램의 대상으로 생각되어졌다.

놀랍게도 당시의 상황은 오늘의 것과 크게 다르지가 아니 하였다. 점성술로부터 "뉴 에이지"(New Age) 운동에 이르기까지, 심지어 21세기에 들어서서도 사람들은 운명이나 권세들(Powers) 또는 별들이 인간의 삶을 지배하고 있으므로 우리들은 이러한 존재들과 어느 정도의 관계를 유지하면서 적절히 살아가야 한다는 신념을 접하고 있다. 그러나 만약 히브리서 저자가 그리스도에 대해서 말한 것이 사실이라면 그리스도는 어떤 창조된 존재들--천사들이나 권세들이나 별들이나 그것들이 무엇이든지간에--보다 훨씬 더 나은 존재이다.

이점을 분명히 함에 있어서 저자는 먼저 예수의 칭호인 "아들"에 초점을 맞추어 비교를 시도한다. 헬라어 *angelos*("angel")는 문자적으로 "소식을 전하는 자"(messenger)를 의미한다. "더욱 아름다운 이름"에 의해서 저자가 의미하는 것은 "예수"라기 보다는 2절에서 이미 사용된 타이틀인 "아들"이다. "아들"이라는 타이틀은 우리가 이미 살펴보았듯이 예수의 독특성을 가리킨다. 이 점은 5절에 처음으로 나타나는 두 개의 구약 인용으로부터 분명해진다.

히브리서 저자가 예수를 가리켜 천사들 보다 "더욱 아름다운 이름을 기업으로" 얻었다라고 할 때, 저자는 아버지 우편에 현재 앉아 계시는 아들의 지위를 염두에 두고 있는 것으로 보인다. 설명하자면 부활/승천은 예수의 독특한 아들됨을 옹호하는 기능을 수행하는 것이다. 또한 주목해야 할 점은 히브리 사고방식에 있어서 이름은 단순한 지칭 이상이라는 점이다. 이름은 사람의 존재와 성격을 어떻게든 반영한다. 비교급 "더 좋은(better)"이라는 말은 저자가 그리스도와 기독교를 이전의 것과 비교하여서 즐겨 쓰는 단어들 중 하나이다(박스안의 "히브리서에 나타난 '더 나은' 이라는 단어"를 보라).

"히브리서에 나타난
'더 나은(더 좋은: better)' 이라는 단어"

"더 나은(좋은)"에 해당하는 헬라어 단어 *kreissōn/kreittōn*은 히브리서에 13번 나타난다. 이 단어는 다음의 것을 언급할 때 사용 되어진다:

아들	(1:4)
독자들 (즉, 독자들의 구원)	(6:9)
멜기세덱	(7:7)
미래의 기대	(7:19; 11:16, 35, 40)
언약	(7:22; 8:6)
약속들	(8:6)
제물	(9:23; 12:24)
현재의 소유	(10:34)

---

4) 일련의 일곱 구약 인용들(1:5-13)

히브리서 저자는 천사보다 월등하신 그리스도에 관한 자신의 입장을 일곱 개의 구약 인용들을 통하여 밝힌다(여기서도 완전수인 7을 의도적으로 도입). 첫 두 인용과 마지막 세 개의 인용은 저자가 그리스도를 가리키거나 또는 그리스도에 관한 것으로 이해되어지는 단어들을 포함하고 있다. 이것은 그리스도 중심의 해석을 포함하는데 이 해석에는 '더 깊은 의미'를 뜻하는 *sensus plenior*가 본문 속에서 확인되어질 수가 있다(서론에서 소개된 "구약 해석 속에서의 *sensus plenior*"를 보라). 세 번째와 네 번째 인용은 하나님께서 천사에 대해서 무엇이라 말씀하셨는지에 대한 것이다. 이러한 일련의 일곱 인용들은 저자가 히브리서를 쓰기 전에 이미 수집되었던 것으로 보인다.

(1) 인용 1과 2

예수는 아버지의 독특한 아들이다. 이 점을 설명하기 위해 저자가 5절에서 인용하는 두 개의 본문 중 첫 번째 것은 시편 2:7이다: "네가 내 아들이라 오늘 날 내가 너를 낳았다." 이 본문은 초대 교회에서 널리 유행되었던 것이다(박스 안의 "초대 교회에서의 시편 2 편의 중요성"을 보라). 인용된 시편은 메시아, 즉 기름부음 받은 자(시 2:2에서의 하나님의 "기름 받은 자"에 대한 언급에 주목하라)를 언급하는 것으로 이해되어졌기 때문에 하나님의 아들로서의 메시야의 독특한 성격을 확증하였다. 처음에 이 시편은 이스라엘 왕의 대관식에 대해서 언급하는 것으로 보았지만 그 내용상 곧 오실 메시아 안에서 더 깊은 성취를 이룬 것으로 이해되어 졌다. "오늘"이라는 말은 초대 교회 교인들에 의하여 예수의 부활(예를 들어 롬 1:4)이나 그의 승천을 언급하는데 사용되어 졌다. 이것은 양자론의 입장 즉, 부활의 때에 하나님께서 예수를 이전존재와는 다른 존재로 만드신 것으로 이해되어져서는 아니 된다. 그 보다는 하나님께서 공개적으로 부활의 예수를 하나님의 독특한 아들로 명시하고 입증하셨다는 의미에서 이해되어져야 한다.

두 번째 인용은 사무엘하 7:4-17에 기술된 다윗 언약에서 도출된다. 여기서 위대한 '다윗의 아들' 과 하나님 사이의 독특한 관계가 가장 확실한 용어에 의

"히브리서 1:5-13에 나타난
일련의 일곱 구약 인용들"

1. 시편 2:7	히브리서 1:5
2. 사무엘 하 7:14	히브리서 1:5
3. 신명기 32:43(LXX)	히브리서 1:6
4. 시편 104:4	히브리서 1:7
5. 시편 45:6-7	히브리서 1:8-9
6. 시편 102:25-27	히브리서 1:10-12
7. 시편 110:1	히브리서 1:13

해서 지정되고 있다. "나는 그에게 아버지가 되고 그는 내게 아들이 되리라"(1:5b; cf. 삼하 7:14). 이곳의 문맥 또한 종말적 성취의 문맥이다. 즉, 다윗의 그 후손이 영원히 지속될 왕국을 건설할 것이다(삼하 7:16). 이 구절을 성취로 이끌 유일한 인물은 다윗의 후손인 메시아이다.

유대인의 기대에 중심이 되고 있었던 두 개의 인용과 함께 저자는 하나님의 아들과 그의 아버지와의 독특한 관계를 보여준다. 예수는 독특한 아들이시고 그래서 천사는 물론 실제로 어떤 피조물과도 비교될 수 없는 월등하신 분이시다. 구약에서 천사들은 실제로 "하나님의 아들들"로 언급되고 있으나(예를 들어 욥 1:6; 2:1; 38:7; 시 29:1등. 창 6:1-4도 가능), 그 아버지와 독특한 관계를 소유한 독특한 아들로는 절대 언급되지 않는다. 따라서, 천사에 대한 예수의 월등함은 명백하다.

> ### "초대 교회에 있어서 시편 2편의 중요성"
>
> 시편 2편은 특별히 초대 교회에 유용하였다. 그 이유는 2절에 나타난 하나님의 "기름 받은 자"라는 구체적 언급으로 인하여 "메시아 시편"으로 쉽게 인식되어졌기 때문이다. 이 시편은 다양하게 예수께 적용되어졌다. 초대 교인들이 "세상의 군왕들이 나서며 관원들이 서로 꾀하여 여호와와 그 기름 받은 자를 대적하며"라는 구절을 읽을 때 그들은 즉각적으로 유대와 로마 당국 앞에서 예수께서 당하신 재판을 생각하였다. 사도행전 4:25-26에 나타난 이 말의 인용과 사용을 보면 이를 알 수 있다(행 4:27을 보라). 하지만 더 중요한 것은 히브리서 저자에 의해서 1:5과 5:5에서 재차 인용된 시편 2:7의 말씀이다(cf. 7:28). 메시아 예수의 독특한 아들 됨은 "너는 내 아들이라 오늘날 내가 너를 낳았도다"라는 말씀 속에 나타난다. 이 말씀은 비시디아 안디옥에서 행한 바울의 설교에서 재인용되고 있고(사도행전 13:33), 예수의 세례(마 3:17; 막 1:11; 눅 3:22)와 그의 변화산 사건(마 17:5; 막 9:7; 눅 9:35) 때에 예수께 말하여진 말씀 속에서 이사야 42:1과 함께 암시되고 있다.

> "내가 열방을 유업으로 주리니 네 소유가 땅 끝까지 이르리라"는 시편 2:8의 말씀은 하나님의 아들은 "만유의 후사"로 세우심을 받았다는 입장을 지지한다. 마지막으로 "네가 철장으로 저희[열국]를 깨뜨림이여 질그릇같이 부수리라 하시도다"라는 시편 2:9의 말씀은 요한계시록 2:27과 19:15(cf. 12:5)에서 인용되고 있는데 계시록의 인용에서 이 말씀은 시대의 종말에 예수에 의해 완성될 미래의 심판을 가리키고 있다.

(2) 인용 3과 4

인용 3과 4에서 초점은 아들로부터 천사들에게로 옮겨진다. 여기서 강조는 천사들의 열등함에 주어진다. 인용의 첫 번째 것(6절)은 신명기 32:43에서 왔지만 70인역(기독교 이전의 구약의 헬라어 번역 성경)과 사해 사본들에서는 발견되어지나 히브리어 성경(모든 영어 번역 성경의 근저를 이룸)에는 나타나지 않는 단어들로 구성되어 있다. "하나님의 모든 천사가 저에게 경배할찌어다." 이 인용에 대한 소개에서 저자는 "저에게 경배할찌어다"의 대명사("저")와 아들을 동일시하고 있다. "맏아들을 이끌어 세상에 다시 들어오게 하실 때에 … [하나님께서] 말씀하시며." 여기에 나타나는 "맏아들"(firstborn)에 해당하는 헬라어 *prōtokos*는 창조의 시작 때에 피조된 예수가 아니라 모든 피조물위에 존재하는 그의 으뜸 되는 지위나 월등함 또는 탁월함을 가리킨다. 창조의 대리인으로서(2절) 예수는 그 자신이 창조의 일부분이 아니다. 신명기 본문에서, 인용속의 대명사 "그(him)"는 주(YHWH-하나님의 인격적 이름인 "Yahweh"에서 온 4개의 자음 대문자)를 가리키고 있는데 히브리서 저자는 이 언어들을 아들에게로 적용시킴으로 아들의 신성을 효과적으로 확인시킨다. 만약 천사들이 하나님을 경배하도록 부름을 받았다면 이들은 또한 하나님께서 이제 세상으로 보내시고 그를 통해서 분명히 말씀하시는 아들을 경배하도록 부름을 받은 것이다.

두 번째 인용(7절)은 시편 104:4에서 온 것으로 하나님의 "종들"인 천사들을 "바람"과 "불꽃"으로 묘사한다. 천사들은 종이라는 점이 14절에서 다시 강조되어진다. 종과 아들사이의 대조와 전자를 후자의 종으로 대비시킴이 분명해

진다. 뿐만 아니라, 바람과 불의 변덕스러움과 일시성은 아들의 영원하고 불변적인 특성과 대조되고 있다. 이 같은 대조는 12절의 인용에서 특별히 강조 되어진다(cf. 13:8). 천사들은 아들에 비교될 수가 없다.

(3) 인용 5

8-9절에서 인용된 시편 45:6-7의 말씀은 원래 왕의 결혼과 관련되어 불리어진 노래로 보인다. 왕의 결혼식에서 왕은 분명히 하나님의 대리인으로 선언되어 졌으므로 과장하자면 "하나님"으로 언급된 것이다. 하지만 인용 말씀은 하나님의 아들에게 적용되어질 때 가장 완전한 의미로 발견되어진다. 하나님이 언급되어 지고 있다는 점은 8절에서 분명해지는 듯하다: "하나님이여 주의 보좌가 영영하며." 인용 말씀에서 매우 놀라운 것은 하나님은 말씀하시는 분으로 어느 정도 인식되고 있다는 점이다! 따라서, 다음 절에서 하나님으로 언급되어지는 그 분에게 "그러므로 하나님 곧 너의 하나님이 즐거움의 기름을 네게 부어 네 동류들보다 승하게 하셨도다"라고 말하여 진다. 이 말씀을 예수께로 적용함이 적절하다는 것을 확인시키기 위해 여러 가지 요소들이 동원 된다: 1) 기름 부음은 예수를 메시아로 암시 한다; 2) 영원히 계속될 보좌와 나라는 다윗 언약의 성취 속에서 예수께서 취임할 나라를 암시 한다; 3) '의'는 예수의 가르침을 가리킬 수 있다; 4) 동류보다 승하게 하심은 성육신을 가리킨다(cf. 2:14에 나타난 '예수께서 어떻게 인간의 혈과 육에 속하게 되었는지'에 대한 동일한 사상과 함께 "동류"를 참고하라). 따라서, 여기에 나타난 아들은 하나님에 의해서 "하나님"으로 언급되어진다. 이는 하나님이신 아버지의 품안에 있는 독특한 하나님으로의 예수에 대한 놀라운 언급과 같다(가장 최상의 사본에 따른 요한복음 1:18). 여기서 우리는 이신론(二神論)을 접하는 것이 아니다. 저자를 포함한 모든 유대인 크리스챤들은 한결같이 다신론을 배격하는 열성적 단일신론자들 이므로 두 개의 하나님을 말하는 것이 아니다. 일세기의 그리스도인들은 예수의 독특성을 이해하게 되어 기능적 기독론(functional Christology: 예수께서 행하신 일을 강조)에서 필수적으로 암시된 존재론적 기독론(ontological Christology: 예수께서 누구이신가에 강조)으로의 자연적 전이를 시작하고 있었다는 것을 알게 된

다. 초대 교회(325년 니케아 종교 회의에서)는 다음과 같이 명확하게 말함으로써 이것이 주는 암시들을 우연히 그려냈다. "우리는 한 하나님을 믿으며 한 주님이신 예수 그리스도를 믿는다. 그리스도는 아버지로부터 영원히 낳은바 되신 하나님의 독생자이시요 하나님으로부터 나오신 하나님이시요 빛으로부터 오신 빛이시며 진정한 하나님으로부터 나온 진정한 하나님이시며 아버지와 함께 한 존재로부터 나오신 창조되지 않은 분이시다." 신약에서 명확히 언급되어 있지 않는 삼위일체의 교리는 신약 성서가 분명히 제공하고 있는 자료들을 정확히 처리하려는 시도이다.

하나님으로 언급되어질 수 있는 아들과 천사들과의 대조는 강조가 거의 필요 없다. 천사들은 그들을 창조하신 하나님께는 절대적으로 열등한 존재이다.

(4) 인용 6

일곱 인용 중 가장 긴 것에 속하는 시편 102:25-27의 인용(10-12절)은 창조 때에 행한 하나님의 아들의 도구적 역할을 전면에 다시 부상 시킨다(cf. 2절). 첫 연에 나타나는 "주"(kyrios)라는 단어의 삽입은 70인역 에서만 발견 되는데 아들에게로의 적용을 명백히 하고 자연스러운 것으로 만든다. 창조 때에 행한 아들의 역할은 재차 아들을 하나님과 나란히 위치시키고 피조 자체로부터 분리시킨다. "주여 태초에 주께서 땅의 기초를 두셨으며 하늘도 주의 손으로 지으신 바라." 물질의 창조된 질서는 영원하지가 않다: "그것들은 멸망할 것"이요, "다 옷과 같이 낡아지리니." 하지만 하나님이신 아들은 영원하시고 불변이시다. "주는 여전하여 연대가 다 함이 없으리라"(13:8을 재차 참조하라). 천사들과의 극적인 대조가 다시 암묵적으로 나타나므로 간과할 수가 없다.

(5) 인용 7

마지막 인용은 시편 110편으로부터 온 것인데 초대 교회에서 특히 히브리서에서 아주 중요한 인용 구절이다. 시편 110편 첫 절은 십자가의 죽음과 부활 후 예수께서 하나님의 보좌 우편-비교할 수 없는 권위와 지위의 처소-으로 승천하셨음을 가리키는 것으로 이해되어 졌다.

> ### 히브리서에 나타난 시편 110편
>
> **시 110:1;** "여호와께서 내 주에게 말씀하시기를 내가 네 원수로 네 발등상 되게 하기까지 너는 내 우편에 앉으라 하셨도다."
>
> | | | | |
> |---|---|---|---|
> | 1:3 | 암시 | 1:13 | 인용 |
> | (4:14 가능한 암시) | | (7:26 가능한 암시) | |
> | 8:1 | 암시 | 10:12-13 | 인용 |
> | 12:2 | 암시 | | |
>
> **시 110:4;** "여호와는 맹세하고 변치 아니하시리라 이르시기를 너는 멜기세덱의 반차를 좇아 영원한 제사장이라 하셨도다."
>
> | | | | |
> |---|---|---|---|
> | 5:6 | 인용 | 5:10 | 암시 |
> | 6:20 | 암시 | 7:3 | 암시 |
> | 7:11 | 암시 | 7:15 | 암시 |
> | 7:17 | 인용 | 7:21 | 인용 |
> | 7:24 | 암시 | 7:28 | 암시 |

요점은 3절의 말미에서 이미 언급되어 졌다. 하지만 예수의 하나님 우편으로의 승귀는 아직은 대적들의 완전한 멸망과 함께 이루어진 것이 아니다. 새로운 상황이 존재하지만 모든 것이 성취된 것은 아니다. 그리스도께서는 지금 하나님 우편에서 하나님께서 모든 악을 무찌르고 그의 원수들이 그 아들의 발등상이 되게 하는 그날까지 하나님과 함께 다스리고 계신다. 하나님의 나라는 현재이면서 또한 미래이다. 가장 중요한 점은 예수께서 하나님과 함께 온전히 비교할 수 없는 위치에 다시 놓여진다는 사실이다. 저자는 이 시편의 인용을 소개하면서 '어느 천사에게 하나님께서 이와 비교될 일을 말씀하셨느냐?'고 반문한다.

히브리서 1:4-14에서의 천사들과 아들의 비교

비교는 일련의 구약 인용으로 명확해진다.

천사들	그 아들
	천사보다 월등함
	월등한 이름
	'내 아들': "나는 그에게 아버지가 되고" 아들을 경배할 지어다
변화 가능한 종들 (바람으로 불꽃으로)	아들은 여전하리니
	"하나님"으로 언급됨
	동류들 보다 승하게 하심
	창조의 도구
	대적들을 발등상으로 하고서 하나님 우편에 앉아 계심
부리는 영으로 성도들을 섬김	

5) 천사의 역할(1:14)

히브리서 첫 장은 현시대의 구원에 있어서 천사의 역할을 한정하는 수사적 질문으로 마친다. 양식에 있어서 긍정적 답변을 전제하고 있는 이 질문은 실제적인 진술이다. 모든 천사들은 "부리는 영으로서 구원 얻을 후사들을 위하여 섬기라고 보내심"을 받았다. 구원을 가져오는 아들과는 대조적으로, 천사들은 구원 받을 특권을 소유한 후사들을 섬기는 조력자이거나 종에 불과하다(cf. 7절에서의 시 104:4 인용). 마태복음 18:10이나 사도행전 12:15과 같은 구절에도 불구하고 모든 그리스도인들은 개인적인 또는 보호하는 천사를 소유하고 있다는 것은 신약성서로부터 확인되지 않는다. 신약 성서는 천사들의 사역에 대해서 가장 일반적인 용어로 말하고 있을 뿐 구체적인 진술에 대해서는 침묵한다. 천사들은 하나님을 대신하여 우리를 위한 구원의 사역을 한다는 점만 확실해 보인다. 그리스도인은 천사에 대한 당면의 높은 관심을 최상의 경우에는 호기심 정도로 최악의 경우에는 잠재적 위험으로 알아야 한다. 확실히 천사들은 우리들의 주된 관심의 대상임을 의미하지 않는다. 아무리 천사들이 놀라운 대상이라 할지라도 창조 시에 하나님의 대리인이었던 아들과 비교하여 볼 때 중요성에서 크게 뒤진다.

히브리서는 하나님의 아들의 절대적인 독특성에 관한 강하고 경이로운 진술로 시작한다. 서언에서 저자는 예수는 "하나님의 영광의 광채시오 그 본체의 형상"이라는 것을 확언한다. 우리가 살펴본 것처럼 뒤이어 나오는 인용들은 동일한 방식으로 아들의 신성에 대해서 말한다. 따라서, 요한과 바울의 저작들은 말할 것도 없고 우리는 히브리서 1장에서만 그리스도를 믿음과 예배의 중심으로 하고 있음에서 기독교의 정당성을 발견한다. 일부의 사람들이 주장하여 온 것과는 반대로 교회는 그리스도께로 집중하는 일에 있어서 과오를 범하지 아니 하였다. 그렇게 하는 것이 곧 하나님께 집중하는 것이기 때문이다. 진실로 그리스도는 우리의 구원을 성취하기 위해서 우리에게 오신 하나님이시다. 히브리서는 이처럼 우리의 신앙의 기본 원리로 시작하고 있으며 이것은 바로 하나님께서 이전에 이스라엘에 행한 모든 행하심을 가리킨다. 하나님이 "이 모든 마지막 날에 우리에게 말씀" 하셨다. 이 몇 마디 말 안에 얼마나 숭고한 진리가 소중히 간직되어 있는가! 이속에 기독교의 핵심 진수가 있고 동시에 하나님이 이제까지 말씀하신 가장 중요한 것과 행하신 가장 중요한 일이 들어 있다. 우리가 앞으로 살펴보겠지만 저자가 여기서 확언하는 것은 서신의 나머지 부분의 논증에 근본적인 중요성을 제공한다.

연구 학습 질문

1. 히브리서 저자는 어떤 방식들로 아들의 독특한 지위에 대해서 말하고 있나?
2. 어떻게 아들은 하나님의 독특한 드러내심으로 이해되고 있나?
3. 히브리서 저자는 1장에서 무엇을 확증하고 있나?

Further Reading

Allen, L. C. "Psalm 45:7-8 (6-7) in Old and New Testament Settings." In Christ the Lord, ed. H. H. Rowden. Downers Grover, Ill.: InterVarsity, 1982. Pp. 220-42.

Bateman, H. W. Early Jewish Hermeneutics and Hebrews 1:5-13. New York: Lang, 1997.

Black, D. A. "Hebrews 1:1-4: A Study in Discourse Analysis." Westminster Theological Journal 49 (1987): 175-99.

Cockerill, G. "Hebrews 1:6: Source and Significance." Bulletin for Biblical Research 9 (1999): 51-64.

Harris, M. J. Jesus as God: *The New Testament Use of Theos in Reference to Jesus*. Grand Rapids: Baker, 1992. Pp. 205-27.

Helyer, L. R. "The Protokokos Title in Hebrews." *Studia Biblica et Theologica* 6 (1976):3-28.

Hurst, L. D. "The Christology of Hebrews 1 and 2." *In The Glory of Christ in the New Testament: Studies in Christology*, ed. L. D. Hurst and N. T. Wright. Oxford: Clarendon, 1987. Pp. 151-64.

Meier, J.P. "*Symmetry and Theology in Hebrews* 1, 1-14." *Biblica* 66 (1985):168-89.

Motyer, S. "The Psalm Quotations in Hebrews 1 : A Hermeneutic Free Zone?" *Tyndale Bulletin* 50 (1999):3-22.

Thompson, J. W. "The Structure and Purpose of the Catena in Heb 1:5 13." *Catholic Biblical Quarterly* 38 (1976):352-63.

2장 하나님의 아들의 완전한 인성

결말은 이렇다. 하나님의 은혜를 통하여 그(예수)가 우리 각자의 선을 위하여 죽음을 맛보았던 것으로 발견되어져야 한다는 것과, 죽음에 처한 인간의 낮은 상태를 시편 8편에서 우리의 궁극적 운명이라고 선언된 높은 지위로 승격시키기 위해 그 낮은 상태에 들어와야 한다는 것인데, 그 낮은 인간의 지위로 그 자신이 몸소 이미 들어오셨다.

-- F. J. Delitzsch,
<The Epistle to the Hebrews>에서

보충 읽기
   시편 8편; 갈라디아 2:6-14, 26-29

개요
- 독자에의 부가적 적용(2:1-4)
- 아들의 완전한 인성(2:5-9)
- 성육신의 목표: 아들의 죽음(2:10-18)

목표
1. 강화와 적용의 교차 패턴으로 묘사
2. 성육신의 이유 설명
3. 예수의 죽음의 의미에 대한 자세한 설명

'예수께서 온전한 하나님이시라면 그는 완전한 인간이 될 수 없었을 것이다. 또는 '그가 완전한 인간이라면 그는 온전한 하나님이 될 수 없었을 것이다' 라고 가끔 말하는 사람이 있다. 이것 아니면 저것이라는(either/or) 양도 논법은 잘못 된 것이고 성육신의 기적의 실체를 전면 거부하는 것이다. 성육신은 그리

스도의 인성과 신성의 양자를 확증하는 것이다. 이러한 신비가 그리스도인들의 신앙의 중심에 존재한다. 그리스도의 신성을 가장 분명히 하고 있는 신약 성서 중 두 권의 저작--요한복음과 히브리서--은 또한 예수의 온전한 인성에 대해서 가장 많은 강조를 하고 있음에 주목해야 한다. 히브리서 1장은 그리스도의 신성, 즉 하나님의 독특한 아들을 강조한다. 2장에서 우리는 그리스도의 완전한 인성에 대한 동일한 강조를 본다. 따라서 성육신의 신비의 양면에 대한 단호한 확증이 이 부분에서 이루어진다. 그러나 하나님께서 왜 인간으로 우리 가운데 오셔야 하였을까? 이 질문에 대한 답변은 히브리서 저자와 그의 논증에 아주 중대한 문제이다.

1) 독자에의 부가적 적용(2:1-4)

예수의 인성에 대한 토론에 앞서 저자는 그의 독자에게 간단한 권면을 제시한다. 강화(discourse)와 적용의 교차는 히브리서의 독특한 특성이다(서론의 "히브리서의 강화와 적용의 교차"를 보라). 적용은 대부분의 경우 히브리서 본문에서처럼 권면의 형식을 띤다. 저자의 관심은 독자들이 복음의 메시지로부터 멀리 표류하여 나가는 것을 막는데 있다. 근본 요점은 천사와 그리스도를 포함한 다른 비교에 의해서 제시되고 있다. "천사들로 하신 말씀"은 시내 산에서 받은 모세의 율법이었다(동일한 견해에 관하여 행 7:38, 53; 갈 3:19을 보라). 이것이 유효하고 또 불순종에 대한 "공변된 보응"의 관점에서 신중하게 받아 들여 져야 한다면, 표적들과 기사들과 여러 가지 능력과 성령의 은사에 의해 확증되고 주님에 의해 증거 된 구원의 메시지에 우리가 더욱 신중하게 주의를 기울여야 함은 말할 것도 없다. 구체적 언어가 사용되지 않았다 하더라도 이것은 이전 시대와 이후 시대 사이의 비교는 물론 준비와 성취와의 비교에도 해당된다. 구원-저자에 의하면 '더 큰 구원' -은 모세가 이스라엘 백성에게 가져다 준 것보다 더욱 월등할 뿐만 아니라 구원에 관한 종말론적 성격을 가지고 있으므로 비교에 의해서 시내 산 율법을 무색하게 하는 무게와 최종성을 가진다(이점에 관해서 12:18-24을 보라). 이전의 상황(구약)에 심판이 있었다면, 그리스도 안에서 우리에게 지금 닥아 오고 있는 더욱 큰 구원을 무시할 때 어떻게 심판을 피할 수가 있겠는가? 적은 것에서 큰 것으로 나아가는 동일한 논법이 12:25에 나타난다. 독자들에 의하여 명백히 시도된 유대교로 되돌아가는 것은 생각할 수도 없는 일이다.

2) 아들의 완전한 인성(2:5-9)

1장에서 신성을 가진 것으로 묘사된 분은 실제 인간으로 역사 안에 나타나셨다. 그러나 이러한 사실은 천사들에 대한 아들의 월등함에 관한 저자의 논증에 상당한 문제를 가져온다. 본성적으로 천사들은 인간 보다 월등하다. 뿐만 아니라 천사에 비해서 열등하다는 인식을 줄 수 있는 그리스도의 고난과 죽음의 문제가 있다. 저자는 이 문제들을 정면으로 언급한다. 그는 먼저 성서의 한 구절을 떠 올린다(이것은 하나님의 말씀이므로 그 위치는 저자에 있어서 부수적인 문제이다).

> 사람이 무엇이관대 주께서 저를 생각하시며,
> 　　인자가 무엇이관대 주께서 저를 권고하시나이까?
> 저를 잠깐 동안 천사보다 못하게 하시며;
> 　　영광과 존귀로 관 씌우시며
> 　　만물을 그 발아래 복종케 하셨은즉

다음 절에서 히브리서 저자가 이 구절을 해석하고 있는데, 우리는 여기서 원래의 저자가 의도하였던 것을 넘어선 *sensus plenior* 즉, '더 깊은 의미'의 한 예를 접하게 된다. 후자의 의미에 대해서는 의문의 여지가 없다. 시편 8편은 창조의 경이함에 경탄하는 창조자에 대한 찬양시 이다. 하나님에 의해 창조된 하늘과 비교하여서 오직 인간만을 향한 하나님의 관심에 시편 기자는 경이를 표한다. 두 번째 행은 첫째 행의 사상이 다른 언어로 반복되는 동의 병행구(synonymous parallelism)의 한 예가 된다. "인자"라는 말은 단순히 "사람"을 가리키는 다른 표현으로서 인간을 의미한다. 인용의 후반부는 위에서 주목한 난점(어려움) 그 자체를 인정 한다. 인간은 천사들보다 조금 못하게 만들어졌다(그래서 70인경과 히브리 성경은 "천상의 존재"[따라서 "천사"] 또는 "하나님"으로 번역될 수 있는 엘로힘 [elohim]을 갖는다). 사람은 천사보다 조금 못한 존재이지만 하나님의 형상을 따라 창조되어졌고 피조물에 대한 권세와 통치권이 주어졌다(그래서 "만물을 그 발이래 복종케 하셨느니라.").

신약의 저자들이 이러한 언어로 그리스도께 적용된 더 깊은 의미를 찾는 것은 어렵지 않다. "인자"라는 말은 독자들에 알려진 그리고 결과적으로 사복음서에서 구체화된 전승 안에서 예수에 대한 지칭에 탁월성을 주므로 그러한 연결을 제시하지 않을 수 없다. 뿐만 아니라 구절의 다른 요소들 또한 이 구절이 그리스도께로 적용됨이 적절함을 보여준다.

"잠깐 동안 천사보다 못하게 하시며"라는 구절은 성육신을 암시하는 것으로 받아들여졌다. "영광과 존귀로 관 씌우시며"라는 언급은 부활하신 그리스도의 하나님 우편으로의 승천을 암시하는 것으로 쉽게 이해되어 졌다. 이러한 이해는 1:13에 인용된 시110:1의 "내 우편에 앉았으라"는 구절의 이해와 일치한다. 시110:1의 마지막 부분인 "네 원수로 네 발등상 되게 하기까지"는 시편 8편 인용의 마지막 연 "만물을 그 발아래 복종케 하셨은즉"과 견해의 일치를 이룬다. 따라서 두 구절이 어떻게 연관이 되고 있으며 또한 시편 8편이 어떻게 그리스도를 가리키는 것으로 해석될 수 있는지를 보는 것은 어렵지가 않다. 시편 8:6의 "만물을 그 발아래 복종케 하셨은즉"은 고전 15:27과 엡 1:22에서 승천한 그리스도와 관련하여 인용된다.

인용 직후에 저자는 인용에 나오는 구체적 단어들을 의도적으로 사용하여 인용 구절의 해석을 꾀한다. 이러한 절차는 현대 주석가들의 방법과 다소 비슷하다. 현대 주석에서 본문에 나오는 단어들은 굵은 활자체로 인쇄되어 있다. 히브리서의 저자가 즐겨 사용하고 있는 이 방법은 "미드라쉬"(midrash)라는 유대적 방법이다(서론의 박스에서 제시된 "히브리서에 나타난 미드라쉬적 해석"을 보라). 이점을 명쾌하게 설명하기 위해서 히브리서 저자가 인용에 나온 단어들을 직접 사용할 때마다 본서의 설명에서 그것들은 이태리체로 표시되어질 것이다.

8절 하반부에서 즉시로 이러한 현상을 목격하게 되는데 여기서 저자는 자신의 해석을 "만물을 그 발아래 두고"로 시작하면서 이 구절을 하나님께서 "만물로 저에게 복종케 하셨으니"라는 의미로 해석한다. 여기에다가 저자는 "지금 우리가 만물이 아직 저에게 복종한 것을 보지 못하고"라는 난해한 구절을 첨가한다. 하지만, 이점에 관하여 저자는 *sensus plenior*(더 깊은 의미)에 의하여 그리스도를 가리키는 것으로 이해하고 있음을 지적하는 어떤 것도 이야기 하지 않는다. 8절 하반부에 3번 나오는 대명사 "저"(him)는 확실치가 않다. 예수를 명백하게 언급하고 있는 9절에서의 해석에 의해서 8절의 "저"가 아마도 예수를 의미하는 것으로 받아들일 수 있는 정당성을 얻는다. 그렇다면 요점은 하나님의 우편에서의 그리스도의 현재 통치에도 불구하고 우리는 만물이 그리스도께 복종하고 있음을 아직 보지 못한다는 점이다. 이 점이 1:13에서의 시편 110:1 인용에 나타난 "하기까지"라는 말과 연관을 이룬다. 하나님의 아들이 하나님 우편에 지금 앉아 있더라도 하나님께서 그의 원수들을 그의 발등상 되게 하는 때는 아직 미래이다. 그 시점이 미래이고 그 말들이 그리스도를 가리키는 것으로 이해되어져야한다는 것은 5절에서의 인용을 소개하기 위해 사용되어진 단어들에서 분명해 진다. "장차 오는 세상을 천사들에게 복종케 하심이 아니라." 확실한 암시는 하나님께서 오는 세상을 아들에게 복종케 하실 것이라는 점이다. 그러나 그 때와 저 세상은 아직 임하지 않았고 지금 현재 우리는 그 약속의 궁극적 성취를 보지 못하고 있다.

9절에서 저자는 자신이 이 구절은 그리스도를 가리키는 것으로 보고 있다는 점을 확실히 하고 있다. "오직 우리가 천사들 보다 잠깐 동안 못하게 하심을 입은 자 … 예수를 보니"("잠깐 동안"이라는 번역이 "조금 덜 하다는"[a little lower]라는 번역보다 더 선호되고 있는데, 그 이유는 저자의 관심이 아들이 천사보다 얼마나 더 열등하냐의 정도보다는 그것의 잠정적 특성에 있기 때문이다.) 저자는 1장에서 논의된 아들의 천사들보다 월등함에 대한 반박이 있을 것을 감지하였다. 본성적으로 천사는 인간보다 월등하다. 천사들은 인간 육신의 연약함이나 제한에 구애받지 아니할뿐더러 죽을 운명도 아니다. 저자는 시편 8편이 예수를 가리킨다는 자신의 해석에 의해 야기될 반박에 직면하자 즉시로 이 문제를 넘어서서 그 문제를 자신에게 유리한 쪽으로 돌린다. 인용된 말씀의 예수에로의 적용은 예수의 하나님 우편으로의 승귀로 받아들여지는 "영광과 존귀로 관 쓰신"이라는 말에 주의를 기울일 때 지지를 얻게 된다(cf. 1:3과 1:13에 인용된 시 110:1).

히브리서에 나타난 "온전(perfect)"

형용사, 동사 명사의 형태로 나타나는 "온전(perfect)"이라는 단어는 히브리서에서 14회나 나타난다. 이 단어는 저자에게 특별한 의미를 주는데, 그는 도덕성이나 특성보다는 '온전함을 가져옴'에서와 같은 하나님의 목적의 완전성을 가리키는 데에 이 단어를 사용한다. 이것은 옛 언약의 예비적 특성과 새 언약의 성취 사이의 대조를 그리는 저자의 논의에 있어 특별히 효과적인 단어이다. 그리스도의 죽음에서 그가 이룬 것은 완전으로 묘사되어져야 하는 것, 즉 종말론적 성취로 우리를 인도한다. 그 뿌리는 다음의 구절들에서 발견되어 진다.

동사의 형태		다른 형태
2:10	10:1	5:14
5:9	10:14	6:1
7:19	11:40	7:11
7:28	12:23	9:11
9:9		12:2

Further Reading

Carlston, C. "The Vocabulary of Perfection in Philo and Hebrews." *In Unity and Diversity in New Testament Theology*, ed. R. A. Guelich. Grand Rapids: Eerdmans, 1978. Pp. 133-60.

Peterson, D. *Hebrews and Perfection: An Examination of the Concept of Perfection in the "Epistle to the Hebrews."* Society for New Testaments Studies Monograph Series 47. Cambridge: Cambridge University Press, 1982.

Silva, M. "Perfection and Eschatology in Hebrews," *Westminster Theological Journal* 39 (1976): 60-71.

하나님께서 우편에 앉으신 예수에 의해 받으신 영광과 존귀로 관 쓰심은 그의 순종에 의해서이다. "곧 죽음의 고난을 받으심을 인하여." 동일한 논리 전개를 빌립보서 2장의 그리스도 찬양시에서 볼 수 있다. "사람의 모양으로 나타나셨으매 자기를 낮추시고 죽기까지 복종하셨으니 곧 십자가에 죽으심이라 이러므로 하나님이 그를 지극히 높여 모든 이름 위에 뛰어난 이름을 주사"(빌 2:8-9). 따라서, 하나님께서 예수를 천사들보다 조금 못하게 하신 것은 "하나님의 은혜로 말미암아 모든 사람을 위하여 죽음을 맛보려 하심이라"는 연고에서다. 하나님의 아들이 인간이 되심은 세상을 구원하기 위한 하나님의 목적에 필수적인 요소였다. 아들의 성육신은 천사보다 열등함의 잠정적 지위를 의미하였고 결과적으로 수반되는 아들의 영광에 앞서 나오는 일종의 삽입구(parenthesis)를 형성한다. 그러므로 우리는 여기서 삼단계 기독론에 대한 암시를 받는다(빌 2:6-11에서 처럼): 처음의 영광, 성육신, 수반되는 영광.

3) 성육신의 목표: 아들의 죽음(2:10-18)

히브리서는 근본적으로 하나님의 아들의 죽음에 대해서 그리고 어떻게 그의 죽음이 옛 언약의 희생 의식의 성취를 이루고 있느냐에 대해서 이야기한다. 그리스도의 희생적 죽음("하나님의 은혜로 말미암아 모든 사람을 위하여 죽음을 맛보려 하심이라")은 성육신을 필연적으로 요구하고 있으며 이런 이유로 인하여 성육신의 이유가 된다. 그리스도는 하나님의 뜻을 이루는 가운데 타인을 위해 죽기 위해서 육신의 몸을 가져야만 하였다. 요컨데, 하나님은 죽으시기 위하여 인간이 되셨다(10:5을 주목하라: 오 하나님, 당신의 뜻을 이루기 위해 "오직 나를 위하여 한 몸을 예비하셨도다").

구원("많은 자녀들을 영광으로 인도하는")은 예수에 의하여 오직 고난을 통하여 즉, 죽음을 통하여 성취되었다. 예수께서 고난을 통하여 "온전케" 되셨다는 의미가 아들이 십자가에 죽기 전에는 온전치 못하였다는 것을 가리키는 것으로 강요해서는 안 된다. "온전한"이라는 단어는 여기서 하나님 뜻의 성취의 의미를 내포하고 있다. 십자가에서 구원을 성취함 안에서 예수는 하나님의 뜻을 이루고 따라서 그 자신이 소위 말하는 '온전함'으로 나아간다. 예수의 십자가 사역은 구원을 처음으로 실제화한 인물 즉, '구원의 선구자'(10절)라는 호칭의 원인이 된다.

우리의 구원의 선구자로서의 예수

헬라어 *archēgos*는 여러가지 의미로 번역 되어진다(KJV: "captain" [지휘자]; RSV, NRSV, REB: "pioneer"[선구자]; NIV: "author"[저자]; NJB and NAB: "leader"[지도자]). 신약에서 이 칭호는 예수에게 4번 사용되어졌는데, 히브리서에서 2번(12:2) 그리고 사도행전에서 두 번 (3:15; 5:31) 사용되었다. 이 단어의 어원적 의미는 '길을 인도하는' (leading the way) 또는 '길을 여는'(making a way)의 의미에서 "먼저 앞서 가는 자"(one who goes first, at the head of)를 뜻하는데 신약에 서의 언급은 개척자(pathbreaker) 즉, 새로운 실체를 가능하게 하면서 '우리 앞서 가는 자' 즉, 선구자를 암시할 수 있다.

Further Reading

Johnston, G. "Christ as Archegos." *New Testament Studies* 27 (1980-81): 381-85.

Scott, J. J. "Archegos in the Salvation History of the Epistle to the Hebrews." *Jouranl of Evangelical Theological Society* 29 (1986): 47-54.

예수의 온전한 인성은 11절에서 다시 언급되어진다. 이제 구원은 그것이 가져오는 효과의 측면--성화--에서 이야기되어진다. "거룩하게 하시는 자"인 예수는 "거룩하게 함을 입은 자들"과 한 가족에 속한다. 다시 말하자면, 예수는 구원의 수혜자들처럼 온전한 인간이다. 그들은 모두가 동일한 기원("다 하나에서 난 자")을 갖는다. 그래서 예수는 저들을 미드라쉬 스타일의 주석에서 이제 행하여지려는 인용을 미리 알려주는 단어인 "형제들 [과 자매들]"이라고 부르기를 부끄러워 아니 하신다. 실제로 이제 우리는 세 개의 연속된 인용을 접하게 되는데, 각각의 인용은 예수와 인성사이에 존재하는 결속을 확립하기 위한 구약의 기독론적 해석의 한 예가 된다.

첫 인용은 시편 22:22에서 온다. 시편 22편은 복음서의 수난 설화에서 중요한 역할을 한다. 십자가에서 죽음을 당하기 직전에 예수께서는 시편 22편의 시작 구를(아람어로) 인용한다. "내 하나님이여 내 하나님이여 어찌 나를 버리셨나이까?" 초대 그리스도인들은 십자가형에 대한 더 세부적인 묘사가 시편에 구체적으로 나오는 것으로 받아들였는데 예를 들면, 육체적 고난(시 22:14-17), 조롱(시 22:6-8), 속옷을 제비 뽑음(시 22:18) 등이다. 시22:22의 말씀이 예수에 의해 말해지고 있었던 것으로 저자가 이해할 수 있게 된 길이 예비 되어 졌다. "내가 주의 이름을 형제에게 선포하고 회중에서 주를 찬송 하리이다." 여기에 예수는 자신의 인성 안에서 하나님의 백성과 동일시된다.

다음에 나오는 두개의 짧은 인용에 대한 기독론적 주석에 대한 정당화는 영어 번역들이나 또는 히브리어 본문에서부터는 그렇게 직접적으로 명백하게 이루어지지는 않는다. 그렇지만, 저자에 의해 사용된 70인역(LXX) 이사야 8:17-18의 본문에서 인용된 말씀의 화자는 주(즉, 야훼[Yahweh])로 예견되어 있어서 "하나님"이 "주(kyrios)"를 대신한다. 따라서 "내가 그를 의지하리라"는 말은 하나님을 신뢰하는 '주'를 가르킨다. 비슷하게, 다음의 문장에서 "나와 및 하나님께서 내게 주신 자녀라"고 말하는 이는 '주' (Lord)이시다. 본문에서 kyrios를 읽을때 저자가 예수를 화자로 이해하는 것은 어렵지가 않다. 동일한 신분 인식(identification)이 1:6과 1:10-12의 인용들에서 이미 이루어졌다. 예수는 그가 구속한 자들과 함께 하나님 앞에 서 있는 것으로 이해되어진다. 따라서 이사야 본문으로부터 온 두 인용에서 저자는 예수께서 자신을 하나님의 백성과 동일시하고 그들과 함께 서있는 것으로 본다. 이러한 견해와 비슷한 것은 성육신한 예수를 이스라엘의 대표자로 이해하는 것인데 이는 마태복음에서의 구약 인용들(예를 들면, 마 2:15; 4:1-11)과 세례 시에 자신을 백성과 동일시하는 경우를 예로 들 수가 있다.

다음 단락(2:14-18)에서 저자는 예수의 죽음은 죄에 대한 희생이라는 성육신의 목적에 강하게 집중한다. "자녀"(children)라는 말의 사용에서 미드라쉬적 연결이 앞에 나온 구약 인용과 이루어진다. 예수는 모든 인간에 공통적인 "혈과 육"이라는 말로 생생하게 표현되는 동일한 육체적 본성을 온전히 가진다.

이것에 대한 논리는 그가 하나의 예로써 또는 선생으로서 또는 이스라엘의 이적을 행하는 자로서 왔을지도 모른다는 것이 아니다. 예수께서 육신으로 오신 가장 명백한 이유는 그가 죽고, 죽음으로써 악을 이기고, 이를 통하여 사망의 권세를 종결시키는 것이다. 여기서 우리는 구원의 목표와 열매를 본다. 인류 역사의 시작에 있었던 타락과 그것의 효력(죄와 죽음)을 뒤집는 것.

죄의 열매인 죽음은 인간 역사에 있어서 항상 존재하는 실체이었다. 그것은 생명의 반대요 하나님의 창조에 대한 반발이다. 따라서 생명을 가진 자로 살아가도록 창조된 자들은 죽음의 예견에 전율하여야 한다는 것은 놀랄 일이 아니다. 하지만 죽음을 두려워하는 속박 속에서 삶을 살아왔던 모든 이들에게 예수의 죽음을 통하여 구원이 가능하여 졌다. 악이나 죽음 그 자체가 이미 파괴된 경우는 물론 아직 아니다. 신약에 의하면 악과 죽음은 치명타를 맞았으나("사단이 하늘로서 번개같이 떨어지는 것을 내가 보았노라" [눅 10:18; cf. 요 12:31]; 그리스도께서 "사망을 폐하시고" [딤후 1:10]), 그리스도의 승리의 완전한 효력은 아직 나타나지 않았다. 죽음은, 바울에 의하면, "맨 나중에 멸망 받을 원수"이다(고전 15:26). 그리스도의 죽음으로 말미암아 죽음 그 자체는 원리적으로는 제하여졌다. 죽음은 더 이상 그리스도인을 두렵게 하지 못한다. 죽음의 승리와 쏘는 것은 사라져버렸다(고전 15:55). 죽음은 그리스도의 십자가 이후부터 제자리를 잡지 못하게 되었고 그리스도를 그들의 주로 시인하는 자들에게 어떤 해도 끼치지 못하므로 죽는 것은 그리스도와 함께 하는 것이다(빌 1:23).

그리스도께서 천사보다 못하게 지음 받았다는 생각을 계속 염두에 둔 채 (2:9) 저자는 주목하여 말한다: "이는 실로 천사들을 붙들어 주려 하심이 아니요" (16절). 여기에 사용된 붙든다(돕는다)에 해당하는 헬라어 *epilambanō*는 문자적으로 "붙잡다"를 의미하는데 이것은 '돕는다' 는 의미에서 '붙잡는다' 는것을 의미할 뿐만 아니라 인간이나 천사의 천성적 본성을 붙잡는 것도 암시한다. 다시 말하자면, 그리스도는 그 자신이 천사의 본성을 가진 것이 아니라 인간의 본성을 가졌는데 이는 그가 아브라함의 후손들(문자적으로는 "씨")을 구속하기 위함이라는 바로 그 이유 때문이다. 후자의 언급에 의해서 저자는 유대 크리스챤 독자들을 특별히 염두에 두고 있는 것 같으나, 의심의 여지없이 바울처럼 저

> ### 신약에 나타난 예수와 야훼 하나님의 동일시
>
> 　신약 성서 저자들의 고등 기독론에 대한 주목할 만한 지표는 성서 저자들이 예수를 구약의 특정 본문에 나오는 야훼 하나님으로 이해할 수 있는 다소 익숙한 방식에서 보여 질 수가 있다. 명백히, 이것은 신약성서 저자들이 예수에 관한 신성의 표현으로 생각하였다는 것을 보여준다. 따라서 예수는 야훼 하나님과 동등하다고 표현할 수 있었다.
>
> 　예수가 야훼 하나님으로 이해되어진 신약성서 본문 중 가장 중요한 본문들 중의 일부는 행 2:21; 2:34-35; 롬 10:13; 빌 2:9-11; 벧전 3:15-16(사 8:13); 계 19:16이다.

자는 이방 크리스챤들도 아브라함의 씨로 생각할 수 있다. 아브라함 언약에 대한 첫 진술은 아브라함을 통해서 이방인들에게 임하게 될 축복에 대한 언급을 담고 있다(창 12:1-3).

　"형제와 같이 되심"이라는 구절은 다시 한번 예수의 온전한 인성에 대해서 말하는 것이고 12절에서의 인용에 나오는 동일한 단어를 암시하고 있는 듯하다. 하지만 그리스도가 "대제사장"이 되기 위한 필수 자격 요건으로서 인성이 지금 강조되어 진다. 대제사장의 직무는 저자의 독자들에게 잘 알려져 있었고 특권을 가진 대제사장의 의무들도 그리스도와 또한 그의 사역과 평행 되는 것(parallel)으로 5:1-4에서 기술되어질 것이다(cf. 8:3; 9:7). 예언자는 하나님을 대신하여 인간들에게 말하는 반면에 제사장은 사람을 대신하여 하나님께 말한다. 따라서 제사장은 인간을 대표하는 사람이고 그 자체만으로 사람들 중의 하나이어야만 한다.

　그러므로 이러한 제사장의 직무를 수행하기 위해서 그리스도는 모든 면에서 우리와 같아야 하였다. 단 하나의 예외는 그는 당연히 죄가 없으신 분이라는 점인데 이점을 4:15에서 분명히 하고 있다.

　하지만 저자가 구체적으로 강조하고자 하는 점은 "백성의 죄를 구속"하는 대제사장의 사역이다. 이것이 독특한 하나님의 아들 자신이 직접 혈과 육을 입어야 하였던 바로 그 이유이다. 요컨대 여기서 우리는 성육신에 대한 이유를 갖는데 그것은 죄를 위한 속죄이다. "죄"에 해당하는 헬라어 *hamartia*는 로마서를 제외하고서는 신약성서의 어떤 책보다도 히브리서에서 더 자주 나타난다. 히브리서와 로마서는 죄 사함을 위한 그리스도의 죽음의 의미에 집중한다. NIV

히브리서에 나타난 반 영지주의적 요소

'혈과 육'에 대한 언급(2:14)은 구체적으로 반영지주의적 강조점을 담고 있는 듯 하다. 영지주의적 성향의 크리스챤들은 기독론에 있어서 가현설적 입장을 보였다. 이 입장은 육체적인 문제는 본질상 악하다고 생각하였기 때문에 예수는 단지 인간으로 나타나보였거나 인간인 것처럼 보였으나(헬라어 동사 *dokeō*의 의미) 사실에 있어서 그들은 순전한 영적 존재였다고 믿었다는 것을 의미한다. 동일한 반영지주의적 강조는 요한 문서(예를 들어 요 1:14; 요일 1:1; 4:2)로부터 찾아볼 수 있다. 영지주의적 가르침은 또한 13:9에 언급된 "여러 가지 다른 교훈"과 13:4에서의 혼인에 대한 변호에서 보여 진다고 할 수 있다.

성경에서 "make atonement(속죄하다)"로 번역된 헬라어(*hilaskesthai*)는 롬 3:25(히브리서 9:5에도 나타난다)의 "속죄소"와 동일한 어근 군에 속한다. 여기서 이 단어는 죄에 대한 "속죄(expiation)" 또는 "보상"을 의미한다. 예수께서 거룩하신 하나님과 죄성을 가진 인간과의 화해를 성취하셨다.

그는 하나님을 섬기는 제사장직에서 제사장 기능을 수행하고 있으며 이것을 통하여 자비롭고 신실한 대제사장으로 묘사되어진다. 이 두 형용사(자비롭고 신실한)는 놀라울 정도로 예수 그리스도에 관한 중요한 두 중심 특성을 잡아낸다. 십자가를 향한 하나님의 뜻에 충실함과 십자가의 죽음으로 죄인들에게 보인 자비하심.

2장의 마지막 절에서 저자는 자신이 간절히 원하는 부가적 실제 적용을 한다. 저자는 이 구절에서 또는 병행구절인 4:15에서 일반적 의미의 범주에서 일

히브리서에 나타난 대제사장으로서의 예수

의아해 할 수 있는 사안이지만 신약에서 예수가 "대제사장"으로 언급되어지는 곳은 히브리서에서 뿐이다. 예수를 묘사함에 있어서 대제사장이라는 타이틀이 10번이나 히브리서에 나타난다. 저자의 논의에 있어서 중심 주제는 속죄의 사역이므로 저자는 이러한 유추를 하지 않을 수가 없다. 십자가의 죽음을 통하여 예수가 행한 것은 대 속죄일인 욤 키퍼 날(9:7을 보라)에 대제사장에 의해 거행된 희생 제사 의식의 목적과 성취로 보여 졌다. 이 둘 사이의 평행점은 히브리서의 중심 장들(8-10)에서 두드러지게 논의된다. 예수에 의해 가능해진 구원은 이제 구약 종교와 유대교의 구조 안에서 온전히 이해되어 진다. 실제로 구원은 그것을 선행하는 모든 것의 절정이다.

이러한 용어가 저자에게 독특하지만 세상 죄를 위한 속죄를 수행하는 예수에 대한 견해는 다른 신약 성서 저자들도 가지고 있는 사상이다. 다음의 구절들에서 예수는 "대제사장"으로 언급되고 있다.

멜기세덱의 반차를 따른 대제사장(5:5, 10; 6:20)
대속을 성취하는 대제사장(2:17; 7:26; 8:1)
어려움에 처한 자들을 도우시는 대제사장(4:14-15)
좋은 일들을 가져오는 대제사장(9:11)
우리의 고백이신 대제사장(3:1)
cf. "하나님의 집 다스리시는 큰 제사장"(10:21)

Further Reading

Culpepper, R. H. "The High Priesthood and Sacrifice of Christ in the Epistle to the Hebrews." *Theological Educator* 32 (1985): 46-62.

Powell, D. L. "Christ as High Priest in the Epistle to the Hebrews." *Studia Evangelica* 7 (1982): 387-99.

반적인 시험(유혹)을 생각하지 않는다. 그는 독자들의 실제 상황을 마음속에 두고 있기에 '유혹'(temptation)이라는 말은 시험(testing)의 의미에서 가장 적절히 이해될 수가 있었을 것이다. REB 성경(cf. NJB도 마찬가지)은 이 의미를 잘 살린다: '그(예수)가 고난의 시험(test)을 몸소 통과하였기 때문에 시험을 당하는 사람들을 도울 수 있다.' 독자들이 믿음으로 말미암은 고난을 당하고 그것으로 인하여 유대교로 돌아가려고 한다면, 그들은 대제사장인 예수로부터 힘을 얻을 수가 있다. 그(예수)는 시험을 받는다는 것이 무엇을 뜻하는지를 알고 있으므로 시험 중에 있는 성도들을 도울 수 있는 완벽한 위치에 있다.

예수의 완전한 인성은 그의 신성을 변호하는데 더 많은 관심을 보이는 크리스챤들에 의하여 종종 과소평가 되어진다. 그러나 우리가 살펴 보았듯이 예수의 완전한 인성이 없었다면 십자가도 구속도 없었을 것이다. 기독교는 예수의 신성과 인성에 근거한다. 2장의 마지막 절에서 저자는 예수의 인성이 주는 다른 유익에 대한 언급을 한다. 그는 우리의 곤고를 알고 있으므로 우리의 연약함을 한층 더 잘 도울 수 있다. 이 주제는 저자에 의해서 더 자세하게 설명되어 질 것이지만, 예수의 죽음은 그 자체로서 구원의 실제를 이루고 있기 때문에 예수의 인성의 어떤 면도 십자가 죽음의 중요성에 비교할 수 없다.

학습 연구 질문

1. 히브리서 저자에게 있어서 강화와 적용에 나타난 패턴이 갖는 중요성을 논하라.
2. 히브리서 저자는 삼 단계 기독론을 어떻게 표현하고 있는가?
3. 히브리서에 따르면 예수의 성육신의 이유는 무엇인가?

Further Reading

Burns, L. "Hermeneutical Issues and Principles in Hebrews as Exemplified in the Second Chapter." *Journal of the Evangelical Theological Society* 39 (1996): 587-607.

Childs, B. "Psalm 8 in the Context of the Christian Canon." *Interpretation* 18 (1969): 20-31.

Dukes, J. "The Humanity of Jesus in Hebrews." *Theological Educator* 32 (1985): 38-45.

Grogan, G. W. "Christ and His People: An Exegetical and Theological Study of Hebrews 2:5-18." *Vox Evangelica* 6 (1969): 54-71.

Hickling, C. J. A. "John and Hebrews: The Background of Hebrews 2.10-18." *New Testament Studies* 29 (1983): 112-16.

Miller, D. G. "Why God Became Man: From Text to Sermon on Heb. 2:5-18." *Interpretation* 23 (1960): 3-19.

3장 모세보다 월등한 그리스도

모세가 여러분의 의와 구원을 충족시키기에 충분하였다면 예수와 같은 위대한 인물이 우리에게 절대로 보내지지 아니 하였을 것이다. 그는 영광과 공적에 있어서 모세를 능가 하신다. 왜냐 하면 그는 아들이시고 모세는 종이고, 또 그는 모든 선하심에 있어서 완전하게 지음 받았고 모든 죄로부터 해방 받은 분이시지만 모세는 죄가 없지 아니 하기 때문이다.

--Lefèvre d'Etaples; P. E. Hughes,
<A Commentary on the Epistle to the Hebrews>에서

보충 읽기
출애굽기 17:7; 민수기 14:20-25; 고린도 후서 3:7-11

개요

- 하나님의 집 맡은 아들로서의 그리스도(3:1-6)
- 불신과 강퍅함에 대한 훈계(3:7-19)

목표

1. 그리스도가 모세보다 월등하다는 것을 어떻게 설명하는지 확인해 보라.
2. 시편 95편의 미드라쉬적 해석을 기술하여 보라.
3. 불신에 대한 경고에 대해 설명하라.

오늘날 우리들은 월등함의 주장들과 친숙하지 않다. 실제로 근대 스포츠 체계는 어느 한 팀이나 개인이 다른 팀보다 동일 분야에서 월등함을 확립하기 위한 경쟁 관계위에 구축이 된다. 이러한 경쟁 에서 선수들은 상호간에 필적하거나 비근한 경쟁력을 갖추고 있다. 그러나 경쟁관계의 선수들은 천사에 대한 아들의 월등함에 관한 앞에서의 논의에서처럼 비등한 경우는 절대 아니다. 비교는 같은 리그에 속한 선수들이나 같은 수준의 경기 사이의 비교가 아니고 또한 다소 비슷한 종교 지도자 사이의 비교도 아니라 완전히 다른 범주 사이의 비교이다. 아들과 종과의 차이점.

이 구절에서 저자는 그리스도의 월등함의 주제로 다시 돌아가는데 이제는 모세에 대한 그리스도의 관계를 설명한다. 유대인들에 있어서 모세는 하나님 백성의 역사에 있어서 하나님께서 사용한 자들 중에서 비교할 수 없는 지위를 차지하였다. 모세를 통하여 백성들은 애굽의 노예 상태에서 들림을 받았고 그를 통해서 시내산에서 하나님께서 이스라엘 백성에게 가장 위대한 자산인 율법을 주셨다. 예수가 모세보다 더 위대하다는 점을 논의하는 것은 특별히 유대인 독자들의 마음에 상당히 놀랄만한 주장을 하는 것이고 실제로 저자가 여기서 하고 있는 것이다.

1) 하나님의 집 맡은 아들로서의 그리스도(3:1-6)

예수를 대제사장으로 소개하고 난 후 저자는 "거룩한 형제들(자매들)"로 지목된 독자들에게 "우리의 믿는 도리의 사도시며 대제사장"으로 묘사된 예수를 깊이 생각할 것을 요청한다. 신약 성서 중 이 부분에서만 예수가 "사도"로 언급되고 있다. 이 말은 "보내심을 받은 자"를 의미하는데 본 절에서는 아버지께 순종하여 십자가에서 성취한 예수의 사명과 관련되어 있다. 우리의 생각을 그에게 집중시키는 것이 좋은데 특별히 우리가 어려움에 처하여 있을 때 더욱 그렇다.

> ### 히브리서에서 사용된 "하늘의"(heavenly)
>
> "하늘의"(heavenly)라는 단어는 히브리서에서 6번 나타나는데 다른 신약 성서에서 나타나는 것보다 많은 횟수이다. 이 단어가 3:1에서는 "부르심"을 수식하고, 6:4에서는 "은사"를 수식하는데 여기서의 은사는 실제로 구원에 상당하는 말이다. 이 단어는 11:16에서는 "본향"을 12:22에서는 "예루살렘"을 묘사한다. 여기서 묘사된 단어들은 현재와 미래적 영역을 가진 종말적 실체를 명백하게 나타낸다.
>
> 이 단어는 "성소"(8:5)와 하늘에 "있는 그것들"(9:23)을 가리키고 땅의 장막과 의식은 단지 이것들에 대한 모형에 불과 하다. 그러므로 일부 학자들은 저자가 플라톤의 이원론 사상에 영향을 받았다고 결론짓기도 한다. 하지만 "하늘의"의 단어는 엄격하게 수직적 이원론을 반영하기 보다는 "완전한"에 해당하는 단어처럼 종말적 실체들의 성취를 가리키는데 사용되고 있다. 여기에 나오는 종말적 실체들에 대한 역사적 전조는 비교에 의해 무색하여진다.

모세와의 비교는 모세가 예수와 마찬가지로(cf. 2:17) 하나님께 신실하였다는 인식과 함께 시작된다. 모세가 하나님의 집에서 충성하였다는 언급은 민수기 12:7을 상기시킨다. 의심할 바 없이 모세를 특징짓는 영광이 있었지만 그러나 그의 영광은 예수의 영광과는 비교조차 할 수 없는 것이다(cf. 고후 3:7-11). 저자는 이 차이점을 집과 건축자 즉, 피조물과 창조자 사이의 것과 같은 것으로 묘사한다. 후자의 것을 구분 짓는 영광은 전자에 속한 영광보다 훨씬 더 크다. 다시 말하자면, 예수와 모세 사이에는 범주적 차이점이 존재한다. 하나님은 여기서 "만물을 지으신 이"로 불리어 지고 있으므로 저자의 비교는 예수를 하나님 편에 두는 것 즉, 창조자와 피조된 것 사이의 비교임을 직시하여야 한다(cf. 1:2, 10).

하지만 예수와 모세 사이의 주된 비교는 아들과 종의 관점에서 이루어진다. 차이점은 신분상의 지위에서 부각되어 진다. 그의 위대성에도 불구하고 모세는 하나님의 종에 불과하다. 민수기 12:7에서 "나의 온 집에 충성된 자"라는 모세에 대한 언급은 분명하게 "내 종"으로 모세를 지칭하고 있는 데 70인경(LXX)의 민수기 본문은 히브리서 3:5의 '종'과 동일한 단어(*therapōn*)를 사용하고 있다. 예수는 하나님의 목적들의 성취를 이루는 반면에 모세는 하나님의 목적에서 예비적 기능만을 가진 것으로 묘사되고 있으므로 모세는 "장래에 말할 것"에 대해서 증거 한 것이다. 다른 한편으로 예수는 하나님의 독특한 아들이므로 그에 필적할 만한 인물이 없다(cf. 10:21).

히브리서에 나타난 그리스도의 타이틀

아들	1:2; 3:6; 5:8; 7:28
하나님의 아들	4:14; 6:6; 7:3
만유의 후사	1:2
구원의 선구자	2:10
대제사장	3:1 등; 자세한 내역을 위해서 2장의 박스에 기술된 "히브리서에서의 대제사장으로서의 예수"를 보라.
사도	3:1
앞서 가신 자	6:20
주	7:14
더 좋은 언약의 보증	7:22
성소와 참 장막의 부리는 자	8:2
새 언약의 중보	9:15; 12:24; cf. 8:6
큰 제사장	10:21

믿음의 선구자(주)요	12:2
온전케 하시는 이	
양의 큰 목자	13:20

뿐만 아니라 저자는 "우리가 그의 집"이라는 말을 보태기를 갈망한다. '하나님의 집'은 이제 예수를 자신들의 사도요 대제사장으로 믿음 고백하는 자들, 즉 예수를 하나님의 독특한 아들로 인식함으로써 하늘의 부르심을 받은 자들(3:1)로 확인되고 있다. 그러나 이 하나님의 집을 이루는 자들에게는 소망과 확신(cf. 10:23)을 버리지 말고 자신들의 믿음을 굳게 잡을 것이 절실히 요구된다. 다시 한번 독자들의 상황이 이러한 권면 속에서 구체적으로 나타나고 있으며 저자는 독자들에게 적용할 수 있는 기회를 놓치지 않는다.

안식: 히브리서 3-4장에 나타난 시편 95편

시 95:7-11은 독자들에 유효한 안식에 대한 미드라쉬적 해석을 할 수 있는 근거를 저자에게 제공한다. 강해적 논의는 인용된 본문 단어들에 근거하고 있다. 히브리서에서의 인용은 최초 제시 후에 다시 부분적으로 인용되고 있는데 다음과 같이 요약할 수 있다.

히브리서

3:7-11	시 95:7b-11의 처음 인용
3:15	시 95:7-8a의 인용
4:3	시 95:11의 인용
4:5	시 95:11b의 인용
4:7	시 95:7b-8a의 인용

2) 불신과 강퍅함에 대한 훈계(3:7-19)

시 95:7-11의 인용을 함으로써 저자는 4장 끝까지 진행될 긴 예화 훈계를 시작한다. 인용(7-11절)은 저자의 논의에 아주 중요하므로 옮겨 적어 볼만하다.

> 오늘날 너희가 그 음성을 듣거든
> 　　노하심을 격동하여
> 광야에서 시험하던 때와 같이
> 　　너희 마음을 강퍅케 하지 말라
> 거기서 너희 열조가 나를 시험하여 증험하고
> 　　사십년 동안에 나의 행사를 보았느니라
> 그러므로 내가 이 세대를 노하여
> 　　가로되 저희가 항상 마음이 미혹되어
> 　　내 길을 알지 못 하는도다 하였고
> 내가 노하여 맹세한 바와 같이
> 　　저희는 내 안식에 들어오지 못하리라 하셨다 하였으니

긴 최초 인용 후에 어떤 부분들이 저자에 의하여 재인용 된다. 3:15에서의 서언, 4:3, 5에서의 결어, 그리고 4:7에서 반복된 서언. 시편 기자에 의해서 암시되고 있는 출 17:1-7과 민수기 14:20-25에서 묘사된 이스라엘의 체험은 교회에 하나의 예가 된다. 구약의 이러한 사용은 고전 10:11에서의 바울과 거의 동일하다: "저희에게 당한 이런 일이 거울이 되고 또한 말세를 만난 우리의 경계로 기록하였느니라." 이스라엘에게 일어났던 일은 믿음을 견고히 붙들지 않는다면 독자들에게도 항상 일어날 수 있다. 이러한 출애굽 모형론(역사적 유추)을 수단으로 저자는 불신의 심각성을 일깨운다. 저자가 인용된 시편을 강해하듯이 우리는 다시 한번 미드라쉬적 해석을 만나는데 이 과정에서 인용된 본문에 나오는 단어들이 그것의 해석과 적용에 사용되고 있다.

"성령에 이르신 바와 같이"라는 말로 인용을 시작하는 것은 저자가 성경을 그리스도안에서 그의 사역과 그의 백성들에게서 궁극적 의미와 목적을 발견하는 시간을 초월한 하나님의 신탁으로 보고 있음을 알려준다. 성령은 크리스챤 독

자들에게 적절한 말씀들을 말하고 따라서 구약성경은 교회에 직접적으로 말한다. 하나님으로부터 멀어지게 하는 "믿지 아니하는 악심"(3:12)과 "죄의 유혹으로 강퍅케 됨"(3:13)에 대한 훈계는 방황하게 했던 강퍅한 마음의 반역에 관한 인용 본문의 언어를 선택한다. 덜 직접적이지만 동일하게 중요한 것은 "떨어지다"(3:12)라는 단어인데 인용문의 '방황하다' 라는 말을 비추고 있다. 광야에서 하나님의 백성에게 가능하였던 것은 하나님의 백성 즉, 교회에도 가능하다. "형제[자매]들아 너희가 삼가 혹 너희 중에 누가 믿지 아니하는 악심을 품고 살아계신 하나님에게서 떨어질까 염려할 것이요"(12절). 독자들은 경고와 아울러 매일의 격려가 필요한 가운데 있다. "오직 오늘이라 일컫는 동안에 매일 피차 권면하여 너희 중에 누구든지 죄의 유혹으로 강퍅케 됨을 면하라"(13절). 시편 기자가 광야에서 방황하였던 수세기 후인 그의 시대에 "오늘"의 믿음을 요구하였던 것과 마찬가지로 본문에 나오는 매일은 독자들을 신실함으로 초대하는 "오늘"이다. 분명히 하여야 할 것은 독자들은 그리스도를 소유하기 위해 나아와서 성취 안으로 이동하였다는 상황의 차이점이다. 그럼에도 불구하고 그러한 성취는 전제된 것으로 또는 당연한 것으로 이해되어져서는 아니 된다. "우리가 시작할 때에 확신한 것을 끝까지 견고히 잡으면 그리스도와 함께 참예한 자가 되리라"(14절).

    15절에 나타나는 인용 서두의 반복은 저자로 하여금 반역하였던 자들의 신분에 주의를 기울이게 한다. 실제로 그들은 "모세를 좇아 애굽에서 나온" 바로 그 자들이었다(16절). 즉, 그들은 출애굽 때 하나님의 구원의 행위를 은혜로 입었던 수혜자들이었다. 하나님께서 구원하시고 거룩한 시내산 언약에서 그의 백성으로 삼았던 그들이 하나님을 반역하므로 광야에서 죽었다. 그들의 불신 즉, 신실치 못함은 그들이 하나님의 실체와 사랑의 모든 부분을 체험하였기에(cf. 4:2) 설득력 있는 이유를 대지 못 한다. 첫 인용(3:7-11)에서 가져온 구절들에 미드라쉬적 해석이 재차 보여 진다. "사십년 동안 노하심"(17절)과 "광야에"(17절; cf. 밀접한 평행이 일어나는 민수기 14:29). 이외의 미드라쉬가 18절에서의 "하나님이 누구에게 맹세하사 그의 안식에 들어오지 못하리라 하셨느뇨"라는 말과 "격노케 하던(16절)"과 "들어오다(18절)"의 단어들에 분명하게 나타난다.

    이러한 반역의 백성들은 하나님께서 예비하여 주신 것 즉, "그의 안식"에 들어가지 못하였다. 이 안식은 저자가 앞으로 다양한 적용을 하게 될 용어이다.

첫 번째로 이스라엘 백성들이 들어가지 못한 안식은 약속된 땅을 기업으로 받지 못하였음을 가리킨다. 모세의 영도 아래 기적적인 구원에 나타난 하나님의 은혜를 체험하였음에도 불구하고 그들의 불신으로 말미암아 약속된 땅에 들어가지 못하고 광야에서 죽었다. 뿐만 아니라 그 땅에 들어간 자들도 그 안식을 체험하지 못하였다. 그들의 가나안 점령은 다윗의 때까지 불안전하였고 다윗의 때에도 그들은 단지 짧은 기간 동안만 점령하였다. 저자에게 있어서 불신과 불순종은 실제적으로 같은 의미의 말이다(18-19절).

이 구절을 크리스챤에게 암시적으로 적용하고 있음은 저자가 출애굽 모형론(typology)을 알고서 사용하고 있다는 명백한 증거이다. 따라서, 애굽의 노예 상태에서 탈출 즉 출애굽은 하나님께서 그의 백성들을 죄의 노예 상태에서 구원하심을 암시한다. 유월절 양(cf. 고전 5:7)은 그리스도의 죽음을 가리킨다. 다른 병행들이 도출되어지는데 예를 들면 광야에서의 이스라엘의 체험과 시험의 때를 포함하는 현재적 체험 같은 것이다. 여기서 암시하는 것은 다음의 구절들에서 구체화되어 나타나는데 옛 언약의 백성들에게 일어났던 일은 새 언약의 백성에게도 또한 일어날 수 있다는 점이다. 그러므로 본문은 불신앙의 계속되는 위험에 대한 경고를 발하고 있다.

하나님의 은혜와 구원의 능력을 소유한 특권을 가진 자들이 불신앙과 불순종에 그렇게 쉽게 빠질 수 있었다는 것을 생각하는 것은 마음을 깨어있게 한다. 이것이 저자가 그의 독자들이 바라보기를 원하는 바로 그것이다. 과거의 그 때에 일어났던 일은 다시 일어날 수 있다. 실제로 원래의 독자들은 자신들의 신앙적 의무 수행을 멀리하는 바로 그 위험에 분명히 처하여 있었다. 그러나 이 위험은 모든 세대의 크리스챤들이 깊이 생각하여 볼 필요가 있는 것이다. 우리의 구원이 은혜로 말미암으며 그래서 거저 주어지는 것이고 공적과는 상관이 없는 것이지만 우리는 구원을 가볍게 생각하여서는 아니 된다. 우리는 인내와 신실함으로 부름을 받았다.

학습 연구 질문들

1. 저자는 예수를 모세와 어떻게 비교하고 있나?
2. 시 95:7-11의 미드라쉬적 해석의 의도에 대해서 토론하라.

Further Reading

D'Angelo, M. R. *Moses in the Letter to the Hebrews*. Society of Biblical Literature Dissertation Series 42. Missoula, Mont.: Scholars Press, 1979.

Kaiser, W. C. "The Promise Theme and the Theology of Rest." *Bibliotheca Sacra* 130 (1973): 135-50.

4장 안식에 대한 남아있는 약속

사도(저자)는 실제 체험은 약속의 실체와 그 성취의 조건을 확립한다고 가정한다. 그는 "하나님의 안식으로 우리가 들어가기 때문에 즉, 지금 들어가고 있기 때문에 우리에게 남아있는 약속에 대해서 내가 망설임 없이 말하고, 우리가 그것을 믿었다"라고 말하고 있는 듯 하다.

-- B. F. Westcott,
<Commentary on the Epistle to the Hebrews>에서

보충 읽기
여호수아 22:1-6; 마태 4:1-11

개요
- 하나님의 백성에 남아있는 안식(4:1-11)
- 마음의 생각들을 감찰하시는 하나님(4:12-13)
- 우리의 대제사장이신 예수(4:14-16)

목표
1. 하나님의 신실한 백성들에게 약속된 안식을 묘사하라.
2. 순종의 중요성을 설명하라.
3. 대제사장으로서의 예수의 중요성과 관련하여 설명하라.

불안과 복잡한 활동으로 가득 찬 우리 세상은 안식일에 의해 제시된 평화와 안녕을 간절히 원하고 있다. 그리고 종종 이러한 필요는 크리스챤을 포함한 종교인들에게도 마찬가지이다. 안식일의 샬롬, 즉 평화는 하나님과의 언약 관계 안에 있을 때 맺는 열매라 할 수 있는 모든 면에서의 궁극적인 안녕이 갖는 그 의미를 말한다. 이러한 안식은 독자들과 모든 시대의 크리스챤에게 지금 제시되고 있다. 저자가 가리키듯이 들어갈 수 있도록 남아있는 것이 안식이다.

1) 하나님의 백성에 남아있는 안식(4:1-11)

4장의 처음 부분과 주요 부분은 3장에서 행하여진 시편 95:7-11에 대한 해석의 계속이다. 저자는 "그의[하나님의] 안식에 들어갈 약속이" 여전히 남아있고 하나님의 백성에게 제시되어 있다고 말함으로 4장을 시작한다. 여기의 "안식"은 일종의 영적 휴식 즉, 이 땅에서의 소유가 그림으로 나타내려는 것에 대한 영적 대응물이다: 안정, 만족, 심오한 만족과 평화. 안식의 유효성은 6-11절에서 독자들 앞에 주어지고 있으나 경고 주제가 재개되기 전에는 주어지지 않는다. 독자들은 이러한 안식에 들어가지 못할 가능성에 대해 두려워하여야 하였다.

재차 저자는 "그의 안식에 들어갈"이라는 말을 교회에 제시된 실체에 적용함으로써 시편에 대한 자신의 미드라쉬를 계속한다. 출애굽 모형론의 패턴을 따르면, 가나안 땅에서 약속된 안식은 크리스챤에 주어질 영적 안식에 대한 그림이거나 또는 암시가 된다. 저자가 이러한 안식을 계속 유효한 것으로 이야기 하는 이유는 7-9절에 가서야 밝혀진다. 이러한 안식을 민족적-정치적 복원으로 해석하게 되면 앞서의 제한된 관점들로부터 그리스도를 약속의 성취요 종말의 취임으로 이해하는 것으로의 극적인 전환을 놓치게 된다.

광야에서 망하였던 이스라엘 백성들은 "복음"(cf. 6절 또한) 즉, 출애굽과 시내산 언약에서 명백히 나타난 것처럼 하나님의 구속의 사랑에 대한 좋은 소식의 수혜자였다. 하지만 그러한 복음을 들음은 "믿음"과 연합되지 못하였다. 독자들과 또한 우리들은 복음-- 우리를 위한 하나님의 아들의 절정적인 구속 사역--을 들었고 그로 말미암아 이러한 "안식에 들어갈" 약속을 받았다.

하나님의 백성에게 제시된 안식		
광야에서	다윗의 때에	히브리서 독자들에게
(출 17:1-7; 민 14:20-25)	(시 95:7-11)	(히 3:7-4:11)

가나안 입성	오늘날 … 너희 마음을	"오늘날"이라고 불리는 동안 강퍅케 말지어다"
불신으로 말미암아 들어올 수 없으니	일부 사람들이 들어갈 안식이 남아 있다	안식할 때가 하나님의 백성에게 남아있도다
'그들은 절대 나의 안식에 들어오지 못하리라'		종말적 축복

그러나 이것은 우리가 믿음을 보이지 않는 한 우리에게 별 가치가 없을 것이다. 복음의 실제 내용은 역사적 정황에 의해 통제된다. 역사 안에서의 계시의 발전으로 말미암은 차이에도 불구하고 구약의 성도들이 그들의 시대 구조 속에서 체험하였던 것과 지금 현재 교회 안에서 체험되어지는 것 사이에는 근본적인 영속성이 존재한다.

원래 인용문에 나타난 불길한 징조의 결어들은 다시 반복되고 있다. "내가 노하여 맹세한 바와 같이 저희가 내 안식에 들어오지 못하리라"(3절). 그 안식이 유효한 상태에 있다는 것과 광야의 백성들이 저 안식에 결코 들어오지 못하리라는 것을 들었던 독자들에게 지금 믿음을 가진 자들(즉, 믿어왔던 자들)이 "저 안식에" 들어간다(또는 헬라 동사의 현재 시제의 의미를 살려서 현재 진행형--들어가고 있다--으로 번역)는 것이 전달된다. 그러나 신약에서 자주 쓰여 지고 있듯이 직설법 문장은 보충적인 명령법과 함께 결부되어지는데 11절에서 명령법이 추가되고 있다. "그러므로 우리가 저 안식에 들어가기를 힘쓸지니(Let us, therefore, make every effort to enter that rest)". 여기에 언급된 안식은 복음에 신실하게 반응하는 크리스챤에게 주어지는 확실한 지위와 소유를 일컫는다.

뿐만 아니라, 신약 성서의 일반적 강조점과 보조를 함께 하고 있는데, 이 안식은 현재이며 또한 미래(완전한 성취에 있어서)이다. 특별히 독자들에게 타당한 것은 현재 신행 중 인 신실함(현재 완료형의 "믿었다"는 것의 강조에 유의)과 순종--이 둘은 히브리서에서 밀접하게 연결되어 있음--은 안식이 장차 받아 누려야 하는 것이라는 가정 하에서 필수적이라는 것이다. 이스라엘 백성들이 들어가지 못했던 그 안식은 명백한 하나님의 안식이라는 것을 강조하는 것이 저자의 주요 관심사이다. 실제로 이점이 3절과 5절에서 이루어진 인용의 유일한 목적이다("내 안식").

저자의 미드라쉬적 해석 절차는 "저희가 내 안식에 들어오지 못하리라"는 확신을 이용하는 방식에서 명확히 드러난다. 이러한 부정적 언급조차도 긍정적인 중요성을 지니고 있는 것으로 보여 질 수 있다. 이스라엘 백성들이 그 안식에 들어가지 못하였으므로 후대의 사람들이 저 안식에 들어가게 되어 있는 것이다. 저 안식이 여전히 유효한 한 가지 이유는 하나님 자신의 안식이 계속되고 있다는 점이다. "세상을 창조할 때부터 그 일이 이루었느니라." 이 점은 창세기 2:2로 부터 온 "제칠 일"에 관한 짧은 인용에 의하여 지지를 받는다: "하나님은 제칠 일에 그의 모든 일을 쉬셨다"(4절).

하나님의 안식은 실제이고 또한 이스라엘 백성들이 그 안식에 들어가지 못하였으므로 그 안식은 다른 사람들이 들어가도록 뒷날로 미루어진다. 이 점은 다윗의 시대에 이미 언급되었는데 다윗은 하나님에 의하여 그의 백성들이 저 안식에 들어가도록 결정하여 놓은 날에 대해서 한참 후대에 "오늘"이라는 말로 이야기하였다. 이 문제는 히브리서의 독자들이 최초로 생각하였던 것보다 오늘날 한층 더 중요한 문제로 보여 진다. 다시 말하면, 이스라엘 백성들이 들어가지 못하였던 안식은 더욱 큰 것에 대한 그림에 불과한 가나안 땅에서의 문자적 안식을 가리킬 뿐만 아니라 하나님께서 누리고 계시며 또한 그의 백성들에게 제안된 초월적인 영적 안식을 가리키는데 이 백성들은 이 마지막 날에 그 안식에 들어갈 특권을 지금 소유하고 있다.

> ### "오늘"이라는 단어의 중요성
>
> 예수의 죽음과 부활에 의해 이루어진 종말론적 성취의 실제성으로 말미암아 "오늘"이라는 말은 특별한 의미를 지닌다. 저자는 이 날들이 "이 모든 날 마지막"이라는 확신을 이미 전달한 바 있다 (1:2). 실현된 종말에 대한 저자의 시각은 히브리서 곳곳에서 보여 진다. 예를 들면, 저자는 12:22-24에서 독자들이 하늘의 예루살렘에 도달하였다(즉, 이미 도달하였다)는 점에 주목하고 있고 6:5에서는 크리스챤들이 "내세의 능력을 맛" 보았음을 지적한다.
>
> 이러한 점은 고후 6:2에서 바울이 하고 있는 이사야 49:8의 말씀에 대한 미드라쉬적 주석과 유사하다. "보라 지금은 은혜 받을 만한 때요 보라 지금은 구원의 날이로다." 그리스도의 사역으로 인하여 현재 이미 임한 성취는 각각의 날을 특별히 의미 있는 "오늘" 즉, 종말적 중요성의 날로 만들고 있다.

저자에게 있어서 "어떤 날 -- '오늘'"이라는 이 말은 출애굽 이후 수 백년 동안 시편 저자들이 그의 세대 백성들에게 믿음으로 응답하는 심령을 호소하는 데에 사용되어 졌다는 것은 우연이 아니다. 이는 여호수아가 이 안식을 주는데 실패하였다(여호수아 22:4에 언급된 안식은 엄밀하게 성취된 안식이 아니다)는 것을 입증한다. 성취된 안식이라면 왜 하나님께서 후에(다윗을 통하여) "다른 날"에 대하여 말하려 하였겠는가? 따라서 다윗은 광야에서의 반역에 대한 이야기를 그의 시대에 맞게 기술한다. 저자는 구약의 사용 선례를 따르고 있는데 중요한 차이점은 저자에 있어서 오늘이라는 단어는 부가된 종말적 중요성을 가지고 있다는 점이다.

여호수아에 대한 구체적 진술에서 저자는 독자들이 확실히 포착하고 있는 어떤 것을 암시한다. 헬라어에서 여호수아와 예수라는 이름은 동일(*Iēsous*)하므로 히브리서에서 논의가 되고 있듯이 구약의 "예수"인 여호수아가 제공하지 못한 안식을 예수께서 제공한다는 것을 추측케 한다. "어느 날"("다른 날")은 분명하게 "오늘"로 불리워지고 있음은 이러한 논의를 확대하여 독자들에게 적용하는데에 있어서 의미가 있다. 매일의 날은 하나님의 안식에 대한 가능성(prospect)을 제공하는 새로운 "오늘"이다.

"여호수아"의 헬라어 번역으로서의 "예수"

70인경에서 히브리 이름인 여호수아는 "예수"라는 헬라어로 번역되었다. 구약의 "예수," 곧 "여호수아"는 하나님에 의해서 주어진 약속들의 온전한 실현으로 이스라엘 백성들을 인도하지 못한 반면에 신약의 예수는 이를 성취하였다. 이러한 유추는 헬라파 유대 크리스챤들이 70인경을 읽을 때 그들의 마음속에 떠올랐음이 틀림없다. 저자는 여호수아를 지칭하며 논의를 진행하여 나갈 때 의식적으로 이러한 유추를 생각하였음이 확실하다. 그렇지 않다면 여호수아에 대한 언급이 필요하지가 않기 때문이다. 약속과 성취의 구조 안에서 보여 지듯이 이것으로 인하여 저자는 구약과 신약의 사건들 사이에 존재하는 깊은 신학적 상호연관을 알게 한다. 구약의 모든 부분이 그리스도 안에서 요약되어져서 절정을 이룬다. 여호수아의 번역으로서 헬라 이름인 예수는 히브리서 4:8에 나타날 뿐만 아니라 사도행전 7:45에도 나타난다. 이 두 곳에서 흠정역(KJV) 본문은 "예수"로 표기되어 있는데 의심하지 않는 독자들에게는 확실한 혼동을 준다. 문맥은 이 구절들에서 "여호수아"로 번역되어져야 함을 보여준다.

시편 95:11에 기술된 "하나님의 안식에 들어가는 것"의 의미에 대한 더 자세한 설명에서 독자들의 지분으로서 그들 앞에 놓여진 안식은 9절에서 구체적으로 안식(Sabbath rest)으로 언급되고 있다. 아주 드물게 사용되는 단어인 *sabatismos*(Sabbath rest)의 9절에서의 사용은 이제까지 사용된 안식(rest)의 의미를 넘어서서 더욱 깊은 의미를 전달한다. 하나님의 백성에 약속된 안식을 창조 시 일곱째 날 하나님께서 취하신 안식으로 본 것(4절; cf. 10절)은 이것으로

인하여 그 의미가 명백해진다. 다른 말로 표현하면 구원의 축복들을 누리는 것은 하나님의 안식(Sabbath rest)에 참여함을 포함한다. 따라서 하나님의 안식은 그리스도를 통하여 가능하여진 경이로운 실체에 대한 모형이라고도 말하여지는 아름다운 그림이 된다. 그것은 세상적 관점의 이해를 초월하는 평화의 자리에 크리스챤을 위치하게 한다(cf. 빌 4:7).

본문에서 주의를 환기시키기 위하여 구분된 안식의 국면은 하나님께서 자신의 일로부터 안식한 것처럼 각 개인의 일들로부터 안식을 취하는 것을 일컫는다. 이러한 견해가 전달하는 의미는 어느 면에서는 불명확하다. 구원의 체험에서 사람이 취하는 안식은 어떤 활동에서부터 쉬는 것을 가리키는가? 여기서 우리는 바울이 말하는 의의 행위들의 의미에서 손쉽게 "행위들"(헬라어는 복수로 씌어짐)을 이해하여서는 아니 된다. 히브리서 어디에서도 저자는 의의 행위에 대항하여 반박하는 바울의 논의를 채택하지 않는다. 아마도 저자는 단순히 평행 사상을 그려내고 있지만 그러한 질문이 제기되리라는 것은 기대하지 않는다. 저자에게 있어서 중요한 것은 안식 자체에 대한 견해이지 사람이 더 이상 할 필요가 없는 일에 대한 본질이 아니다. 만약 저자가 그 질문에 답하여야 한다면 그는 희생 제사 의식과 독자들이 빠져 들어간 유대교와 관련된 모든 것을 가리킨다고 하여도 무리는 아니다. 이제는 교회로 이해되어지는 "하나님의 백성"은 예수 그리스도의 완성된 사역으로 가능하여진 안식(Sabbath rest)을 누릴 수 있는데 이점을 저자는 주장하고자 한다. 안식(Sabbath rest)의 위대한 실체는 그것이 주는 안전, 복지, 평화와 더불어 성도들이 받는 의로운 유산이다. 안식(Sabbath rest)이 온전히 실현되는 것은 오직 종말의 때(즉, 도래하는 마지막 시대)에 이루어질지라도 그것을 지금 현재 누릴 수가 있다(cf. 3절). 따라서 하나님께서 우리에게 주시는 "오늘"에 "저 안식"(11절)에 들어갈 모든 노력을 경주할 것이 장려된다. 저자는 안식을 활기차게 추구하는 것에 내재된 역설로부터 물러서지 않는다. 다른 곳에서 이루러진 종말에 대한 언급처럼 직설법에 의하여 언급되어진 것("믿는 우리들은 저 안식에 들어가는 도다" [3절, cf. 10절])은 또한 독자들 앞에 명령법으로 놓여 질 수 있다. 그것은 독자들에게서 요구되는 인내를 가리킨다. 이러한 권면을 유대 크리스챤들에게 하고 있음의 적절성은 자명하다.

이 구절의 말미에서 우리는 저자가 특징적으로 그의 논의를 권면으로 마치고 있음을 본다. 모든 정교한 논의의 밑바닥에는 그것이 갖는 미드라쉬적 기교와 구속사에 대한 우선적인 파악과 함께 독자들의 진정한 필요에 대한 계속된 관심이 있다. 독자들은 "저 순종치 아니하는 본"을 따라 넘어지지 않도록 경고를 받는다. 저자에게 있어서 신학은 항상 실천적이다.

하나님의 안식인 *sabbatismos*에 들어간다는 사상은 개념적으로 파악하기 어려운 점이 있다 하더라도 특별히 호소적이다. 저 안식이 갖는 본질에 대한 더 적절한 개념을 파악하기 위해서는 안식일이 유대교에서 지켜져 오면서 이것이 무엇을 의미하는 지를 고려해보는 것 외에는 다른 방도가 없다. 유대교에서 안식일은 일하는 것을 쉰다는 것 이상의 의미를 가지고 있다. 차라리 그것은 기념일이요 행복의 시간이요 축제요 영적인 기쁨이요 그리고 동시에 하나님의 창조 안에서 누리는 기쁨이요 최종 종말에 대한 기대이다. 따라서 안식일은 종말적 샬롬("평화")--구속이 온전히 그리고 최종적으로 실현되어질 때, 모든 면에서 궁극적 복지를--을 지향하면서 미리 맛보는 것이다.

2) 마음의 생각들을 감찰하시는 하나님(4:12-13)

본 구절이 직전의 구절과 밀접한 관련이 있다는 것은 강한 논리적 연결어인 "for"(개역 성경에는 번역되어 있지 않으나 헬라어 원문에 *gar*는 영어 성경에 for로 번역되어 있음)로부터 분명하여진다. 본 구절은 11절에서의 권면에 대한 이유 또는 근거들을 제공함으로써 권면을 강화시킨다.

"하나님의 말씀"이라는 표현은 하나님께서 개인들에게 말씀하고 계시다는 점을 확인시켜준다. 저자는 성경에 대한 자신의 강해를 통하여 독자들로 하여금 하나님의 음성에 주의를 기울일 것을 요청하여 왔다. 하나님의 말씀은 기록된 성경을 통하여 종종 성도들에게 들려지고 있음에도 불구하고 저자가 염두에 두고 있는 것은 기록된 말씀보다는 "살았고 운동력이" 있는 음성이다. "혼과 영"에 대한 구분적 언급은 인간의 구성 요소, 예를 들면 삼분법적 입장을 가리키는 것으로 이해해서는 아니 된다. 저자는 삼분법적 인간의 구성 요소에 대하여 가르치는 것이 아니라 하나님의 말씀이 갖는 침투적 성격을 가리키는 유추들을 사용하고 있다. 이러한 의미에서 하나님의 말씀은 사람의 내적 존재 즉, "마음의 생각과 뜻"까지 침투하여 들어간다. 이것으로 인하여 하나님의 말씀은 진정한 반응을 요구한다. 어느 누구도 하나님의 음성으로부터 숨을 수가 없을 뿐 만 아니라 어떤 것도 하나님의 꿰 뚫어 보는 앎(지식)으로부터 숨을 수 가 없다.

히브리서 4:12의 "하나님의 말씀"

4:12에 나타난 "하나님의 말씀"의 의미에 관한 신중한 논의가 있어 왔다. 교부시대 저자들을 비롯하여 종교 개혁까지의 주석가들은 이 용어가 하나님의 말씀(로고스)으로서의 그리스도를 가리키는 것으로 보았다. 그러나 히브리서의 다른 곳에서 저자가 요한복음 서언에 나타나고 있는 것과 유사한 로고스 기독론을 견지하고 있음을 가리키는 징후는 발견되지 않는다. 더구나 이러한 해석에서 예수는 검(劍)에 비견되는데 이러한 견해는 다소 특이하다.

두 번째 비중 있는 해석은 "하나님의 말씀"을 성경 즉, 구약과 동일하게 보는 견해이다. 성경 안에서 하나님께서 인간에게 말씀하는 한 이러한 해석이 틀린 것은 아니지만 이 견해는 단지 부차적인(secondary) 의미에 불과하다. 저자는 우선적으로 하나님께서 직접 인간의 심령에 하시는 말씀을 생각하고 있는데, 본 절에서의 언급은 이제까지 하나님의 음성을 들음에 대한 저자의 반복적 언급(3:7, 15, 16; 4:2, 7)에 의해 영감을 받은 듯하다. 광야에서 이스라엘 백성은 성경을 대할 수가 없었지만 하나님의 말씀을 들었다.

우리 안에 있는 모든 것은 하나님에 대하여 "개방되고 벌거벗은" 상태에 있으며 궁극적으로 우리는 하나님께 해명하여야 한다. 하나님께서 말씀하실 때 유일하고 적절한 반응은 신실한 복종 즉, 진실하고 신중한 복종이다. 이러한 강조는 미래에 있을 믿음에 대한 타협을 감추고 자신들의 실제적 배교가 사실 보다는 정도가 낮은 다른 어떤 것이 되어 보이도록 하려는 독자들의 시도를 지적할 지도 모른다. 이 점은 6장에서 주어지는 배교에 대한 경고들에서 명백하게 나타난다.

> ### 그리스도의 죄 없음
>
> 그리스도께서 죄가 없다는 것은 그가 죄를 짓지 않았다는 것뿐만 아니라 그의 신적 본성 때문에 죄를 지을 수가 없었다는 것을 의미한다고 종종 주장되어 왔다. 이러한 주장은 예수의 신성과 긴장관계에 있는 그의 온전한 인성을 부인하게 된다. 이 견해는 공관 복음에 나오는 예수의 시험 이야기(temptation narrative)나 또는 "나의 원대로 마옵시고 아버지의 원대로 하옵소서"라고 말하며 복종하는 겟세마네 동산에서의 내적 투쟁을 조롱하게 된다. 만약 예수가 아버지 하나님께 불순종할 수 있는 능력을 갖지 않았다고 한다면 이러한 구절들에서 그는 연기하는 모습을 보이는 것이 되고 따라서 이 구절들은 아무런 의미도 갖지 못하게 된다. 더구나 이러한 주장은 히브리서 저자의 논의를 완벽하게 손상시키고 만다. 예수가 하나님께 불순종할 수가 없었다면 "우리와 한결같이" 시험을 받지도 않았고 따라서 "우리의 연약함을 체휼" 할 수도 없다(2:17-18도 보라). 이는 이곳에서 묘사된 대제사장의 부류가 아니다.
>
> 그리스도의 죄 없음에 대한 그릇된 논의가 갖는 문제점은 성육신의 신비와 역설에 직면할 수 없다는 점이다. 만약 조직 신학이 이러한 성서 본문들에 충실히 남아 있어야 한다면 이와 같은 점들을 인정하고 풀어 나가야 한다.

3) 우리의 위대한 대제사장이신 예수(4:14-16)

현재의 날을 취하여 약속된 안식에 들어갈 것을 권면하면서 시편 95편의 기나긴 미드라쉬적 적용을 독자들에게 하였으므로 이제 저자는 2:17과 3:1에서 소개하였던 '우리들의 대제사장이신 그리스도'에 대한 개념으로 돌아간다. 그리스도의 대제사장직은 이제 주요 주제로 등장하는데 5-9장에 걸쳐 저자는 이 주제를 반복적으로 다룬다.

히브리서에 나타난 하나님 임재에 가까이 나아감

히브리서 언어의 가장 주목할 만한 특징은 원래 성전과 그 희생 제사를 가리키는 언어가 영적 차원에서 그리스도 안에 있는 신자들에 적용되는 방식이다. 여기서 우리는 어떻게 그리스도를 통하여서 신자들이 영적으로 그리고 직접적으로 하나님의 임재 안으로 들어가게 되는 지에 대하여 주의를 기울이게 된다.

"은혜의 보좌 앞에 담대히 나아갈 것 이니라"(4:16).
'휘장 뒤 성소 안으로 들어갈 소망' (6:19)
"이것으로 우리가 하나님께 가까이 가느니라"(7:19)
"자기(예수)를 힘입어 하나님께 나아가는 자"(7:25)
"나아오는 자들을 온전케 할"(10:1)
"우리가 성소에 들어갈 담력을 얻었나니"(10:25)
"참 마음과 온전한 믿음으로 하나님께 나아가자"(10:22)
"하나님께 나아가는 자는"(11:6)

그리스도의 대제사장직은 여기서 "우리가 믿는 믿음의 도리를 굳게" 잡아야 하는 동기로서 제시된다. 3:1에서 그리스도는 "우리의 믿는 도리의 대제사장"으로 밝혀진다. 우리의 대제사장은 승천하셨고(시편 110:1에 대한 암시로 보임; cf. 7:26) 이것은 진정한 또는 천상의 성전에 계신 하나님 임재 앞에서의 그의 속죄 사역의 효력과 최종성을 가리킨다 (cf. 6:20; 8:1-2; 9:11-12). 우리의 대제사장 그리스도를 통하여 우리는 "은혜의 보좌 앞에 담대히 나아갈" 수 있다. 하나님께서 임재하신 그곳에서 "때를 따라" 우리를 돕는 "은혜"와 자비를 발견할 수 있다. 이러한 진리의 주된 적용은 원래의 독자들에게 행하여 졌지만 모든 시대의 크리스챤들에게도 적용된다. 은혜의 하나님은 필요한 자들에게 도움을 줄 준비가 항상 되어 있다.

> ### 히브리서에 나타난 "은혜"
>
> 바울 서신에서 자주 접하게 되는 이행칭의에 대한 논쟁이 히브리서에서는 나타나지 않지만 은혜의 개념--공적에 의하지 않은 하나님의 자비로운 호의--은 잘 알려져 있다. 따라서 "은혜"에 해당하는 헬라어 카리스(*charis*)는 7번 나타난다.
>
> "하나님의 은혜로 말미암아 모든 사람을 위하여 죽음"(2:9)
> "은혜를 얻기 위하여 은혜의 보좌 앞에 나아갈 것 이니라"(4:16 [2회])
> "은혜의 성령을 욕되게 하는 자"(10:29)
> "하나님의 은혜에 이르지 못하는"(12:15)
> "은혜로써 굳게 함이"(13:9)
> "은혜가 너희 모든 사람에게 있을 찌어다"(13:25)

우리가 보아 왔듯이 인간 대제사장으로서의 그리스도는 모든 면에서 우리와 동일하게 지음을 받았다 (2:17). 여기에서 2:18에서도 언급되었듯이 그가 "모든 일에 우리와 한결 같이 시험을" 받았다는 것이 더하여 지는데 이와 함께 아주 중요한 점이 이제 밝혀 진다: 그리스도는 "죄는 없으시니라." 그리스도의 완전한 인성과 죄 없으심은 모순 되지 않는다. '죄가 있다' 는 것은 완전한 인성을 갖추기 위해 필수적이거나 내재하여야 하는 것이 아니다. 뿐만 아니라 그 반대의 경우, 즉 '죄가 없다' 는 것도 완전한 인간됨에 장애가 되지 않는다. 창세기 사화에서 우리는 타락하기 이전에 아담과 하와는 완전한 인간이었으나 죄가 없었다는 것을 본다. 마찬가지로 "마지막 아담"(바울이 고전 15:45에서 사용한 용어)이신 그리스도도 완전한 인간이었으나 죄가 없었다.

그리스도께서 유혹 또는 시험을 받았으므로 그는 "우리 연약함을 체휼"할 수 있다. 요점은 그리스도께서 우리가 겪는 모든 구체적 유혹을 일일이 체험 하였다기 보다는 그가 모든 기본 형태의 유혹을 체험하였다는 것이다. 그는 인간의 연약함이 어떠하다는 것을 우리의 입장에서 잘 이해하고 있으므로 우리의 필요시에 우리와 함께 서서 우리를 도울 수 있다. 그러므로 그리스도는 하나님 앞에서 우리를 대표하고 또 그의 완전한 인성은 우리의 죄에 대한 응답인 속죄를 가능하게 할 뿐만 아니라 또한 시험과 환난의 상황에서 인간의 곤궁에 대한 실체 파악을 가능하게 하는 이상적인 대제사장이시다.

저자는 습관적으로 그의 독자들에게 하나님의 임재로 돌아가서 곤궁의 때에 그들을 붙들어 줄 자비와 은혜를 얻을 것을 권면한다. 논의의 모든 역량과 강점을 가지고서 저자는 이점을 필요한 자들--우선적으로는 직접적 독자들 그리고 또한 모든 시대의 크리스챤들--에게 적용할 기회를 놓치지 않을 것이다.

연구 학습 질문

1. 이스라엘 백성에게 약속되었던 안식과 하나님의 신실한 백성들에 유효한 안식을 비교 대조하라.
2. 저자는 그의 독자들에게 순종의 중요성을 어떻게 강조하고 있나?
3. 어떤 면들에 있어서 그리스도는 이상적 제사장인가?

Further Reading

Attridge, H. W. "'Let Us Strive to Enter That Rest': The Logic of Hebrews 4:1-11." *Harvard Theological Review* 73 (1980): 279-88.

deSilva, D. A. "Entering God's Rest: Eschatology and the Socio-Rhetorical Strategy of Hebrews." *Trinity Journal* 21 (2000): 25-43.

Gaffin, R. B. "A Sabbath Rest Still Awaits the People of God." In *Pressing toward the Mark,* ed. C. G. Dennison and R. C. Gamble. Philadelphia: Orthodox Presbyterian Church, 1986. Pp. 33-51.

Gleason, R. C. "The Old Testament Background of Rest in Hebrews 3: 4:11." *Bibliotheca Sacra* 157 (2000): 281-303.

Lincoln, A. T. "Sabbath, Rest and Eschatology in the New Testament." In *From Sabbath to Lord's Day: A Biblical, Historical and Theological Investigation,* ed. D. A. Carson. Grand Rapids: Zondervan, 1982. Pp. 177-201.

Lombard, H. A. "Katapausis in the Epistle to the Hebrews." *Neotestamentica* 5 (1971): 60-71.

Trompf, G. "The Conception of God in Hebrews 4:12-13." *Studia Theologica* 25 (1971): 123-32.

von Rad, G. "There Remains Still a Rest for the People of God: An Investigation of a Biblical Conception." In *The Problem of the Hexateuch and Other Essays*. London: Oliver & Boyd. 1966. Pp. 94-102.

Weiss, H. "Sabbatismos in the Epistle to the Hebrews." *Catholic Biblical Quarterly* 58 (1996): 674-89.

5장 그리스도의 대제사장직

그러므로 이제 그는 하나님의 단호한 의도와 선지식이 요구하였을 모든 것에 먼저 자발적인 순종이 없이는 모든 인간의 대표자로서 죽음으로부터 들림받기를 탄원하지 않았으므로, 하나님께서는 그를 들으시고 잠정적 죽음을 그를 위한 낙원의 문으로 만드시고 수치의 십자가를 천국에 이르는 사다리로 만드심으로써 응답하셨다.

-- F. J. Delitzsch,
<The Epistle to the Hebrews>에서

보충 읽기
출애굽기 28; 마태 26:36-46; 벧전 2:1-3

개요

- 제사장의 의무(5:1-4)
- 멜기세덱의 반차를 따른 대제사장으로서의 예수(5:5-10)
- 성숙에 대한 권면(5:11-6:3)

목표

1. 대제사장의 사역에 대해서 설명하라.
2. 예수가 가진 제사장 자격 요건들을 증명하라.
3. 성숙에 따르는 결과들을 보여라.

가장 거룩하신(thrice-holy) 하나님의 압도적인 위엄에 대한 적절한 인지와 동시에 사람의 죄성과 무가치함에 대한 인식을 할 때까지 사람은 제사장들과 그들의 사역의 중요성에 대하여 이해하거나 평가할 수 있는 위치에 있지 않다. 이 두 가지 점에 대한 인식의 실패는 아마도 제사장직에 대한 개념을 낯설게 만들고 의미가 없거나 중요하지 않게 하는 것이 된다. 신약 이해에 있어서 구약이 필수불가결하게 된 이유 중 하나는 바로 여기에 있다. 한편으로 구약은 하나님의 주권과 위엄과 능력을 우리에게 알려주고 다른 한편으로 우리들로 하여금 인간의 실패와 필요들에 직면하게 만들기 때문이다. 이 두 가지 점에 있어서 희생제사와 제사장의 중요성이 당연히 대두된다.

히브리서 5장에서 우리는 본 서신의 중심 논의를 접하기 시작하게 된다: 그 성취의 절정이 되는 구약의 희생 제사와의 유추를 통한 그리스도 십자가 사역에 대한 해석. 그리스도의 십자가를 통하여 인류의 죄는 용서함 받았고 하나님의 거룩함이 확인된다. 실제로 그 십자가를 통해서만 이 점이 성취되어 왔다. 죄의 용서를 가능하게 하는 것은 구약 대제사장들의 사역과 신약의 독특한 대제사장의 사역이었다. 여기서 시작된 논의는 5:11-6:12에서의 권면과 경고에 의해서 중단되었다가 7:1에서 계속된다.

히브리서에 나타난 동사 "드리다(offer)"

"제사를 드리다"에서처럼 동사 "드리다"(*propherō*)는 다른 신약 성서에서 보다는 히브리서에서 훨씬 더 많이 나타난다(18회). 제사를 드린다는 개념이 저자의 논의에 있어 중심 개념이다(그리스도의 희생적 죽음이 바울에 있어서 절대적으로 중요하였으므로 이 동사가 바울 서신에서 나타나지 않는다는 것은 놀라운 일이다).

주요한 경우들에 있어서 이 동사는 성전 제사에 있어서 제사장들과 대제사장의 사역을 가르킨다. 9:14, 25, 28에서처럼 이 동사는 또한 그리스도의 사역을 가리킨다.

> 반복되는 언급들의 논점은 제사장들의 헛된 사역과 예수의 효과적인 사역사이의 대조에 있다. 따라서 가장 중심된 저자의 논지가 10:11-12에서의 대조에서 발견 된다. "제사장마다 매일 서서 섬기며 자주 같은 제사를 드리되 이 제사는 언제든지 죄를 없게 하지 못하거니와 오직 그리스도는 죄를 위하여 한 영원한 제사를 드리시고 하나님 우편에 앉으사."

1) 대제사장의 의무(5:1-4)

저자는 제사장을 "하나님께 속한 일에 사람을" 대표하는 자라는 기본적 정의를 내림으로써 논의를 시작한다. 이러한 대표함은 "예물과 속죄하는 제사를" 드림으로써 이루어진다. 매년 대속죄일에 대제사장만이 할 수 있는 일이기에 여기에서 구체적으로 대제사장이 언급된다(9:7, 25을 보라). 대제사장의 인성은 완고한 자들과 연약한 자들과 함께 잘 어울려 일 할 수 있도록 하기 때문에 아주 중요한데 이는 대제사장으로서의 그리스도에 대하여 이미 지적된 사항이다(2:18; 4:15). 평범한 대제사장은 그 자신이 연약하고(7:28) 죄가 있기 때문에 "백성을 위하여 속죄제를 드림과 같이 또한 자기를 위하여 드리는 것이 마땅"하다. 이러한 점에 있어서 우리들의 죄가 없으셨던 위대한 대제사장과의 대조는 극적이다. 7:27에서 저자가 말하듯이 다른 제사장들과는 달리 저는 "먼저 자기 죄를 위하고 다음에 백성의 죄를 위하여 날마다 제사 드리는 것과 같이 할 필요가" 없다.

다음 논의점은 대제사장의 직은 하나님만이 각 개인에게 줄 수 있는 직이라는 점이다. 저자는 인간 위정자에 의하여 임명되었던 그 시대에 현존하였던 위법적인 대제사장직을 무시하면서 이상적인 언급을 여기에서 한다. 이러한 언급은 다음의 구절들에 나오는 그리스도의 대제사장직이 갖는 적법성에 관한 저자의 독특하고 놀라운 논의를 준비시킨다. 주어진 예는 하나님에 의하여 예표적 대제사장으로 임명되었던 아론의 예이다(출 28:1을 보라).

2) 멜기세덱의 반차를 따른 대제사장 예수(5:5-10)

예수는 자신을 대제사장으로 임명하지 않았다. 예수가 가진 대제사장으로서의 가장 중요한 자격 요건은 그가 독특한 아들이라는 점이다. 따라서 저자는 그가 1:5에서 하였던 것처럼 다시 시편 2:7로 논의를 시작한다. 예수는 아버지 하나님의 독특한 아들이시다. 독특한 아들만이 독특한 대제사장이 될 수 있었는데 그가 이룬 속죄의 한 행위는 그것 자체가 "영원한 구원"(9절)의 근원이 된다. 다음에 나오는 인용에서 우리는 그리스도와 그의 사역을 이해하는데 있어 저자가 이룩한 가장 통찰력 있고 아마 가장 원형적인 공헌들 중 하나에 도달한다. 그것은 그리스도의 제사장적 신임을 확립하기 위한 시편 110:4 사용이다.

시편 110:4에 대한 저자의 이해를 가능하게 하는 것은 매우 중요한 시편인 110:1(1:13에서 이미 인용됨)이다. 여기에서 인용되지는 않았지만 시편 110:1은 시편 2:7과 시편 110:4을 연결하는 교량 역할을 한다. 이미 살펴보았듯이 시 110:1의 "내가 네 원수로 네 발등상되게 하기까지 너는 내 우편에 앉았으라"는 구절은 초대 교회에서 그리스도의 승천을 가리키는 것으로 널리 이해되었다. 같은 시편 내의 몇 절 뒤에서 우리는 "멜기세덱의 반차를 좇은" 독특한 대제사장에 대하여 읽게 되므로 저자가 어떻게 이 구절을 그리스도에게로 연결시키고 있는지를 자연스럽게 볼 수 있다. 따라서 5-6절에서 저자가 시편 2:7과 110:4을 함께 인용할 때 그는 또한 시 110:1을 암시한다.

하나님에 의하여 "영원히 멜기세덱의 반차를 좇은 제사장"으로 임명되어진 존재는 지금 하나님의 우편에 앉아 있는 독특한 아버지의 아들이다. 멜기세덱의 반차를 좇은 그리스도의 제사장직은 7장에서 자세하게 설명되어 질 것이다.

이 점을 분명히 한 후에 저자는 그리스도의 실제적 제사장 사역으로 돌아간다. 놀랍게도 그 사역은 자신의 희생적 죽음으로 이루어져 있다. 7절은 아마도 겟세마네 동산에서의 예수의 고통과 갈등에 대한 암시인 듯하다(마 26:36-46). 이 때 예수는 "내 마음이 심히 고민하여 죽게" 되었다고 말 한다(마 16:38). 저자는 복음서가 형성되기 이전에 히브리서를 저술하면서 후에 복음서에 편입된 구전 전승을 아마도 알고 있었던 것 같다. 저자는 "그의 경외하심을 인하여" 예수의 기도가 들으심을 얻었다고 주목하고 있는데 이는 동산에서 하셨던 예수의 말씀을 반향하고(echo) 있는 듯 하다: "나의 원대로 마옵시고 아버지의 원대로 하옵소서"(마 26:39). 예수께서 십자가에 달려 죽으셨으므로 들으심과 응답을 받은 그 기도는 '아버지의 뜻이 이루어지이다' 이다.

그리스도께서 "순종함을 배웠다"는 언급은 그가 이전에 몰랐던 것을 알게 되었다는 것을 의미하는 것으로 이해되어서는 아니 된다. 그는 이미 아버지께 순종하였다. 뿐만 아니라 '그가 온전하게 되었다' 는 언급도 그가 십자가 사건 이전에는 온전하지 못하였다는 것을 가리키는 것으로 이해해서는 안 된다. 그는 십자가 이전에 순종하였고 또한 온전하였다. 배움과 완전에 대한 개념은 하나님의 뜻의 점진적 성취와 관련이 있다. 즉, 예수는 그의 순종과 온전함의 최고의 예를 십자가의 죽음으로 나아감으로써 보여 주었다. 따라서, 순종함을 배우고 온전해짐이라는 양쪽 표현은 구원을 성취함에 있어 하나님의 뜻을 성취하는 예수의 체험을 가리킨다. 십자가 이전에 필수적인 미완성이 있었지만 그러나 이제는 하나님의 구원의 계획이 완성되었다.

그의 순종과 하나님의 목적의 완성--그가 온전케 됨--을 통하여 예수는 "영원한 구원의 근원[또는 '원인']이"라고 되셨다(cf. 2:10). 구원을 "영원한" 것으로 묘사함은 구원의 결정적이고 최종적인 특성을 가리킨다. 이러한 구원은 예수를 "순종하는 모든 자"에게 임한다. 다시 한번 예수는 그에게 마땅히 순종을 드려야 하는 자로 높임을 받는다. 이 말은 행위에 의한 구원을 필요로 하지 않는다. 차라리 저자에게(또한 바울을 아주 오해하는 자에게) 있어서 불신앙과 불순종이 함께 가듯이 믿음(4:3을 보라)과 순종은 함께 간다. 그리고 히브리서에 있어서 가끔 이 둘 사이를 구분하는 것은 어렵다.

10절에서 예수는 "하나님께 멜기세덱의 반차를 좇은 대제사장이라 칭하심을 받았"다고 다시 말하는데 이 말은 6절에서 인용되었던 시편 110:4의 말씀이다. 구원을 확정하기 위해 십자가에서 죽으심에로의 순종은 대제사장의 사역이었다. 예수로 하여금 이러한 직무에 적합하도록 하는 것은 그가 멜기세덱의 반차에 속해 있다는 점이다. 이 점은 저자가 자세하게 설명하고자 의도하는 부분이지만, 여기서 독자들에게 권면을 주기 위해서 논의는 중단되고 멜기세덱에 관한 구체적 가르침은 7장에 가서 다시 이어진다.

어떤 의미에서 예수의 기도는 응답되어 졌나?

히브리서 5:7은 상당한 혼동을 야기하여 왔다. 이 구절은 예수가 죽음에서 들림을 받기 위하여 기도하였고 그 기도가 응답받았다고 말하는 것처럼 보인다. 그렇지만 예수는 죽으셨다. 그렇다면 어떤 의미에서 그의 기도는 응답을 받았는가? 아마도 부활을 통하여 '죽음으로부터(죽음에서부터)' 구원을 받았다고 볼 수 있다. 하지만 본문은 예수의 기도는 예를 들어 부활을 통하여 죽음에서 들림을 받기 위함이었다는 것을 실제로 말하지 않는다. 이러한 내용은 예수께서 드린 기도가 거의 아닌 것 같다. 무리하다고 할 수 있는 또 다른 제안은 예수께서 겟세마네 동산에서 체험한 고통 속에서 실제로 죽음에서 들림 받도록 기도하였는데 이는 겟세마네에서의 고통의 강도를 나타낸다는 것이다. 이러한 제안과 유사한 견해는 예수가 죽음의 공포로부터 들림 받도록 기도하였다는 것이다(칼빈). 심지어는 절망적인 사변에서 나온 견해가 있는데 이는 부정어가 본문에서 실수로 빠졌으므로 본문은 "그가 응답을 받지 못하였다"로 읽혀져야 한다는 것이다(사본의 증거 없이 von Harnack이 주장). 그렇다고 한다면 문장의 마지막 구절에 나오는 "그의 경외하심을 인하여"라는 말은 거의 의미가 없어지거나 뜻이 통하지 않게 된다.

따라서 어떻게 그의 기도가 응답을 받았는가? 예수께서 고난의 잔(즉, 죽음)을 피하기 위하여 동산에서 기도하였다는 것은 맞다. 그러나 그는 또한 '그의 뜻이 아니라 아버지의 뜻이 이루어지이다' 라고 기도하였다. 이것이 예수의 근저에 자리 잡고 있는 근본적으로 중요한 기도이다. 의심할 바 없이 저자는 겟세마네 동산에서의 예수에 관한 전승을 염두에 두고 있는 듯하다. 그곳에서 드린 아버지의 뜻에 순종하는 예수의 기도는 응답되었던 것이고 이러한 순종은 그를 십자가로 인도하였다. 이것으로 예수는 "순종함을 배워서" "영원한 구원의 근원이" 되셨다(8-9절).

Further Reading

Attridge, H. W. "'Heard Because of His Reverence' (Heb 5:7)." *Journal of Biblical Literature* 98 (1979): 90-93.

Lightfoot, N. "The Saving of the Savior: Hebrews 5:7ff." *Restorati Quarterly* 16 (1973): 166-73.

Omark, R. E. "The Saving of the Savior: Exegesis and Christology in Hebrews 5:7-10." *Interpretation* 12 (1958): 39-51.

히브리서에 나타난 "영원한"이라는 용어

히브리서 저자는 "영원한"(*aiōnios*)의 용어가 모든 면에서 충분하고 최종적인 효력을 갖는 예수의 속죄 사역을 가리킴으로 인하여 특별히 이 용어 사용하기를 좋아한다. 동시에 이 용어는 간접적으로 제사장들의 불충분하고 임시적인 예루살렘 성전에서의 사역을 가리킨다.

6:2은 "영원한 심판"을 언급하고 9:14은 예수로 자신을 드릴 수 있게 하였던 "영원하신 성령"을 언급하는 반면에 다른 4개의 언급들은 그리스도에 의하여 야기된 새로운 실체를 각기 상이한 방법으로 가리킨다:

영원한 구원(5:9)
영원한 속죄(9:12)
영원한 기업(9:15)
영원한 언약(13:20)

3) 성숙에의 권면(5:11-6:3)

이제 저자는 그의 독자들에게 가르칠 것이 많이 있다는 것, 즉 그들이 "듣는 것이 둔하므로(배워서 습득하는 것이 늦음을 의미)" 어렵게 된 임무가 있음을 지적하기 위하여 논의를 중지한다. 이는 7-10장에서의 논의가 성숙한 자들을 위한 것임을 실제로 인정하는 것이다. 하지만 저자의 원래 독자들은 이 논의를 이해하기에는 준비가 미흡하였다. 이제 우리는 저자가 쓰고 있는 독자들에 관하여 더 많은 것을 발견하기 시작한다.

독자들은 믿음에 관한 선생이 되기에 충분할 정도로 오래 시간이 경과 되었지만 "하나님의 말씀의 초보" 즉, 신앙의 ABC를 다시 배워야 할 필요가 있었다. 여기서 보여 지는 것은 저자가 제공하고 있는 종류의 고차원적 이해와 대조되는 구약에 대한 기독교적인 기초 해석이다. 어린 아이들처럼 독자들은 젖이 필요하고 단단한 식물은 감당할 수가 없었다(cf. 고전 3;2; 벧전 2:2). 따라서 그들은 "하나님의 말씀의 초보"에 상당하는 "의의 말씀"에 대한 적절한 이해가 부족하였다(12절). 만약 그들이 장성("성숙한"에 해당하는 헬라어 *teleios*는 문자적으로 "완전한"을 의미하는데 완전함과 성취의 의미로 번역)하여 단단한 식물을 먹을 수가 있었더라면 그들은 "선악을 분별"할 수가 있었을 것이다. 당시 세속 윤리 선생들에 의해 동일한 언어가 사용되어졌으므로 이러한 마지막 단어들은 저자가 헬라 윤리 가르침의 영향을 받았음을 반영하고 있는 것으로 보여진다.

6:1의 "그리스도의 초보"(문자적으로 그리스도의 말씀의 시작)는 문장의 나머지 부분에서 언급되고 있는 사항들을 지칭하는 것으로 보인다. 이것들은 기독교가 유대교와 함께 공유하고 있는 기본적 신념들 즉, 유대교의 중심 특징들인 회개와 하나님께 대한 신앙뿐만 아니라 또한 안수, 영원한 심판 그리고 심지어 "세례들"(즉, "씻음"과 "정결")과 죽은 자들의 부활(바리새인들로부터 우리가 알고 있는 사안)이다. 6:1-2에서 언급된 사항들 중 비크리스챤 유대인들이 동의할 수 없었던 것은 실제로 하나도 없다. 따라서 독자들은 크리스챤이 되기 전에 이미 간직하고 있었을 신념들을 크게 넘어서지 못하였던 것 같다. 상당한 가능성이 있어 보이는 점은 독자들은 의도적으로 최소한의 기독교리를 견지하고 있었다는 것인데 이는 유대교의 한 형태로 허용될 수 있었던 것으로 보여 진다(이

> ### 그리스도의 초보
>
> 이는 기독교적 믿음에서의 가르침들로 구성되어 있는데 유대교에도 포함되어 있다. 이러한 가르침들은 그 자체로는 좋은 것이지만 온전한 기독교를 구성하는 가르침에는 훨씬 미치지 못할 뿐더러 독자들로 갖추게 하여서 성숙과 신실함을 얻을 수 있도록 하지 못한다.
>
> 죽은 행실들로부터의 회개
> 하나님을 향한 믿음
> 세례들
> 안수
> 죽은 자의 부활
> 영원한 심판

것으로 인하여 그들은 핍박을 피할 수 있었을 것이다). 하지만 이러한 신념들은 중복해서 놓여질 필요가 없는 기초를 구성하고 있었다. 대신에 독자들은 그리스도에 의해 야기된 완전함과 성취라는 보다 더 성숙된 기독교 신조에 정진할 필요가 있었다. 그리고 저자는 그가 드리는 암묵적인 기도에서 독자들을 위한 최상의 것을 소망 한다: "하나님께서 허락하시면 우리가 이것을 하리라." 이 말 뒤에는 하나님의 절대 주권에 대한 확신이 존재하고 있다.

독자들은 이전의 유대교 신앙으로 돌아가는 것 보다는 성숙된 기독교 신앙에 정진해야 한다. 그들이 성숙에 정진하였다면 다른 사람들을 가르칠 수 있는 선생이 되었을 것이고 단단한 식물로부터 선을 추구할 수 있었을 것이고 시련을 당하여도 인내할 수 있었을 것이다. 그러나 이제 저자는 그 위험으로 직접 돌아가서 독자들에게 할 수 있는 가장 강력한 경고를 한다.

학습 연구 질문

1. 히브리서 저자는 대제사장과 예수의 역할들 사이의 유사점들과 차이점들에 대해서 어떻게 암시하고 있나?
2. 어떻게 예수가 "순종함을 배워서" "온전하게" 되었는지에 대하여 토론하라.
3. 저자가 독자들에게 성숙을 권면할 때 그는 무엇을 염두에 두고 있는가?

Further Reading

Stewart, R. A. "The Sinless High-Priest." *New Testament Studies* 14 (1967-68): 126-35.

Williamson, R. "Hebrews 4:15 and the Sinlessness of Jesus." *Expository Times* 86 (1974-75): 4-8.

6장   배교와 하나님의 신실하심

이제 우리는 그가 어떤 사람들을 용서의 소망에서 배제하였는지를 보게 된다. 이 사람들은 이전에 자신들이 받아들였던 그리스도의 복음과 하나님의 은혜로부터 자신들을 분리시킨 배교자들이다. 이러한 일은 성령을 거슬리는 죄를 짓지 아니하는 한 누구에게도 일어나지 않는다.

요한 칼빈의 <히브리서 주석>에서

보충 읽기

이사야 5; 고후 13:5-10

개요

- 배교의 위험성(6:4-12)
- 하나님의 목적들의 불변적 특성(6:13-20)

목표

1. 배교의 암시성들을 기술하라.
2. 하나님의 맹세의 중요성을 설명하라.
3. 6장이 널리 알려지게 된 것과 관련 하여 6장의 강조점이 무엇인지를 밝히라.

사주 제기되는 질문에 답하자면, 용서받을 수 없는 유일한 죄가 있는데 그것은 배교의 죄라는 것이다. 배교는 다른 죄와 같지 않는데 이는 그 자체의 특성상 항상 용서할 준비가 되어 있는 은혜로우신 하나님으로부터 사람을 단절시키기 때문이다. 은혜의 기초 자체에 대한 거부이기 때문에 배교는 하나의 절대적 특성을 갖고 있다. 저자는 그가 할 수 있는 가장 강력한 경고를 독자들에게 던진다. 그리스도안에서 이루시는 하나님의 역사의 진리를 거부하는 것 보다 더 심각한 것은 있을 수 없다.

이전의 단락에서 말하여 진 것의 중요성을 약화시킴이 없이 우리는 '저자가 모든 가능한 선택들을 잘 요약하는 객관적인 진술을 하는데 관심을 기울이지 아니 한다' 는 점에 즉각적 강조를 하여야 한다. 저자는 훌륭한 신학적 진술보다는 가장 실제적인 관심사에 뿌리를 둔 열정적 항변(plea)을 던진다. 독자들은 기독교를 버리고 유대교로 되돌아 가도록 유혹을 받고 있다. 이는 독자들에게 큰 폐해를 가져 주므로 가장 강력한 경고만이 문제를 해결하여 줄 것이다(또한 10:19-39을 보라). 만약 독자들이 자신들의 기독교 신앙을 부인한다면 그들은 진정으로 실패하고 말 것이다. 뿐만 아니라 그들은 기독교 신앙으로 되돌아갈 미래의 가능성을 무시하지 말아야 한다. 배교에 빠져드는 것은 모든 은혜의 근원이신 하나님으로부터 자신을 결정적이고 단호하게 단절시키는 것이다. 그러한 입장(배교)으로부터의 귀환은 확실히 보장되지 않는다.

1) 배교의 위험성(6:4-12)

독자들의 기독교는 의심 속에 있지 않다. 그들은 "한번 비침을" 얻었다고 기술되고 있는데(4절) 이는 그들이 어두움에서 빛으로 인도되었다는 것을 의미한다(cf. 10:32, "전날에 너희가 빛을 받은 후에"). 그들은 또한 "하늘의 은사"와 "하나님의 선한 말씀"을 맛보았다(여기서 "말씀"은 하나님의 말씀으로서의 그리스도를 가리키는 로고스가 아니라 하나님께서 말씀하신 것을 가리키는 레마이다). "맛보았다" 라는 말은 독자들이 기독교를 부분적으로 취하여서 기독교 구원에 온전히 참여하지 않았다는 것을 의미하는 것이 아니다. 마찬가지로 2:9의 '맛보다' 는 말도 그리스도께서 완전히 죽지 않았다는 것을 의미하지 않는다. 이 단어는 어떤 것의 실체를 체험함을 나타내는 말이다. 독자들은 진정한 크리스챤의 확실한 표시인 "성령에 참예"한 자들이 되었다. 뿐만 아니라 그들은 "하나님의 선한 말씀과 내세의 능력을" 맛보았다(즉, 체험하였다). 이 마지막 낱말들은 실현된 종말론에 대한 저자의 입장을 명백히 보여준다.

이러한 크리스챤 유대 독자들은 그리스도의 구원의 열매에 확실하게 참여하여 누린 바가 있었으나 이제는 이러한 구원의 열매로부터 완전히 떠나갈 것을 생각 중이었다. 저자에게 있어서 이보다 더 심각한 일은 있을 수가 없다. 이들의 배교 행위는 예수를 십자가에 못 박아서 그를 다시 사람들 앞에서 욕보이는 것과 같은 충격적인 배신의 한 형태라고 저자는 주장한다. 실제로 그들의 배교는 십자가 자체에 대한 조롱이다.

본질상 배교는 잠정적인 것이 아니라 최종적인 행위이다. 이 점은 저자가 결정적으로 돌아선 사람들을 다시 회복시키는 것은 불가능하다고 말할 때 그가 확실히 해 두고자 하는 점이다. 원리상 이 입장은 사실이다. 일부 배교자들이 믿음으로 되돌아 왔다는 사실에 저자는 무엇이라 말하겠는가? 그는 하나님께서 배교자들을 믿음에로 다시 회복시키실 수 있다는 것을 부인하지 않는다. 그럼에도 불구하고 저자는 독자들에게 좀처럼 그러한 선택을 제시하려 하지 않는다. 배교자들은 현재 잠시 배교하고 있지만 당연히 후에 믿음으로 돌아올 수 있다고 생각하지 말아야 한다. 배교가 갖는 심각성과 본질로 미루어 볼 때 다시 돌아 올 수 있다는 것은 보장할 수가 없다. 이 점이 본 절에 나타난 "불가능하다"는 말의 의미이다. 배교와 연관된 거부는 불타는 다리와 같다. 바로 이러한 사실이 되돌아올 수 있는 가능성으로부터 사람을 단절시킨다. 그러므로 배교는 단호하고 가장 위험한 행위이다.

신자의 영원한 안전성에 대한 질문과 배교

히브리서 6:4-6과 10:19-39에 있는 경고들은 진정한 크리스챤들도 배교에 빠질 수 있다는 가능성을 전제로 한다. 독자들은 그러한 실제적인 유혹에 직면하여 있었다. 더구나, 6:4-5의 언급은 독자들이 단지 외적으로만 크리스챤이 아니라 진정한 크리스챤이었다는 점을 분명히 하고 있다.

역설적으로 신약 성서는 성도들의 안전을 가리키는 구절들과 또한 본 절에서처럼 타락할 수 있는 위험성과 복음을 굳건하게 붙잡고 나가야 하는 필요성에 대하여 경고하는 구절들을 포함하고 있다(cf. 3:14). 선택의 교리와 구원은 하나님의 행위이지 인간의 행위가 아니라는 것을 굳건히 믿었던 바울에 의해 주어진 경고들은 단지 역설적인 것으로는 좀처럼 볼 수가 없다(예를 들어 고전 15:2; 고후 6:1; 13:5; 빌 2:16; 3:11을 보라).

이러한 문제에 있어서 칼빈주의건 알미니안주의건 상관없이 신학의 체계들은 자제할 필요가 있다. 우리가 성서 신학의 원색 자료라 할 수 있는 성서의 특정 언급들이 갖는 원래의 의도에 우리 자신을 제한하고 그 속에서 만나는 긴장들을 보존하는 것은 당연하다. 이러한 견해는 자유 의지, 하나님의 주권, 선택/예정론, 인간의 책임, 그리스도의 신성과 인성, 악의 문제와 하나님의 선하심과 같은 문제들에 대해서도 정당성을 갖는다. 이러한 주제들을 일관성을 갖고 분명하게 고려하여 보는 것은 거부하거나 또는 논리를 과감하게 버리는 문제가 아니라 성서가 어떤 주제(issue)에 대하여 말해야 하는 모든 것에 귀를 기울이는 문제이다. 다양한 본문들이 양립할 수 없어 보이는 경우에도 우리는 신학 체계로 하여금 성서의 가르침의 한 면 또는 다른 면을 제하여 버리도록 해서는 안 된다.

성서는 신자의 안전을 확실하게 보증하여 주는 한편 또한 동시에 우리에게 경고를 하고 있다. 각자의 필요에 따라 어느 한 쪽에 초점을 맞출 수가 있다. 따라서 구원을 잃게 될까 염려하는 자들은(구원은 그 자체가 이들이 배교하지 않아 왔음을 보증하고 있다) 신자의 안전을 가르치는 본문에 근거하여 살아가야 한다. 자신의 믿음에 만족하고 지나치게 안주하는 자들은 경고를 발하는 본문들을 고려해 볼 필요가 있다. 성서는 신자들에게 안전을 진정으로 보장하여 주지만 책임을 기피하는 자기만족은 배제한다.

Further Reading

DeSilva, D. A. "Hebrews 6:4-8: A Socio-Rhetorical Investigation." *Tyndale Bulletin* 50 (1999): 33-57; 225-35.

Hughes, P. E. "Hebrews 6:4-6 and the Peril of Apostasy." *Westminster Theological Journal* 35 (1972-73): 137-55.

Marshall, I. H. "The Problem of Apostasy in New Testament Theology." *Perspectives in Religious Studies* 14 (1987): 65-80.

_____. *Kept by the Power of God: A Study of Perseverance and Falling Away*. 3rd ed. London: Paternoster, 1995.

McCullough, J. C. "The Impossibility of a Second Repentance in Hebrews." *Biblical Theology* 20 (1974): 1-7.

McKnight, S. "The Warning Passages in Hebrews: A Formal Analysis and Theological Conclusions." *Trinity Journal* 13 (1992): 21-59.

Nicole, R. "Some Comments on Hebrews 6:4-6 and the Doctrine of the Perseverance of God with the Saints." In *Current Issues in Biblical and Patristic Interpretation*, ed.G. F. Hawthorne. Grand Rapids: Eerdmans, 1975. pp. 355-64.

Trotter, A. H., Jr. *Interpreting the Epistle to the Hebrews*. Grand Rapids: Baker, 1997. pp. 210-22.

이 구절에서 저자는 성도의 견인(perseverance)의 문제에 대하여 말하지 않는다. 그러나 우리는 견인은 기독교 믿음의 실제를 최종적으로 보여주는 것이라고 안전하게 말할 수 있다 (3:14; 6:11을 보라). 가장 중요하다고 할 수 있는 것은 역경 속에서도 견디고 버텨 나갈 수 있도록 충분한 말씀들이 독자들에게 주어졌다는 점이다. 이 점을 2:18과 4:14에서 분명히 하고 있고 10:23에서 다시 강조되고 있다.

> ### 세례 받은 후의 죄
>
> 초대 교회에서 히브리서 6:4-6은 세례 후에 지은 죄와 관계있는 것으로 종종 해석되었다. 주된 문제가 배교이었다는 것을 보지 못하고 어떤 사람들은 세례 후에 지은 죄는 용서받는 것이 불가능하다고 두려워하였다. 그리하여 세례 받는 것을 죽음 직전까지 미루는 일이 자행되었다. 요한일서 3:6에서와 같은 본문들과 더불어 세례 시 중생함에 대한 신념은 이러한 실행을 강화시켰다. 한편, 히브리서는 우리의 대제사장 그리스도의 속죄 사역을 통하여 성도들에게 죄의 용서가 현재도 가능하고 진행 중임을 전제로 하고 있다(예를 들어 9:14; 10:22을 보라).

성도의 견인에 대한 주된 요점이 7-8절의 우화적이고 널리 알려진 이미지에 의하여 강화되어 진다. 열매 맺는 땅은 하나님으로부터 축복을 받으나 가시와 엉겅퀴를 내는 땅은 저주를 받고 파괴당하게 되어 있다. 이러한 유추는 이사야서에서 열매 맺지 않는 포도원으로서의 이스라엘 이미지를 연상케 한다. 독자들이 믿음을 지키지 않는다면 그들은 열매 맺지 못하는 땅과 같이 되고 하나님의 심판을 받게 될 것이다.

9-12절에서 저자는 독자들에게 아주 구체적 적용을 꾀한다. 이제까지 그는 다소 일반적인 경향에서 배교의 위험성에 대한 주제를 다루어 왔다. 독자들이 분명히 이러한 위험에 노출되어 있지만 그럼에도 불구하고 그들은 끝까지 신실하게 남게 될 것임을 저자 자신이 확신하고 있음을 지적한다. 그는 독자들과 관련하여 "이 보다 나은 것" 즉, 구원에 속하는 것들을 확신한다. 저자의 마음은 독자들이 성도들을 섬김에 있어서 보여 왔고 계속 보이고 있는 사랑과 선한 행위로 향한다. 고난당하는 크리스챤들과의 결속이 지적되고 있는 듯한데 이는 10:32-34에서 언급되고 있다. 11-12절은 독자들이 동일한 종류의 노력과 인내를 "끝까지" 경주해 나갈 것을 청하는 권면이다. "믿음과 인내"를 소유한 자들 그래서 약속들을 기업으로 받은 자들이 독자들에게 따라야 할 모범으로 제시된다. 여기에서 주어진 권면과 격려도 독자들의 특정한 필요를 염두에 둔 조치이다.

2) 하나님의 목적들의 확정된 특성(6:13-20)

크리스챤들의 입장은 하나님께서 말씀하시고 행하여 오신 일들에 의존하고 있기 때문에 온전한 확신 가운데 서 있다. 물론, 하나님의 말씀은 그 자체만으로도 온전히 의존할 수가 있다. 그러나 하나님께서 말씀을 맹세로 확증하실 때는 그것은 두 배로 확정된다. 구약을 읽음에 있어서 저자는 창세기 22:16에서 하나님께서 아브라함에게 한 약속을 맹세로 확증하셨다는 것에 주목한다. 6:14에서 인용된 말씀 바로 앞에 나오는 말은 다음과 같다: "가라사대 여호와께서 이르시기를 내가 나를 가리켜 맹세하노니 네가 이같이 행하여 네 아들 독자를 아끼지 아니 하였은즉 … "(아브라함과 그의 믿음과 인내에 대한 이야기는 11:8-12, 17-19에서 자세하게 언급된다). 저자가 지적하듯이 만약 하나님께서 맹세를 하셨다면 부를 만한 더 큰 이름이 없으므로 자기를 가리켜 맹세하셨어야 한다. 주목할 것은 하나님께서 도대체 맹세를 하셨다는 것이다. 하나님의 말씀은 맹세가 없이도 온전히 신뢰할 수 있다. 어떤 확증도 더 이상 필요하지 않다. 이 경우에 하나님께서 "그 뜻이 변치 아니함을 충분히 나타" 내시기를 택하셨다(17절).

따라서 하나님께서 아브라함에게 자신의 약속을 확증하신 것은 "이 두 가지 변치 못할 사실"(18절) 즉, 그의 말씀과 맹세를 통해서였다. 뿐만 아니라 14절의 약속의 말씀은 강조적 어법이고 아마도 다음과 같은 식으로 가장 잘 표현되어 진다: "내가 반드시 너를 복주고 너를 번성케 하고 번성케 하리라." 이 말에 격려를 받은 아브라함은 "오래 참아 약속을" 받았는데(15절) 이는 하나님의 언약에서 언급된 자손을 의미 한다(cf. 롬 4:17-21; 갈 3:16). 그렇지만 이 말씀은 또한 우리에게도 의미가 있어서 "앞에 있는 소망을 얻으려고 피하여 가는 우리로 큰 안위를 받게" 한다(18절).

19-20절에서 저자는 신자가 그리스도안에서 소유하고 있는 확신과 안전에 대해서 강조한다. 그는 우리의 소망을 튼튼하고 견고한 "영혼의 닻"으로 표현한다(19절). 신약에서 "소망"이라는 단어는 확신에 찬 기대를 암시한다. 신자들을 끊임없이 위협하고 있는 불확실과 불안정으로 가득한 세상에서 우리들은 고정된 흔들리지 않는 점 즉, 영혼의 닻을 가지고 있다(신약 성서 중 본 절에서만 "닻"이라는 말이 유일하게 은유적으로 쓰여 지고 있다). 우리들의 확신과 안전

은 이제 '휘장 뒤에 위치한 지성소에 들어갈 소망' 이라는 특이한 어법으로 말할 수 있는 정도가 되었다(19절). 요지는 그리스도를 통하여 이러한 소망을 갖고 있는 우리가 성소에서 가장 거룩한 처소로 상징되어지는 하나님의 임재의 처소로 들어간다는 것이다. 바로 그 지성소로 "앞서 가신 예수"에 의하여 우리가 나아감을 입었다(20절). 이 사실은 독자들에게 가장 큰 가능성(the greatest possible)의 안전을 제공한다.

오직 대제사장만이 지성소에 들어갈 수가 있고 그것도 일년 중 특별한 한 날에만 들어갈 수가 있었다 (9:7을 보라). 예수께서 우리 앞서 지성소로 들어가셨다고 저자가 말할 때 대제사장으로서의 예수의 역할이 다시 한번 그려진다. 이미 예수는 "멜기세덱의 반차를 좇은 대제사장"으로 소개되었다 (5:10). 여기서 재차 우리는 이러한 묘사에 "영원한"이라는 수식어가 덧붙여져진 예수를 접하게 된다. 저자는 이 개념에 대해서 아직 설명하지 않았지만 다음의 논의에서 이 주제를 다룬다.

히브리서 6장은 가장 근엄한 경고로 시작하지만 안전(구원 보증)에 대한 강한 강조로 마친다. 불행하게도 6장은 배교로부터의 회심이 불가능하다는 진술로 가장 많이 알려져 왔지만, 6장의 나머지 부분은 신자의 안전에 대한 확증으로 가득하다는 점이 무시되고 있다. 저자는 독자들이 배교로 빠지게 하는 연약한 믿음에서 돌아서서 하나님의 신실하심에 대한 확신에 의지하기를 원하고 있다. 하나님께서는 우리가 '주어진 소망을 튼튼히 붙잡고 큰 안위를 받도록' 우리에게 "두 가지 변치 못할" 것들, 즉, 약속과 맹세를 주셨다(18절). 이 사실이 우리에게 튼튼하고 견고한 "영혼의 닻"을 제공한다(19절). 이점에 6장의 강조가 주어지고 있다.

학습 연구 질문

1. 왜 저자의 경고는 아주 엄격하게 주어지고 있는가?
2. 저자는 크리스챤의 지위에 대한 확신과 보장을 어떻게 강조하고 있는가?

Further Reading

Adams, J. C. "Exegesis of Hebrews VI. 1f." *New Testament Studies* 13 (1966-67): 378-85.

Peterson, D. G. "The Situation of the 'Hebrews' (5:11-6:12)." *Reformed Theological Review* 35 (1976): 14-21.

7장 멜기세덱의 제사장직

그리스도를 대제사장으로 또한 하나님에게 나아가는 중보자로 모시고 있는 사람들은 그 분 안에서 죽을 생명의 불운에 빠지지 않고 구원의 능력이 끝없이 넘쳐나는 구원자를 갖는다. 그는 영원히 살아계시며 그에게 헌신하는 모든 자들을 축복하고 보호하시는 일에 영원토록 관계하신다.

-- F. F. Bruce,
<The Epistle to the Hebrews>에서

보충 읽기
창세기 14:17-20; 시편 110

개요
- 아브라함과 멜기세덱(7:1-10)
- 멜기세덱 계열 안에서의 예수의 대제사장직(7:11-22)
- 그리스도의 완전하고 영원한 제사장 사역(7: 23-28)

목표

1. 멜기세덱의 신분을 파악하라
2. 멜기세덱과 그리스도 사이의 관계를 보여라.
3. 그리스도의 제사장직에 관한 논의의 근거에 대해 설명하라.

특이하면서도 신비로운 멜기세덱은 고금을 무론하고 많은 성서 독자들을 매혹시키는 한편 당혹케 하기도 하였다. 그는 명백하게 아주 중요한 인물이지만 우리는 그에 대하여 아는 것이 별로 없다. 주요 구절인 창세기 14:18-20에서 멜기세덱은 출처도 없이 나타나서는 돌연히 독자들로부터 사라지는데 이후로 그에 대한 이야기가 없다. 구약에서 그의 이름이 한번 더 나타나는데 시편 110:4에서이다. 따라서 시 110:4은 저자에게 있어서 아주 중요한 구절이다. 신약에서는 히브리서만이 멜기세덱에 대해서 언급하고 있는데 우리가 여기서 보게 되듯이 히브리서에서의 언급은 지나가듯이 의미부여 없이 이루어지는 것이 아니라 그리스도의 대제사장직의 적법성을 확립하기 위해서 이루어진다. 멜기세덱은 제 2 성전기와 후대 유대 문학에서도 중요한 인물로 등장 한다(박스 안의 "유대 문학에 나타난 멜기세덱"을 보라).

유대 문학에 나타난 멜기세덱

구약의 언급 뿐만 아니라 멜기세덱의 인물에 대한 언급은 다음의 자료들에도 나타난다:

Dead Sea Scrolls(사해 사본) 즉, 멜기세덱(11QMelch)에서 멜기세덱은 미가엘 천사장과 비슷하게 의인과 악인에 대한 종말적인 심판을 내린다.

Philo(필로), *Allegorical Interpretation* 3.25-26에서 멜기세덱은 "하나님 소유의 제사장직"에 족한 자로 지칭되고 있다.

Josephus(요세푸스), *Jewish Antiquities* 179-182에서 멜기세덱은 "하나님의 제사장"으로 언급되고 있다.

Babylonian Talmud(바벨론 탈무드), *Sukkah* 52b에서 멜기세덱은 엘리야와 연관되어 진다.

멜기세덱은 또한 영지주의 문서에도 나타난다. 낙 하마디(Nag Hammadi) 문서 중 *Melchizedek*으로 명명된 묵시 문서(Codex IX, 1)에서 멜기세 덱은 예수와 동일시되고 있다. 멜기세덱에 대한 언급은 *Pistis Sophia* 에서도 발견된다. 에녹 2서 71-72(2 Enoch 71-72)에서 초기의 멜기세 덱에 대한 언급이 나오는데 여기서 그는 미가엘 천사장에 의해서 낙원 으로 들려 올려져서 영원히 거하는 제사장으로 그려진다.

Further Reading

Fitzmyer, J. A. "Further Light on Melchizedek from Qumran Cave 11," *Journal of Biblical Literature* 86 (1967): 25-41.

1) 아브라함과 멜기세덱(7:1-10)

히브리서 전체에 걸쳐서 가장 중요하고 창의적인 논의들 중의 하나가 여기서 펼쳐진다. 저자는 5:10에서 멜기세덱에 대한 이야기를 시작하였으나 5:11-6:19에 서의 논의 이탈로 잠시 중단한다. 그는 이미 이 주제에 대하여 할 말이 많다고 지적하였는데 이는 설명하기가 어렵다는 점을 주목하며 하는 이야기이다 (5:11).

시편 110:4에 나타난 멜기세덱에 대한 언급을 예수께로 적용시킴은 훌륭한 통찰력을 보여주는 것이요 신약에서 아주 독특한 부분이므로 히브리서 저자에 게서 직접 나온 사상으로 보여 진다(5:5-6을 보라). 그의 논의는 논리적인데, 창세기 14:18-20에 기록된 멜기세덱의 이야기를 독자에게 상기시킴으로 논의를 시작한다. 다음 구절들에서 자신의 논의에 창세기 기사(멜기세덱)가 적절한 관계성을 갖고 있음을 설명하면서 그는 전통적 미드라쉬(Midrash) 스타일을 따라 70인경의 어휘를 사용한다.

1절과 2절의 상반절에 나오는 단어들은 70인경 창세기 기사에서 유래한다. 이야기의 핵심 요소는 멜기세덱이 아브라함을 축복하였다는 것과 아브라함이 열왕들과의 전쟁에서 얻은 것의 십분의 일을 멜기세덱에게 주었다는 내용이다. 이러한 내용은 저자가 강조할 내용이다. 창세기 기사는 멜기세덱의 축복의 내용을 제공하는데 저자에 의해서 주어지는 내용이 아니다: "천지의 주재시요 지극히 높으신 하나님이여 아브람에게 복을 주옵소서 너희 대적을 네 손에 붙이신 지극히 높으신 하나님을 찬송할지로다"(창 14:19-20).

저자의 첫 관심사는 멜기세덱의 정체성에 있다. 저자는 그의 히브리 이름을 "멜기세덱"으로 번역하는데 이 이름은 "의의 왕"이라는 의미가 있으며 "평강의 왕"을 뜻하는 "살렘 왕"으로 불려지기도 한다. 의심의 여지 없이 살렘은 멜기세덱이 왕이었던 실제 지명을 가리키므로 예루살렘일 가능성이 있다(이런 식으로 언급된 곳은 없다). "지극히 높으신 하나님의 제사장"(엘 엘리온 [El Elyon])으로 멜기세덱을 그리는 창세기의 묘사는 히브리서 저자에게 있어 가장 중요한 것에 속한다. 창 14:19에서 멜기세덱으로부터 나온 말들은 가나안 신들의 우두머리이신 "지극히 높으신 하나님"을 창조주 곧 유일하신 진짜 하나님 그래서 이스라엘의 하나님이신 분과 동일시한다(야훼와의 명백한 동일시가 창 14:22에서 이루어 진다: "천지의 주재시요 지극히 높으신 하나님[El Elyon] 야훼께 내가 손을 들어 맹세하노니"). 멜기세덱은 구약에서 언급된 첫 제사장이며 시내산에서 확립된 아론 계열의 제사장들을 수백 년 앞서 있다. 구약 구원사의 흐름에서 완전히 벗어난 멜기세덱의 제사장직에 대한 인식(7:6의 "레위 족보에 들지 아니한 멜기세덱"에 대한 주석에 주목하라)은 유효하면서도 아주 놀랍다(구약에서의 유사한 예로 하나님을 섬김에 있어 메디안 족속 제사장이었던 모세의 장인 이드로의 경우를 보라 [출 2:16; cf. 18:17-23]).

멜기세덱은 "아비도 없고 어미도 없고 족보도 없고 시작한 날도 없고 생명의 끝도" 없다는 3절에서의 진술은 가끔 독자들을 멜기세덱은 영원한 존재여서 아브라함에게 나타난 성육신 이전의 그리스도를 대표한다는 오해로 이끈다. 단지 이 말은 자세한 문서 증언이 가능한 전형적인 왕들과는 대조적으로 멜기세덱의 경우에 있어서는 그의 족보, 탄생 또는 죽음에 관한 기록이 없다는 것을 의미할 뿐이다. 성경에 대한 유대교적 해석에서 성서가 구체적으로 전혀 이야기하지 않는 것에 대한 해석이 많이 이루어진다는 점을 이해하는 것이 중요하다(필로는 그 어머니가 누구인지에 대해 알려지지 않는 사라를 가리킴에 있어서

"어미가 없고"에 사용된 것과 동일한 헬라어를 사용한다 [*On Drunkenness* 59-62]). 멜기세덱과 관련해서 입수 가능한 모든 정보가 주는 효과는 그는 시작도 끝도 없다는 인상을 심어주는 것인데 따라서 그의 제사장직은 끝이 없다는 점이 강조된다.

히브리서에 나타난 멜기세덱

"영원히 멜기세덱의 반차를 좇은 제사장"	5:6
	(시 110:4의 인용)
"멜기세덱의 반차를 좇은 제사장"	5:10
"멜기세덱의 반차를 좇아 영원히 대제사장"	6:20
"멜기세덱, 살렘 왕이요 지극히 높으신 하나님의 제사장"	7:1, 10
"멜기세덱의 반차를 좇는 별다른 한 제사장"	7:11
"멜기세덱과 같은 별다른 한 제사장"	7:15
"영원히 멜기세덱의 반차를 좇는 제사장"	7:17
	(시 110:4의 인용)

히브리서에서 멜기세덱은 그리스도의 선구자 또는 모형의 역할을 한다. 역설적으로 우리는 메시야와 하나님의 아들로서의 예수의 계보, 탄생과 죽음에 대한 기록을 가지고 있지만 예수는 진실로 시작도 끝도 없으신 분이다. 또한 그리스도는 가장 높은 의의 왕이요 평강의 왕이신 점에 있어서 멜기세덱과 유사하다. 멜기세덱과 예수 사이의 비교 사항들은 현저하게 두드러진다. 그러나 모든 유사점에도 불구하고 멜기세덱은 성육신 이전의 그리스도를 대표하는 자로 간주되어져서는 아니 된다. 차라리 3절에서 저자가 지적하듯이 "하나님의 아들과

방불하여 항상 제사장으로 있느니라"는 표현이 적절하다(cf. 7:15). 멜기세덱은 하나님의 아들을 닮았지만 그 자신이 하나님의 아들은 아니다.

또한 여기서 주목하여야 할 것은 멜기세덱 제사장직의 마침에 대한 기록이 없으므로 이러한 제사장 계열은 여전히 유효하다는 암시적 이해가 가능하다는 점이다. 저자가 강조하듯이 예수께서 우리의 대제사장이 되신 것은 이렇게 지속되는 계열에 속해 있다는 데에 있다(cf. 17절).

멜기세덱에 대한 계속되는 설명에서 저자는 '그가 얼마나 위대한지 보라'고 감탄한다. 두 가지 사항이 이 점을 지지한다. 하지만 이러한 논의를 잘 숙지하기 위해서 우리는 유대인들의 의식 속에서 아브라함은 하나님께서 언약의 약속을 처음으로 맺은 이스라엘 족장들의 선조로서의 매우 중요한 지위를 차지하고 있다는 점을 알아야 한다. 아브라함에 주어진 하나님의 언약은 결과적으로 만국 중에서 이스라엘을 독특한 나라로 이끌었다.

논의의 첫 번째 요지는 그 위대한 아브라함이 전리품의 십분의 일을 멜기세덱에게 드렸다는 것이다(4절; cf. 2절). 제사장들에게 십일조를 드림은 후대 이스라엘인에게 잘 알려진 관습이다. 아브라함의 후손들은 레위 제사장들에게 십일조를 드릴 것을 요구받았다. 제사장직의 한 부분으로 레위의 후손들은 "율법을 좇아 자기 형제인 백성으로부터 십분의 일을 취하라는 명령을" 받았다(5절). 그러나 아브라함이 멜기세덱에게 십일조를 바쳤을 때 실제로 일어난 일은 레위는 그의 선조의 허리에 있었다 하더라도 아브라함의 후손(그의 증손자)이므로, 후에 십일조를 받고 살아갈 레위 자신이 멜기세덱에게 십일조를 드린 격이 된다(10절). 십일조를 받음으로 멜기세덱은 아브라함이나 레위보다 더 높은 자가 된다.

두 번째 요지는 멜기세덱이 하나님의 약속들을 받은 아브라함을 축복하였다는 점이다(6절). 저자는 이점의 중요성을 아주 명료하게 도출한다: "폐일언하고 낮은 자가 높은 자에게 복 빎을 받느니라"(7절). 따라서 멜기세덱은 아주 위대한 아브라함보다도 월등한 존재이다. 여기서 주어지는 분명한 암시는 멜기세덱의 제사장직 또한 레위 계열의 제사장직보다도 월등하다는 점이다.

히브리서에 나타난 구약과의 불연속성의 주제들

히브리서와 같이 성취의 주제를 강조함으로써 구약과의 연속성을 강조하는 문서에서 불연속성을 나타내는 강력한 요소들이 발견된다는 점은 놀라운 일이다. 이러한 경우는 신약 저작들에 자주 나타나는 현상이다. 불연속성은 복음의 성취에 의해서 야기된 부정할 수 없는 혁명적인 새로움에 의해서 수반된 결과이다. 연속과 불연속 사이의 이러한 긴장 속에 성서 신학의 풍성함과 도전의 많은 부분이 위치한다.

다음은 히브리서에 나타나는 불연속의 주요 주제들이다:

   7:12 "제사 직분이 변역한즉 율법도 반드시 변역하리니"
   7:18 "전엣 계명이 연약하며 무익하므로 폐하고"
   8:7 "저 첫 언약이 무흠 하였더면 둘째 것을 요구할 일이 없었으려니와"
   8:13 "새 언약이라 말씀하셨으매 첫 것은 낡아지게 하신 것이니 낡아지고 쇠하는 것은 없어져 가는 것이니라"
   9:9-10 "이 장막은 현재까지의 비유이니 이에 의지하여 드리는 예물과 제사가 섬기는 자로 그 양심상으로 온전케 할 수 없나니 이런 것은 먹고 마시는 것과 여러 가지 씻는 것과 함께 육체의 예법만 되어 개혁할 때까지 맡겨둔 것 이니라"
   9:23 "그러므로 하늘에 있는 것들의 모형은 이런 것들로써 정결케 할 필요가 있었으나 하늘에 있는 그것들은 이런 것들보다 더 좋은 제물로 할지니라."
   10:1 "율법은 장차 오는 좋은 일의 그림자요 참 형상이 아니므로 해마다 늘 드리는 바 같은 제사로는 나아 오는 자들을 언제든지 온전케 할 수 없느니라"
   10:9 "그 첫 것을 폐하심은 둘째 것을 세우려 하심이니라"

2) 멜기세덱의 반차를 좇은 예수의 대제사장직(7:11-22)

이제 저자는 독자들이 믿으려고 하는 것처럼 만약 레위 제사장직이 그 자체로 적절하고 또 온전함과 완성으로 이끌 수 있다면 왜 예수께서 대제사장으로 오셔야 하였는지에 대해서 질문을 던진다(11절). 이러한 온전/완성(perfection/completion)이 의미하는 바는 하나님의 구원 계획의 목표가 온전히 실현되는 것이다. 시 110:4에서 지적하듯이 그가 멜기세덱의 반차를 좇아 제사장이 되었다는 것이 왜 더 구체적으로 그리스도에 대해서 이야기 되고 있는가(17절을 보라 cf. 5:6)? 이러한 모든 진술이 주는 적절한 암시는 레위 계열의 제사장직은 부적합하였다는 것이다(18절). 이러한 혁명적인 사상은 10:4에서 "이는 황소와 염소의 피가 능히 죄를 없이 하지 못함이라"고 말하는 것처럼 저자가 자신의 논의를 진행하여 가면서 망설이지 않고 도출하고 있다는 암시를 담고 있다. 레위 제사장 직을 공격하는 것은 원리적으로 보면 율법에 대한 공격이라는 점을 직시하는 것이 실제로 중요하다. 이 둘 사이의 확실한 연결은 11절의 "백성이 그 [레위 계통의 제사 직분] 아래서 율법을 받았으니"라는 진술에서 드러난다. 이 점은 바로 다음 구절에서 더욱 명백하여 진다: "제사 직분이 변역한즉 율법도 반드시 변역하리니"(12절). 임시적인 레위 제사장직에서 영원한 멜기세덱 제사장직으로의 전환은 중대한 결과를 가져온다.

율법내의 변화에 대한 매우 급진적 결론은 그리스도께서 멜기세덱의 반차를 좇은 제사장으로서 속죄 사역을 하기 위해 오셨다는 사실에 의해서 필수적으로 도출되었다. 모세의 율법은 아론과 레위 계열의 제사장직에 대해서만 규정한다. 그러나 예수는 유다의 후손으로 오셨고("좇아 나셨다"는 말은 문자적으로 "태양, 달, 별등이 떠오르다"를 의미하는데 아마도 의도적으로 민수기 24:17의 메시아 구절을 암시하기 위함으로 보인다), 그래서 제사장이 될 자격이 되지 않았다. "이 지파에는 모세가 제사장들에 관하여 말한 것이 하나도" 없다고(14절) 기술하는데 이는 오경의 어떤 것도 레위 지파외 다른 제사장 계열을 규정하지 않는다는 말이다. 여기서 우리는 저자의 탁월한 논리를 접하게 된다. 시편 110:1에 따르면 하나님 우편에 앉도록 초청받는 자에 대한 것으로 이해되어 지는 시편 110:4절의 "너는 멜기세덱의 반차를 좇아 영원한 제사장이라"는 진술에 의해서 예수의 제사장 자격 요건들이 구비되어진다. 따라서 십자가에서 죄의 대속을 이루시고 하나님 우편에 오르신 그 분은 시편 110편 1절과 4절의 말씀을 이루셨다.

그러므로 예수가 대제사장의 자격을 갖게 됨은 "육체에 상관된 계명의 법을 좇음"과 같은 통상적 방식으로 된 것이 아니다(16절). 차라리 그가 자격을 갖게 된 것은 하나님 우편에 앉기 위해 들림을 받은 자로서의 개인 신분에 있었다. 만약 예수가 시편 110:1에 따라 하나님 우편으로 올라간 다윗의 주 즉, 메시아 라면(마 22:41-46을 보라) 그는 죽은 자들로부터 들림을 받았다. 따라서 그는 "무궁한 생명의 능력을 좇아" 시편 110:4의 대제사장이 되었다(16절).

저자는 이러한 암시된 결론으로부터 물러서지 않는다. 실제로 그것은 다음 장들에서의 전개될 논의에서 중요해진다. 예수께서 레위 계보에 의하지 않은 제사장으로 오셨다는 사실은 "전엣 계명(레위 족속만이 대제사장이 될 수 있다는 계명)이 연약하며 무익하므로 폐"하여 졌음을 의미 한다(18절). 레위 제사 제도와 성전 제사는 단지 예비적 기능만을 가졌고 이제 그 성취가 도래하였으므로 그것들은 시대에 뒤진 것이고 무익한 것이 되었다. 19절의 괄호 속에 첨가된 "율법은 아무것도 온전케 못 할지라"는 진술(cf. 11절)은 다시 한번 예수의 대속 사역이 율법을 쓸모없게 만들었음을 가리킨다. 율법이 약속하였고 비추어 보였던 구원은 이제 율법의 폐기라는 결과와 함께 도래하였다.

바울의 견해에 비교하여 본 히브리서의 율법관

히브리서 저자는 율법의 권위 종식이라는 주제에 대하여 바울만큼 단호하다. 둘 사이의 차이점은 바울은 주로 도덕법에 대해서 언급하는 것 같고 반면에 히브리서 저자는 주로 의식법을 염두에 두고 있다는 점이다. 그러나 이 차이점은 단지 강조점의 문제에 지나지 않는다. 바울은 의식법은 폐기되어 졌다는 점을 인정하겠고 히브리서 저자는 도덕법은 치환되었다는 점에 동의하였을 것이다. 이러한 주장의 근거는 유대인에게 있어서 율법은 통일성을 유지하고 있어서 율법의 한 부분의 변화는 전체성에 대한 필연적 암시들을 준다는 데 있다.

> 율법이라는 주제는 세심한 고려와 명료성을 요구하는 주제이다. 무시될 수 없는 불연속에 대한 강력한 진술에도 불구하고 신약의 모든 저자들은 예비적 기능을 가진 율법은 그리스도에 의해 성취--다시 말하자면, 그 의도된 목표와 의미에 도달할 만큼 목표에 달하지는 않은 상태에 있다--되었고 그래서 깊은 의미에서 율법은 세워졌다는 점을 확신하고 있었다. 특히 마태복음과 히브리서 독자들과 같은 유대인 크리스챤들 그리고 바울 역시 예수께서 율법의 진정한 해석자였고 그의 가르침에 따르는 것은 전체 율법의 궁극적 의도를 실제 이루는 것이라는 확신을 가졌다. 이러한 방식으로 신약의 모든 저자들은 율법의 의에 대한 근본적으로 중요한 공동의 헌신에 대한 인식을 나누고 있다. 그래서 복음은 율법을 뒤집지 아니한다.

결과적으로 조성된 새로운 환경은 "더 좋은 소망이 생기니 이것으로 우리가 하나님께 가까이 가느니라"는 진술에 의해 설명되어 진다(19절). 이러한 사상은 6:19에서의 '휘장 뒤의 성소에 들어가는 소망'에 대한 언급과 가깝다. 레위 제사장들의 직무와 대조된 제사장 예수의 사역은 우리들을 19절에서 "더 좋은 소망"으로 묘사된 '더 나은 현실'로 인도한다. 이 소망은 하나님의 임재 앞으로 우리가 직접 나아갈 수 있다는 확신을 포함한다. 곧 명백하게 드러나게 되듯이 그리스도의 희생 제사는 속죄를 가져오고 하나님께 나아감을 가능하게 하는 것이다.

6:13-18에서 아브라함에게 한 약속이 맹세로 확약되었다는 것을 지적하였던 것처럼 저자는 독자에게 시편 110:4의 말씀도 하나님의 맹세에 대한 언급을 포함하고 있다는 점을 상기 시킨다. "주께서 맹세하시고 뉘우치지 아니하시리니 네가 영원히 제사장이라 하셨도다"(21절). 반대로 그러한 맹세는 그 어떤 것도 레위 제사장 직과 관련하여 인용되지 않는다. 이점은 다시 한번 후자의 열등함을 지적한다. 이것을 저자는 "이와 같이 예수는 더 좋은 언약의 보증이 되셨느니라"고 표현한다(22절). 여기에서의 "더 좋은 언약"에 대한 첫 언급은 이제 곧 "새 언약"과 예레미야 31:31-34의 인용(8:8-12에서)과 짝을 이룬다. 예수는 첫

언약보다 더 나은 언약에 대한 보증이 되신다. 이를 증명하는 것이 8-10장에서의 주 관심사이다.

히브리서에서의 "언약"

7:22에서 처음 등장하는 "언약"이라는 단어는 다음의 3장에 걸쳐서 14회 이상 사용되어 진다. 옛 언약과 새 언약 사이의 대조를 확인하기 위해서 아래의 표에서 이 단어의 다양한 사용을 구분 해 본다.

"첫 언약"	8:7; 9:1, (4), 15, 18 (20)
첫 언약의 약점	8:7, 9, 13
"새 언약"	8:8, (10), 13, 9:15; (10:16, 29); 12:24
"더 좋은 언약"	7:22; 8:6
"영원한 언약"	13:20

---

3) 그리스도의 완전하고 영원한 제사장 사역(7:23-28)

부활하신 예수는 영원히 지속되는 제사장 직을 소유한다. 앞에서 언급한 것처럼 "무궁한 생명의 능력"이 그의 것이다(16절). 이전에 유효하였던 제도 하에서는 많은 제사장들이 죽었던 연고로 다음의 제사장들이 승계 하여야 하였다. 그러나 그리스도는 "영원히 계시므로"(24절) 그의 제사장직은 영원하다("너는 영원한 제사장이라" [시 110:4]).

그리스도의 영원한 제사장직이 갖는 두개의 유익함이 이제 거론된다. 첫째, 그는 "자기를 힘입어 하나님께 나아가는 자들을 온전히 [항상] 구원하실 수" 있다(25절). 따라서 구원은 영구적으로 가능하다. 비록 저자가 같은 어원의 명사 "구원"을 자주 사용하지만(예를 들어 2:10; 5:9; 9:28), 25절은 구원과 관련하여 "구원하다"라는 동사를 사용하는 유일한 경우이다. 9:12에서 그는 속죄에 대한 언급을 하는데(cf. 9:15) 더욱 자주 죄의 용서 또는 죄에 대한 희생으로서의 그리스도에 대한 언급을 한다(예를 들어 2:17; 7:27; 9:26, 28; 10:12). 우리

> ## 대제사장으로서 예수가 가진 특성들
>
> 대제사장으로서 예수는 매우 인상적인 특성들을 많이 보인다. 다음의 표는 대표적인 특성들을 보여준다.
>
> | | |
> |---|---|
> | "자비하고 충성된" | 2:17 |
> | "시험받는 자들을 능히 도우시느니라" | 2:18 |
> | "큰 … 승천하신" | 4:14 |
> | "우리 연약함을 체휼하지 아니하는 자가 아니요" | 4:15 |
> | "하나님의 부르심을 입은" | 5:4 |
> | "그리로 앞서 가신 … 우리를 위하여" | 6:20 |
> | "거룩하고 악이 없고 더러움이 없고 죄인에게서 떠나 계시고" | 7:26 |
> | "영원히 온전케 되신" | 7:28 |
> | "하늘에서 위엄의 보좌 우편에 앉으셨으니" | 8:1 |
> | "성소와 참 장막에 부리는 자" | 8:2 |
> | "장래 좋은 일의 대제사장" | 9:11 |
> | "오직 자기 피로 … 단번에 성소에 들어 가셨느니라" | 9:12 |
> | "영원한 속죄를 이루사" | 9:12 |

가 "그를 통하여" 구원을 받았다는 것은 후자의 의미에서이다. 둘째, "그가 항상 살아서 저희를 위하여 간구하심이니라"(25절). 제사장의 임무는 하나님께 인간을 대표하는 것이므로 대제사장으로서의 예수의 사역이 여기에 나타난다. 동일한 그리스도의 중보 사역을 로마서 8:34에서 볼 수 있는 한편 로마서 8:26-27에서는 성령의 중보 사역이 언급되고 있다. 하나님의 부활하신 아들로서 아버지의 우편에 지금 앉아 계시는 이러한 대제사장보다 더 능력 있는 중보자는 상상

해볼 수 없을 것이다. 따라서 신자들을 위한 온전한 성직과 신자의 안전이 의심의 여지없이 확립되었다(cf. 요일 2:1).

이러한 일들을 있는 그대로 보시는 분은 하나님이시므로 26절의 "합당하니"라는 말은 그것이 하나님의 뜻임을 의미한다. "하늘보다 높이 되신 자"라는 예수에 대한 언급(cf. 4:14)은 시편 110:1을 재차 암시한다. "거룩하고 악이 없고 더러움이 없고 죄인에게서 떠나" 계시다는 우리의 대제사장에 대한 묘사는 그리스도의 죄 없으심(cf. 4:15) 뿐만 아니라 온전한 희생에 요구되는 순수한 특성들도 가리킨다. 이분이 그리스도께서 하신 일을 할 수 있는 유일한 분이신 독특한 대제사장이다.

히브리서에 나타난 "단번에(Once for All)"

히브리서에 나타난 가장 뚜렷한 확증들 중의 하나는 레위 제사장들이 반복적으로 희생 제사를 드려야 하는 필요성과는 대조되는 그리스도가 드린 "단번의" 희생 제사의 특성에 대한 강조이다. 이는 레위 제사제도의 약점과 일시성을 가리키는 한편 그리스도의 십자가에서의 희생적 죽음의 충분성과 최종성을 가리킨다.

형태에 있어서 거의 동일하고 동일한 의미를 갖는 두개의 단어(*hapax*와 *ephapax*)가 사용되고 있다.

hapax("단번에": once for all)
　"이제 자기를 단번에 제사로 드려 죄를 없게 하시려고 세상끝에 나타나셨느니라" 9:26
　"그리스도도 많은 사람의 죄를 담당하시려고 단번에 드리신바 되셨고" 9:28

ephapax("단번에": once for all)
　"이는 저가 단번에 자기를 드려 이루셨음이니라" 9:27
　"단번에 성소에 들어가셨느니라" 9:12
　"예수 그리스도의 몸을 단번에 드리심으로 말미암아" 10:10

27절에서 저자는 논의의 중심 주제를 제시하는데 이 주제는 9장과 10장에서 길게 설명되어 진다. 자신의 죄에 대한 제사를 드리고 나서 백성들을 위한 제사를 반복해서 드려야 하였던 대제사장들의 사역(레위기 16:6-34을 보라)과는 대조적으로 온전한 대제사장이신 예수는 자신의 죄에 대해서 희생 제사를 드릴 필요가 없었지만 "저가 단번에 자기를" 드림으로써 백성들을 위한 희생을 단번에 이루셨다. 이러한 경우에 대제사장 자신이 자기 몸을 희생 제물로 드렸다는 놀라운 사실이 간과되어 져서는 안된다. 여기서 우리는 그 어떤 것으로도 적절하게 설명할 수 없는 십자가의 신비를 접하게 된다. 이같이 놀랍고도 독특한 경우를 통하여 저자는 제사장과 제물은 동일한 하나라는 사실을 강조 한다(9:12을 보라).

2개의 주요한 대조가 28절에 나타난다. 첫 번째 것은 대제사장들의 연약함과 "영원히 온전케 되신" 아들 사이의 대조이다. 대제사장들과 아들이신 대제사장 사이의 차이점은 각자의 대조된 사역들에 의하여 명백해진다. "영원히 제사장"이라는 말 대신에 여기서 "영원히 아들"이라는 단어들은 함께 붙여지고 있는데 따라서 이것은 시 110:4과 2:7에 대한 암시들을 결합 시킨다(cf. 5:5-6에 연하여 나오는 인용들).

두 번째 대조는 "율법"과 "맹세의 말씀" 사이의 대조이다. 율법은 대제사장들의 계승과 더불어 레위 제사장 제도를 확립한다. 시편 110:4의 강해에서 이미 밝힌 것처럼 멜기세덱의 반차를 좇은 대제사장으로 그리스도가 임명되신 것은 맹세의 말씀과 함께였다(7:20-21). 그 맹세의 말씀은 "율법 후에" 왔으므로 율법에 대신한다. 이 모든 것은 대제사장으로서 아들과 그의 사역의 월등함을 가리킨다. 히브리서에서 전형적으로 그러해 왔듯이 "영원히 온전케 되신 아들"에 대한 언급은 하나님의 목적들의 성취 또는 완성을 나타내 보인다.

아브라함보다 훨씬 위대했던 신비한 제사장 멜기세덱에 호소함으로써 다소 기교적인 7장은 예수 그리스도의 대제사장직에 대해서 설명한다. 시편 110편 4절은 이러한 논의를 가능하게 한다. 시편의 첫 절에 따르면 하나님의 우편에 앉도록 올라가신 분은 4절에서 하나님에 의하여 멜기세덱의 반차를 좇아 영원히 제사장이 되었다고 선언된다. 이는 저자에 의해 작동된 여러 파생 효과를 가진다. 그러나 그 구심점은 우리들의 구원의 근거인 그리스도의 대제사장으로서의 구속 사역이다. 우리가 기대하듯이 저자는 어떤 실천적 의미를 실패함 없이 그

려 낸다: "예수는 더 좋은 언약의 보증이 되셨느니라 … 그러므로 자기를 힘입어 하나님께 나아가는 자들을 온전히 구원하실 수 있으니 이는 그가 살아서 저희를 위하여 간구하심이니라 이러한 대제사장은 우리에게 합당하니"(22, 25-26절). 이렇게 함으로써 이제 8-10장에서의 논의를 위한 초석이 놓여졌다.

학습 연구 질문

1. 멜기세덱 제사장직의 우월함에 대하여 토의하라.
2. 레위 제사장 제도로부터의 변화의 결과에 대하여 토의하라.
3. 대제사장직에 대한 예수가 갖춘 자격 요건들과 그에 수반되는 유익함을 토의하라.

Further Reading

Cockerill, G. L. "Melchizedek or 'King of Righteousness.'" *Evangelical Quarterly* 63 (1991): 305-12.

Culpepper, R. H. "The High Priesthood and Sacrifice of Christ in the Epistle to the Hebrews." *Theological Educator* 32 (1985): 46-62.

Demarest, B. A. *History of the Interpretation of Hebrews 7, 1-10 from the Reformation to the Present Day*. Tübingen: Mohr, 1976.

_____. "Hebrews 7:3, A Crux Interpretum Historically Considered." *Evangelical Quarterly* 49 (1977): 141-62.

Ellingworth, P. "'Like the Son of God': Form and Content in Hebrews 7, 1-10." *Biblica* 64 (1983): 255-62.

Fitzmyer, J. A. "Now This Melchizedek … (Heb. 7,1)." *Catholic Biblical Quarterly* 25 (1963): 305-21.

Horton, F. L., Jr. *The Melchizedek Tradition: A Critical Examination of the Sources to the Fifth Century A.D. and in the Epistle to the Hebrews*. Society for New Testament Studies Monograph Series 30. Cambridge: Cambridge University Press, 1976.

Longenecker, R. N. "The Melchizedek Argument of Hebrews." *In Unity and Diversity in New Testament Theology*, ed. R. A. Guelich. Grand Rapids: Eerdmans, 1978. Pp. 161-85.

Neyrey, J. H. " 'Without Beginning of Days or End of Life' (Hebrews 7:3): Topos for a True Deity." *Catholic Biblical* Quarterly 53 (1991): 439-55.

Paul, M. J. "The Order of Melchizedek (Ps 110:4 and Heb 7:3)." *Westminster Journal of Theology* 49 (1987): 195-211.

Rooke, D. W. "Jesus as Royal Priest: Reflections on the Interpretation of the Melchizedek Tradition in Heb 7." *Biblica* 81 (2000): 81-94.

Thompson, J. W. "The Conceptual Background and Purpose of the Midrash in Hebrews VII." *Novum Testamentum* 19(1977): 209-23.

8장   더 좋은 새 언약

새 언약은 옛 언약보다 더 좋고 보다 나은 약속위에 뿌리를 두고 있을 뿐 아니라 옛 언약에 대신한다. 새 언약의 특징들과 새 언약이 띠고 있는 이름 그 자체는 이제 "옛 것"이 되어 버린 옛 언약의 폐지를 가리킨다.

-- B. F. Westcott,
<Commentary on the Epistle to the Hebrews>에서

보충 읽기
출 25; 막 13:1-2; 고후 3

개요
- 참 장막의 대제사장(8:1-6)
- 새 언약의 약속과 옛 언약에 대한 암시들(8:7-13)

목표

1. 땅과 하늘 장막들의 이원성에 대하여 설명하라.
2. 예레미야서에 따른 새 언약의 내용을 기술하라.
3. 옛 언약에 대한 새 언약의 암시들에 대해서 자세히 설명하라.

새롭고(옛 것에 비교하여 '새로운') 보다 나은(열등한 것에 비교된 '더 나은') 것들이 그리스도안에서 우리에게로 왔다. 이 것은 히브리서의 주요 주제들 중의 하나이며 우리가 이미 한번 이상 접해본 바 있다. 이제 이 주제는 '땅' '그림자' '하늘의 모형' '영원한 실체' 라는 새로운 언어들로 대담하게 표현되어 진다. 다시 한번 우리는 이 언어가 일세기 당시의 유대인들에게 얼마나 급진적인 말로 들렸는지에 대해서 되새겨 보아야 한다. 이 말은 오늘날의 유대인에게도 동일한 정도로 급진적이고 받아들일 수 없는 말이다. 기독교는 유대교의 실현이며 따라서 이전의 실체들에 종지부를 찍게 한다. 그렇게 함은 옛 언약에 등을 돌림으로써가 아니라 옛 언약을 취하여 하나님께서 의도한 목적에 달하도록 함으로써 이다. 결과는 새 언약은 옛 언약을 올바로 영구화 한다는 점이다. 하지만 이것은 사람이 새로운 것 즉, 저자를 비롯한 모든 일 세대 크리스챤들에게 주어졌던 새로운 언약의 진리를 받아들일 때에만 가능하다.

1) 참 장막의 대제사장(8:1-6)

저자는 이제 그가 대제사장으로서의 그리스도에 관하여 믿고 있는 것을 재진술 하고자 한다. 예수의 제사장 사역에 대한 해설을 시작하면서 그가 말해야 하는 것의 본 요점에 도달하였는데 예수의 대제사장 사역은 10장까지 이어진다. 예수는 비교할 만한 대상이 없는 대제사장이신데(시 110:4에 대한 암시) 하늘에 올라 하나님의 우편에 앉아 계시고(시 110:1에 대한 암시 cf. 1:3, 13, 4:14) 그 곳에서 "주께서 베푸신 것이요 사람이 한 것이" 아닌 성소와 참 장막에서 섬기고 계신다(2절). 여기서 '섬기다' 라는 말은 제사장 직무를 행하는 자 곧, 구체적으로 성소(이스라엘의 장막)에서 일하는 제사장을 가리킨다. "참 장막"은 5절에 암시되어 있는 원형인 '천상의 성소'를 가리키는데 5절에 따르면 모세가 그것의 모형인 장막을 지었다고 한다. 여기서 묘사되고 있는 것은 예수께서 그의 피를 드리는 하늘에 있는 실제 성소가 아니다(cf. 9:11-12). 이 언어를 문자적으로 취해서는 안 된다. 차라리 그것은 땅에서 드리는 장막 제사의 성취로서의 그리스도의 십자가 희생이 갖는 궁극적 중요성, 효능, 최종성을 확인시켜 주는 어법이다. 그것은 신적 실체("주께서 베푸신 것이요 사람이 한 것이 아닌")인데, 땅에서 드리는 희생 제사는 이것에 대한 기대와 그림자에 지나지 않는다.

대제사장이 "예물과 제사 드림"(3절) 즉, "율법을 좇아 예물을" 드린다고 말하는 것은 대제사장 사역에 대한 실천적 정의이다. 그래서 대제사장 예수도 "무슨 드릴 것이 있었어야" 하였다(3절). 저자는 이미 예수께서 "자기를 드려" 이루셨다는 것을 지적 하였지만 (7:27) 이내 곧 이 요점을 상당히 자세하게 설명한다(9-10장). 그러나 그 점에 도달하기 전에 저자는 옛 언약의 희생 제사가 어떻게 그리스도안에서 도래한 새 언약의 실체들에 대한 준비가 되었는지를 강조한다. 따라서 땅의 성소에서 제사장들이 반복해서 효력 없는 희생 제사를 더 이상 드릴 필요가 없게 되었다(7:27; 10:11). 제사장으로서의 예수의 사역은 땅의 제사 제도의 일부분이 아니었다. 그러므로 저자는 예수께서 땅에서도 "제사장이" 절대로 되지 아니하셨으리라고 말할 수 있다. 아주 선명한 대조에 의해서 볼 때 그의 제사장 사역은 천상 또는 최종적 효력을 발휘할 수 있는 영역에서 성취되었고 땅의 것은 "하늘에 있는 것의 모형과 그림자"일 뿐 이었다(5절). 마지막 요점은 출애굽기 25:40의 인용에 의해서 설명되어지는데, 이 인용에 의하면 모세는 시내산에서 그에게 보인 본을 따라서 성막을 짓도록 명령을 받았다. 많은 논쟁이 히브리서에 나타나는 이러한 독특한 주장을 중심으로 이루어지고 있는데 상당수의 학자들은 저자가 플라톤 철학의 형이상학적 이원론에 영향을 받았다고 결론짓는다. 그러나 언어적 유사점에도 불구하고 저자는 형이상학적 이원론이 아니라 예비적 단계에서 최종적 완성을 가리키는 시간적 이원론을 바탕으로 논의를 진행하고 있다고 보는 것이 더 타당해 보인다(박스안의 "히브리서에 나타난 이원론: 형이상학적 또는 시간적 이원론?"을 보라).

왜 히브리서는 성전보다 성막에 대하여 언급하는가?

히브리서는 "성전"보다는 "장막"("성막")에 대하여 일관되게 언급하는데 성전(temple)이라는 단어는 저자가 사용하지 않는 단어이다. 이러한 견지에서 볼 때 "장막"이라는 단어는 오경에서 매우 보편적으로 나타나지만 신약에서는 본서신외에 사도행전 7:44에만 나타난다.

> "장막"은 시내산 체험으로부터 솔로몬이 "성전"으로 불리는 영구적인 건축물을 처음으로 지을 때까지 이스라엘 신앙생활의 중심이었던 이동 가능한 장막 성소를 가리킨다. 이 장막 성소는 예루살렘 성전의 원형이었다.
>
> 저자가 성전보다 장막을 언급하는 이유는 장막은 옛 언약의 희생 제사에 대한 지상에서의 최초 표명이었기 때문이다(cf. 9:1-10). 하나님의 명령에 의하여 세워진 것이 장막 이었다(8:5). 그러나 예루살렘 성전은 광야 장막에 대한 당대의 대응물이었으므로 예루살렘 성전에 대한 비난은 곧 장막에 대한 암시적 비난이었다. 이 점은 최초의 어떤 독자들에 의해서도 간과되어 질 수 없었을 것이다. 성전의 희생 제사는 장막 성소에서의 것보다 조금도 더 나은 것이 아니었다.
>
> 대제사장과 다른 제사장들의 사역은 매우 자주 현재 시제로 묘사되고 있다는 점에 주목할 필요가 있다. 이 점은 저자 논증의 동시대성을 가리킬 수도 있으나 히브리서의 70년대 이전 저작설을 지지하는데 사용될 수는 없다. 제사장들의 사역은 예루살렘 성전이 파괴 된 오랜 후에도 종종 현재 시제로 묘사되어 지고 있음이 발견 된다(예를 들면, 클레멘트 전서).

이점에 있어서 저자는 그가 "첫 언약" 또는 "옛 언약"에 대해서 이야기 하여 온 것의 중요성을 강조하지 않을 수가 없다. 그리고 여기서 저자는 자신의 가장 혁명적인 입장을 나타낸다. 이 땅의 제사장들의 직분과 그리스도의 직분 사이의 대조는 그리스도께서 "더 좋은 약속으로 세우신 더 좋은 언약의 중보"로서 더 아름다운 직분을 얻었다는 것을 가리킨다(6절). 옛 언약에 대하여 새 언약이 갖는 월등함과 새 언약은 "더 좋은 약속으로 세우신" 것이므로 더 좋은 것이라는 필연적 결론이 가시화 된다(6절). 예수는 "더 좋은 언약의 보증"이라는 점이 이미 확립되었고(7:22) 따라서 예수는 앞으로 9:15과 12:24에서 구체적으로 "새 언약의 중보"로 묘사 되어진다(9장의 박스 안에서 다루어질 "새 언약의 중보로서의 그리스도"를 보라). 여기서 우리는 옛 언약에 대한 새 언약의 삼중적 우월성을 갖는다. 더 아름다운 직분, 더 월등한 언약, 더 나은 약속(6절).

히브리서에 나타난 이원론: 형이상학적 또는 시간적 이원론?

하늘에 존재하는 "참" 실체와 "천상의" 실체에 대한 "모형"과 "그림자"로 묘사되는 땅의 성전과 희생 제사에 대한 언급(8:2-5; 9:23-25; 10:1)에서 마주치는 이원론은 헬라 철학자 플라톤의 이원론과 매우 유사해 보인다. 플라톤은 감각으로는 인지될 수 없고 오직 지성을 통해서만 알 수 있는 완전하고 영원한 "이상들" 또는 "형상들"에 대한 구체적 현시가 지상의 물체라는 주장을 하였다. 물질과 이상/형상 사이의 이원론은 헬라 세계에 널리 영향을 미쳤다. 이러한 영향은 1세기 알렉산드리아의 헬라 유대인이었던 필로의 저작물에서 광범위하게 발견된다. 이 점은 히브리서 저자를 알렉산드리아 출신(따라서 아볼로 저작 가능성이 점쳐짐)으로 연관지우는 중요한 요인이 되고 있다. 알렉산드리아는 헬라 이원론이 매우 유행하였던 것으로 짐작된다. 또한 저자에 대한 필로의 영향력이 작용하였다고 보는 의견도 분분하였다.

확실히 저자의 언어는 당시 널리 확산되었던 헬라 이원론을 반영한다. 따라서 저자가 이러한 언어를 통해서 헬라 철학에서 의미하는 것과 동일한 것을 의미하는가에 대한 문제가 제기 된다. 하지만 이러한 가능성은 희박하다. 예를 들어 저자가 그리스도를 "성소와 참 장막에 부리는 자"(8:2) 또는 더 구체적으로 "염소와 송아지의 피로 아니 하고 오직 자기 피로 단번에 성소에" 들어가는 분으로(9:12; cf. 9;24) 언급할 때 이 언급은 문자적으로 취하여져야 함을 나타내고 있지는 않는 듯하다. 저자가 이러한 방식으로 말하는 것은 그리스도가 드린 희생 제사의 완전함과 최종성을 의도적으로 가리킨다.

실제로 저자는 필로나 플라톤의 이원론과는 확실히 다른 관점을 가지고 있다. 그는 역사적 순서와 약속과 성취의 관점에서 주로 사고한다. 그가 시도하고자 하는 비교는 땅의 실체와 형이상학적 실체 사이의 대조가 아니라 이전의 것과 이후의 것 즉, 예비적인 것과 최종적인 효력을 갖는 실체 사이의 비교이다.

따라서 저자가 적용하는 이원론은 시간적 이원론이지 형이상학적 이원론이 아니다. 그것은 수직적 이원론이 아니라 예언과 성취사이의 대조 즉, 예비 또는 예상과 최종적인 것 사이의 대조를 포함하는 시간성의 이원론이다.

흥미롭게도 바울은 안식일 법과 음식법에 관해서 매우 유사한 것을 말한다: "이것들은 장래 일의 그림자이나 몸은 그리스도의 것이니라" (골 2:17).

Further Reading

Hurst, L. D. "How 'Platonic' Are Heb. viii. 5 and ix. 23f? *Journal of Theological Studies*, n.s. 34 (1983): 156-68.

Williamson, R. "Platonism and Hebrews." *Scottish Journal of Theology* 16 (1963):415-24.

―――. *Philo and the Epistle to the Hebrews*. Leiden:Brill, 1970.

2) 새 언약의 약속과 옛 언약에 대한 암시들(8:7-13)

두 번째 언약이 존재한다는 사실 자체는 첫 번째 언약의 불완전함을 제시한다. 만약 첫 번째 것이 충분하였다면 왜 두 번째 언약에 대한 어떤 필요성이 대두되었을까? 논리는 분명하다. 저자의 언어로 볼 때, 첫 번째 언약은 "무흠"한 것이 아니었다(7절). 다시금 저자가 말하는 것이 갖는 고도의 파괴적인 본질은 주목할 만하다.

그러나 바울의 율법에 대한 비난의 경우에서처럼(롬 7:11-12을 보라) 히브리서 저자는 사람들의 실패에 대한 결점을 발견하는 만큼 언약에 대한 진정한 결점은 발견하지 못한다. 따라서 8절에서 쓰여 진 대명사 "저희"(NIV 성경은 "사람들"이라는 구체적 언급을 한다)는 매우 중요하다. 비난받아 마땅한 것은 "그것" 즉 언약이 아니라 "저희" 즉 저 사람들이다: "저희를 허물하여 일렀으되."

그럼에도 불구하고 옛 언약은 하나님의 백성에게 의도된 구원을 가져다 줄 수 없었다는 점은 사실로 남는다. 신약 성서를 통틀어서 옛 언약과 새 언약에 관련하여 "첫 번째"와 "둘째"라는 언어가 여기에서만 사용되고 있음이 발견된다.

예수와 함께 도래한 모든 것에 대한 기대로서 예레미야 31:31-34의 높은 중요성을 놓고 볼 때 신약에서 이 본문이 히브리서에서만 인용되고 있는 것은 주목할 만하다(이 본문이 롬 2:15; 11:27; 요 6:45에서 처럼 몇몇 부분에서 암시되고 있더라도). 이 인용을 통하여서 저자의 중심 논점인 불연속성 자체는 이미 옛 언약 자체 속에서 예상되어 온 것으로 보여 지고 있다. 하지만 우리는 동시에 새 언약은 실제로 하나님의 계속되는 목적들안에 존재하는 더 큰 연속성의 부분이라는 결론을 내릴 수 있다는 점에 또한 주의를 기울여야 한다. 예레미야31:31-34은 저자의 목적에 이상적인 본문이다.

예레미야의 이러한 본문이 잘 알려져 있더라도 이 본문은 매우 중요하기 때문에 히브리서 저자가 인용하는 형식으로 온전히 인용해 보고자 한다.

    주께서 가라사대
    볼찌어다 날이 이르리니
    내가 이스라엘 집과 유다 집으로
    새 언약을 세우리라
    또 주께서 가라사대
        내가 저희 열조들의 손을 잡고
        애굽 땅에서 인도하여 내던 날에
        저희와 세운 언약과 같지 아니 하도다
        저희는 내 언약 안에 머물러 있지 아니 하므로
        내가 저희를 돌아보지 아니 하였노라
    또 주께서 가라사대
        그 날 후에 내가 이스라엘 집으로 세울 언약이
        이것이니 내 법을 저희 생각에 두고
        저희 마음에 이것을 기록하리라
        나는 저희에게 하나님이 되고

>   저희는 내게 백성이 되리라
>   또 각각 자기 나라 사람과 각각 자기 형제를 가르쳐
>   이르기를
>   주를 알라 하지 아니 할 것은
>   저희가 작은 자로부터 큰 자까지
>   다 나를 앎이니라
>   내가 저희 불의를 긍휼히 여기고
>   저희 죄를 다시 기억하지 아니 하리라 하셨느니라

놀랍게도 저자는 그가 자주 다른 구절들에서 한 것과는 달리 이 구절들의 의미에 대한 설명을 하지 않는다. 물론 그는 재차 인용하는 본문의 부분 부분에 대해서 설명할 기회를 앞으로 갖게 된다(박스안의 "히브리서에 인용된 예레미야 31:31-34"를 보라). 아마도 유대인 크리스챤들에게 있어서 이 본문은 예외적으로 잘 알려진 아주 중요한 구절이었던 것 같다. 유대인 크리스챤들은 자신들이 믿게 되었던 것이 어떻게 예레미야 본문의 성취가 되었는지를 이해하는데 어떤 도움도 필요치 않았다.

첫째로, 그들은 약속된 새 언약의 수령자가 된 "이스라엘 집"과 "유다 집"(8-10절)으로 자신들을 이해하려 하였을 것이다. 의심할 것 없이 그들은 자신들을 이스라엘의 의로운 남은 자로 인식하였을 것이다(cf. 롬 11:5). 예레미야는 민족의 역사상 가장 어두운 시대에 이 예언을 기록하였다는 점을 알아야 한다. 남 왕국 유다와 이스라엘은 최근에 백성들의 불순종의 결과로 바벨론 사람들에게 멸망되었다. 이러한 멸망은 이미 옛 언약의 약점을 암시하고 있다. 다시 말하자면, 옛 언약은 절대로 원래 의도된 효력을 발휘할 수 없었다. 그러나 진정한 허물은 백성들에게 있었다는 점을 다시 한번 되새겨 보아야 한다: 하나님께서 그들을 애굽에서 구원하셨지만 그들은 하나님 "언약 안에 머물러 있지 아니" 하였다(9절).

히브리서에 인용된 예레미야 31:31-34

8:8-12에서 온전히 인용된 이 본문은 9-10장에서의 논의에 중요한 초석이 된다. 동일한 문건의 일부가 10:16-17에서 인용 된다(cf. 8:10ab; 8:12).

9:15(암시):

새 언약	예레미야 31:31(히 8:8)
첫 언약 때 범한	예레미야 31:34(히 8:12)
죄로부터 건짐	

10:16-17(인용):

저희와 세울 언약이 이것이라	예레미야 31:33(히 8:10)
내 법을 저희 생각에 두고 저희 마음에 기록하리라	예레미야 31:33(히 8:10)
저희 죄와 저희 불법을 내가 다시 기억하지 아니 하리라	예레미야 31:34(히 8:12)

새 언약은 확연히 다르다: "저희(열조)와 세운 언약과 같지 아니 하도다"(9절). 차이점은 세 개의 새로운 항목에서 구체적으로 형성된다: (1) "내 법을 저희 생각에 두고 저희 마음에 이것을 기록하리라"(10절); (2) "저희가 작은 자로부터 큰 자까지 다 나를 앎이니라"(11절); (3) "내가 저희 불의를 긍휼히 여기고 저희 죄를 다시 기억하지 아니 하리라"(12절). 분명히 이 세 요소 중 마지막 것이 저자의 목적에 가장 중요하며 또한 왜 저자의 인용이 그것을 포함하기 위해 확장되고 있는 지를 설명해준다. 이전의 모든 희생 제사들이 가리키는 하나의 효과적인 희생으로서의 자비와 용서는 예수의 죽음에 최종적으로 근거한다. 이 점은 저자를 9-10장의 주된 논의로 직접 인도한다.

저자는 예레미야 본문에 대한 간략하나마 계시적인 결론적 설명을 곁들인다 (13절). 인용 본문으로부터 "새(로운)"라는 말을 택하여 저자는 첫 언약은 낡아진 것 즉, "쇠하고 없어져 가는 것"이 되었다는 결론을 내린다. 하지만 예레미야 선지자는 새 것이 올 미래를 바라보고 있는 반면에 히브리서 저자와 독자에게 있어서 새것은 이미 도래하였다. 따라서 옛 것의 퇴조는 한층 더 분명해지고 그 종말이 가까워지고 있다. "(곧) 없어져 가는 것이라"는 말은 공관 복음서에 강조되어 있는 구전으로부터 저자와 독자에게 잘 알려진 '성전의 무너짐'에 관한 예수의 예언에 대한 암시가 됨은 당연하다(막 13:1-2과 그 평행 구절들을 보라). '곧'이라는 말은 히브리서가 A. D. 70년 성전 파괴이전에 쓰여 졌다는 것을 확실히 가리키고 있는 듯하다. 로마의 예루살렘 공격이 저자가 히브리서를 기록할 때 이미 진행되고 있었는가?

신약 성서에서의 새 언약

"새 언약"과 "새로운 약속"이라는 말들은 헬라어 *kainē diathēkē*에 대한 다른 번역들이다.

예레미야 31:31의 본문을 히브리서 8:8과 9:15에서 인용한 것(cf. 12:24; 여기서는 "새"에 해당하는 다른 단어[*nea*]가 사용됨)과 더불어 이 용어는 누가복음 22:20; 고전 11:25; 고후 3:6(cf. 갈 4:24)에서 발견된다. 물론 "새 언약"은 형용사에 의한 수식 없이 한 단어로 "언약"이라는 말로 자주 나타나기도 한다(또는 다른 형용사가 사용되어, 예를 들면 13:20에서처럼 "영원한 언약"으로 표현되기도 하는데 이러한 경우는 렘 32:40에 비견된다).

의심의 여지없이 새 언약에 대한 구약의 가장 중요한 기대는 렘 31:31-34에서의 선언이다. 두 번째 중요한 기대는 에스겔 11:19-20; 16:60-63; 36:26-29; 37:26-28에서 나타난다. 여기서는 "새"라는 형용사 보다는 "영원한"이라는 형용사와 함께 나타난다.

8장 마지막 부분에서 전개되는 불연속에 대한 강한 강조는 급진적이라기보다는 신학적인 논의이다. 즉, 이러한 신학적 논의는 어떤 면에 있어서도 반유대적 태도나 행위를 지지하지 않는다. 저자와 독자는 성전이 무너져 내리는 것을 보고 즐거워하지 않았을 것이다. 실제로 그것은 그들에게 묵시적 심판에 대한 공포의 예상을 전형화하는 것이 되었을 것이다. 그럼에도 불구하고 성전의 종말이 주는 신학적 암시들을 민감하게 의식하고 있었을 터이고 자신들의 기독교 신앙의 진리를 기꺼이 상술하도록 이끌었을 것이다.

저희가 예레미야 선지자에게 약속된 새 언약의 수혜자라는 것은 이방 기독교인들에게는 기쁨과 감사의 요인이 되었을 것이다. 새 언약은 이 언약의 중보자이신 그리스도의 성취된 사역에 직접적으로 의존 한다(6절). 그리스도의 죽음을 통한 새 언약의 확립으로 인하여 하나님의 우주적 목적들--아브라함에게 주어진 약속에 이미 표현된(창 12:3)--과 만민에게 빛이 되기 위한 이스라엘의 선택(사 42:6)은 실현되었다. 유대인과 이방인으로 구성된 교회는 그 존재 기반을 새 언약의 실현에 둔다.

학습 연구 질문

1. 어떻게 히브리서 저자는 지상의 성전과 천상의 성전을 대조시키고 있나?
2. 옛 언약에 대한 새 언약의 우월성을 논의하라.
3. 예레미야 인용의 비연속성은 히브리서 저자에게 어떤 목적을 가지나?

Further Reading

Attridge, H. W. "The Use of Antithesis in Hebrews 8-10." *Harvard Theological Review* 79 (1986): 1-9.

Kaiser, W. C. "The Old Promise and the New Covenant: Jeremiah 31:31-34." *Journal of the Evangelical Theological Society* 15 (1972): 11-23.

Lehne, S. *The New Covenant in Hebrews. Journal for the Study of the New Testament Supplement Series* 44. Sheffield: JSOT Press, 1990.

Omanson, R. L. "A Superior Covenant: Hebrews 8:1-10:18." *Review and Expositor* 82 (1985): 361-73.

Peterson, D. G. "The Prophecy of the New Covenant in the Argument of Hebrews." *Reformed Theological Review* 38 (1979): 74-81.

9장   영원한 희생이신 그리스도

그러므로 천상 성전에서 예수께서 행하시는 대제사장 직분과 희생 제사가 주는 상징은 인간이 갖는 하나님과의 관계들은 최종적으로 예수 그리스도께 근거하고 있다는 진리를 의도적으로 전한다.

-- J. Moffat, <히브리서 주석>에서

보충 읽기

출 24:3-8; 레 5:5-13; 롬 3:21-26

개요

- 첫 언약의 희생 제사 의식(9:1-10)
- 대제사장 그리스도의 결정적 사역(9:11-14)
- 새 언약의 중보이신 그리스도(9:15-22)
- 죄에 대한 최종 응답인 그리스도의 단번의 희생 제사 (9:23-28)

목표

1. 구약의 희생 제사 제도에 대하여 논의하라
2. 그리스도의 독특한 희생이 어떻게 구약제사와 병행점을 갖고 있으며 또 어떻게 구약 제사의 성취가 되는 지를 보여라.
3. 새 언약의 중보로서의 그리스도에 대한 개념을 상술하라.

온전한 기능을 수행하는 성전은 정교한 제사 의식들, 규모에 맞는 제사장 집단, 그 청중들, 지속적으로 희생제물로 바쳐지는 무수한 짐승들, 수반되는 피와 피 덩이들과 함께 어떠하여야 하는지를 많은 어려움을 통해서만 우리는 상상할 수가 있다. 큰 순례 절기 때 뿐만 아니라 일상적인 날들에도 예루살렘 도시를 지배하였던 것은 하나의 거대한 행사이었다. 그것에 어떤 절대적인 의미가 도대체 있었던가? 그것은 자체적으로 중요성을 갖고 있었는가? 아니면 그 자체를 넘어 도래할 어떤 것을 가리키고 있는가?

히브리서 저자는 이제 자신의 논의 중 가장 핵심부에 들어오게 되는데 여기서 그는 장막에서 반복되어졌던 제사들과 그리스도의 단번의 효과를 발하는 희생 제사 사이의 유사점들을 도출하여 낸다(cf. 7:23-27). 그는 출애굽기와 레위기에서 제공된 묘사들을 근거로 하여서 이러한 도출을 시도한다.

장막, 제사장 직분, 그리고 희생 제사들:
하나님의 거룩에 관한 가르침들

출애굽기와 레위기는 많은 지면을 할애하여서 장막이 어떻게 건축 되어져야 하며, 장막은 무엇을 포함하여야 하는 지 등에 대한 자세한 지침을 내리고 있다. 모든 것이 구체적 방식에 따라 이루어져야 하였다. 특정 계층의 제사장들이 선별되었고 이들이 입어야 하는 제사장복의 형태가 구체적으로 지정되었고 제사 의식에 행해지는 예법이 규정되었고 의식적 부정과 정결함에 관한 구체적 지침들이 열거되어 졌다. 이러한 지침이 주어지고 난 후에 동일한 언어의 반복으로 그것들의 이행에 관한 자세한 설명이 주어진다.

이렇게 집중적으로 설명되어진 모든 세부적 사항은 우리에게 임의적인 것이고 의미가 없는 것으로 인식될지 모른다. 토라(율법)에 왜 이러한 것이 나타나고 있는가? 우리의 관점에서 볼 때 적어도 이러한 자료에서 배울 수 있는 두개의 중요한 교훈이 있다. 장막/성막은 이스라엘 가운데 임하시는 하나님을 상징하도록 건축되었다: "내가 그들 중에 거할 성소를 그들을 시켜 나를 위하여 짓되"(출 25:8). 휘장에 의한 지성소와 성소의 분리 그리고 일년 중 한 날에 국한된 대제사장의 제한된 지성소 출입은 하나님은 인간과는 절대적으로 다르시다는 점(otherness)을 의미한다. 아무도 하나님을 직접 대면하고서 살아남을 수 없듯이 사람이 사람에게 나아가는 방식으로 단순히 하나님의 임재 앞으로 나아갈 수 없다. 이분은 존재하는 모든 만물을 지으신 창조자이시며 지극히 거룩하시고 전능하신 주권자 하나님이시고 아무도 그 앞에 나아와서 마음대로 설 수 없는 존재이시다. 둘째, 인간은 죄인이므로 빈손으로 하나님의 임재 속으로 들어가지 못한다. 구체적 방식을 따라 조심스럽게 드려진 속죄의 희생 제사가 죄 있는 존재에게 요구되어진다. 심지어 이러한 제사는 직접적으로 드려지는 것이 아니라 제사장들에 의해서 중재되어져야 한다.

이 두개의 교훈들이 출애굽기와 레위기에서 배울 수 있는 기본적인 가르침이다. 히브리서와 일부 신약 성서에서 발견되어지는 놀라운 점은 이교훈들에 대해서 사용되어지는 언어가 영적으로 쓰여 지고 기독교 신자들에게 즉시 적용되어 진다는 점이다. 이제 그리스도께서 결정적인 대속 사역을 완수하셨으므로 우리는 하나님 앞에 나아갈 수 있는 담대함을 가진다. 즉, 우리 자신이 지금 가까이 나아가서 영적 제사를 드릴 수가 있게 되었다.

1) 첫 언약의 희생 제사 의식(9:1-10)

그리스도의 희생 제사를 문맥 속으로 이끌어 오기 위하여 저자는 구약의 희생 제사 의식에 대한 개요를 설명한다. 옛 언약 아래에서의 "예배 지침"에 관한 간략한 개관은 장막(이후에 성전 구조로 대체되었던 천막 성소)의 실제적 배경에 대한 묘사로 시작된다. 장막은 출 25-26장에 나타나는 지침들에 따라서 지어졌다. 하나의 거대한 천막이 안쪽과 바깥쪽의 두 부분으로 나누어 졌다. 바깥쪽 부분은 '성소'로 휘장으로 구분된 안쪽 부분은 '지성소'로 불리어 졌다. '성소'는 제사장들의 매일 활동이 이루어지는 장소였고 반면에 지성소는 일년 중 단 하루 동안(욤 키퍼, 대속죄일) 대제사장만이 들어갔다(레 16). 언급된 다양한 비품들은 첫 성전이 B.C. 587년에 파괴되었을 때 유실된 것으로 보인다. 비품들 중 가장 중요한 지성소의 "언약궤"(4-5절)는 이스라엘 역사 중 특별히 출애굽과 시내산 율법 수여를 기념하는 근본적 에피소드들과 관련된 항목들을 담고 있었다. 가장 중요한 것은 전통적으로 "속죄소"(the mercy seat)로 불리는 언약궤 상층부 덮개인데 대제사장들이 대속죄일에 죄의 속죄를 위해서 그 위에 피를 뿌린다(레 16장). NIV 성경은 헬라어 *hilastērion*을 '속죄 덮개'("atonement cover")로 번역한다. 이 단어는 속죄의 장소를 가리키고 롬 3:25에서 다시 나타나고 있는데(동족의 동사에 대해서는 히 2:17; 눅 18:13을 보라), 여기에서 바울은 그리스도를 *hilastērion*으로 언급하고 '속죄의 제물'("sacrifice of atonement": NIV, NRSV)로 번역 한다(개역 성경에서 "화목 제물"로 번역). "영광의 그룹"에 대한 언급(5절)은 아마도 하나님의 임재를 상징하는 쉐키나(Shekinah) 영광을 암시하는 듯하다(따라서 NIV는 영광의 그룹[cherubim of the Glory]으로 번역; cf. 레 16:2; 출 40:34-35). 속죄의 장소는 오직 하나님의 임재 처소에만 존재가 가능하다.

대제사장들의 반복적 사역의 필요성(6절) 뿐만 아니라 대제사장은 자신의 죄 용서함을 위해서도 피 뿌림이 요구된다는 점(7절; cf. 5:3; 7:27)은 옛 언약의 제도가 가진 내재적 무효능성을 가리킨다. 옛 제도가 가진 부가적인 한계점은 의도하지 않은 죄 즉, 무의식중에 지은 죄만 가릴 수가 있다(7절; cf. 레 4:2, 13, 22, 27; 민 15:27-29). 따라서 옛 제도의 효력은 그리스도를 통해서 가능해진 죄 용서함처럼 전반적인 범위에 미치지 못한다는 것을 암시하여 준다.

성령은 이 모든 것에 대해서 하나의 교훈을 가르쳐 준다(8절). 이 교훈은 옛 언약아래서 시행되어온 희생 제사의 무능력함과 이에 대조되는 그리스도 희생의 능력과 관계가 있다. 옛 제도의 시행은 성전으로 나아가는 길을 열 수 없었다. 여기에서 헬라어 본문은 문자적으로 거룩한 것 즉, 성소를 가리키지만 지성소(따라서 NIV는 "가장 거룩한 처소"[Most Holy Place]로 번역)를 의미하고

대속의 처소로서의 언약궤 속죄소

지성소 내의 중심물은 언약궤이다. 대제사장은 일년에 한번 백성들의 죄를 대속하고자 법궤의 황금 덮개위에 피를 뿌리기 위하여 지성소에 들어간다. 덮개는 히브리어로 *kapporeth*로 불리는데 이 용어는 덮개를 가지고 "덮다"라는 의미를 가지고 있으며 은유적으로 "죄를 덮는다"라는 의미를 가진 동사 *kpr*에서 유래한다. 하지만 더 적절한 의미는 아마도 "속죄하다"인듯하다. 동일 어근 명사로 "속전(ransom)"을 의미하는 *koper*가 있다. 똑 같은 어근이 대속죄일 욤 키퍼에서 발견된다. 70인경은 통상적으로 이 명사어를 *hilastērion*이라는 단어와 함께 번역한다. *hilastēri*은 신약 성서 중 중요한 두 구절인 롬 3:25과 히 9:5에 나타난다.

신약 성서에서 이 단어의 번역은 논쟁의 여지를 남긴다. KJV는 틴데일 번역을 따라서 "속죄소"(mercy seat)로 번역을 하는데 이는 루터의 번역 *Gnadenstuhl* 또는 "시은좌"(seat of grace)에 근거한다. 좌(seat)라는 개념은 이 단어와 연관되지 않는 차용이다. 그 의미하는 바는 "속죄의 처소"이다.

롬 3:25에서 그리스도는 우리의 *hilastērion*으로 선포되어지는데 이는 NIV 로 하여금 이 단어를 "대속의 희생"-- 속죄의 처소가 아니라 희생제물 그 자체 --으로 번역하게 하였다. 이 단어의 의미에 대한 상당한 논쟁이 C. H. Dodd와 Leon Morris사이에 벌어진 바 있다. Dodd는 죄를 제거함을 뜻하는 속죄(expiation)를 주장하였고 Morris는 하나님의 진노를 달랜다는 의미의 화해 (propitiation)를 주장하였다. KJV와 NASB는 이 단어를 화해 (propitiation)로 RSV와 NAB는 속죄(expiation)로 번역하고 있다. 양자의 의미가 일리가 있어 보이므로 NIV나 NRSV에서 처럼 "대속의 희생"(sacrifice of atonement)으로 번역하는 것보다 더 좋은 번역은 없어 보인다. 한편 히 9:5의 언어는 "속죄소(place of atonement)"로 가장 적절하게 번역되어 있으나(NAB: 속죄의 장소[place of expiation]), 놀랍게도 일부 번역들은 전통적인 KJV의 "속죄소"(mercy seat)를

> 따르고 있다(NASB, RSV, NRSV). NIV 현재 본은, 특이한 단어의 조합인 "속죄 덮개"(atonement cover)를 사용하고, 있는데 이는 원래 NIV 번역인 속죄소(the place of atonement)를 대체한 것이다. 주목해야할 중요한 사항은 바울과 히브리서 저자에게 있어서 그리스도의 죽음은 일년 중 한 날(대속죄일)에 대제사장에 의해서 지성소 언약궤 덮개위에 피를 뿌리는 것과 상응한다는 점이다. 이러한 사상들이 함께 하고 있으므로 대제사장의 사역은 그리스도의 사역을 미리 비춰준다.

있음이 분명하다. 이는 곧 하나님의 임재 처소 그 자체를 가리킨다. 또한 옛 제도는 희생 제사가 필연적으로 반복되어야 하는 본질적 특성이 의미하는 것처럼 지속적 속죄를 이룰 수가 없었다. 하나의 아이러니(irony)는 옛 제도는 본질상 규약 그 자체에 스스로 무능력함을 알리는 표식들을 가진다는 점이다. 이점은 앞으로 도래할 어떤 것 즉, 강력하게 효과가 있어야 하는 어떤 것을 암시적으로 가리키고 있다. 저자는 이러한 상황을 현 시대 즉 성전이 여전히 건재하여서 역할을 수행할 수 있었던 저자 자신의 시대의 '예화'(문자적으로 "비유")로 간주한다. 성전의 제사 의식은 본질상 그 자체에 내재된 한계들에 의하여 그것을 넘어서 앞으로 도래할 어떤 것을 가리키고 있었다. 그리고 저자와 원래의 독자들이 그렇게 기다려 왔던 실체가 하나님의 아들 메시야의 형태로 도달하였다. 아들의 죽음은 성전 희생 제사가 가리키기만 하였던 효과적인 속죄를 성취하였다.

그러나 옛 제도가 필요한 것들을 성취하는데 있어서 이루지 못한 실패의 핵심은 속사람 즉, '섬기는 자의 양심'을 깨끗하게 하지 못하는 무능력에 있다(9절). 이는 구원으로 거의 교체되어 질 수 있는 구원의 한 단면으로 간주될 수 있다. '양심상으로 온전케 함'(RSV, NRSV)은 히브리어에 있어서 "온전케 하다"는 동사의 의미를 따라 그것이 의도하는 목표 즉 사람의 온전한 구원을 성취하는 것 또는 양심을 온전케 함을 실현하는 것을 가리킨다.

저자는 10절에서 율법과 관련된 논쟁에 아주 가까이 접근한다. 음식과 마시는 것과 의식적 씻음과 관련된 법들을 우리는 토라를 통하여 잘 알고 있다. 이러한 '의식법들'은 희생 제사법과 같이 내적인 것보다는 외적인 것을, 본질인 것보다는 외형적인 것을 더 많이 다룬다. 더구나, 이러한 규정들은 새로운 것이 도래할 때까지 즉, '새 질서의 시대' 또는 더 문자적인 표현으로 '만물을 바르게 놓는 시대가 올 때'(NRSV) 까지만 잠정적으로 효력을 발휘할 뿐이다 (cf. 골 2:16-17). 논리의 흐름은 바울의 율법에 대한 견해와 크게 차이가 나지 않는다(cf. 갈 3:23-25; 롬 7:6; 10:4). 새로운 질서는 "개혁"이다(NASB). F. F. Bruce 가 말하듯이 '재건축'의 의미에서 "개혁" 즉, 그리스도의 오심은 이스라엘의 종교 구조를 완전히 재형성함을 포함하였다(히브리서, 211).

2) 대제사장 그리스도의 결정적 사역 (9:11-14)

저자는 이제 옛 언약의 지배 아래에서의 제사장들의 사역과 그리스도의 제사장 사역 사이에 존재하는 커다란 차이점을 강조한다. 이러한 방식으로 후자의 월등함이 점차적으로 분명해진다. 모든 것이 10절에서 언급된 시대 즉, 그리스도의 오심과 함께 시작된 새 시대와 관련되어 진다. 일부 사본은 11절에서 '이제 도래하는' 선한 것들에 대해서 언급하고 있으나 가장 오래된 최상의 사본은 과거 시제로 되어 있다. '이미 도래한' 선한 것들. 이러한 구원의 현재적 경험에 대한 언급은 히브리서에서 강조된 실현된 종말론과 조화를 이룬다(1:2 과 특히 12:18-24에서처럼).

그리스도의 속죄 사역은 결정적이다. 이것이 창조된 질서의 부분에 속하지 않는 "더 크고 온전한 장막"(11절)과 12절에서 언급된 "성소"에 관한 말의 요점이다. 이는 8:2과 8:5 그리고 다시 9:24에서처럼 정확히 상징적 언어이며 천상에 있는 문자적 성전을 가리키지 않는다. 반대로 이는 저자가 그리스도에 의하여 성취된 궁극적이고 충분한 속죄에 대해서 언급하는 방식이다. 이러한 결정적 속죄는 동물의 피로 이루어 질 수가 없었고 오직 그리스도의 피에 의해서만 가능하였다. 결과는 이러한 경우에 대제사장은 "오직 자기의 피"를 가지고 온다는 놀라운 아이러니이다(12절). 이러한 대제사장은 제사를 드림과 동시에 자신이 제물 그 자체가 되신 분이시다. 이러한 이유로 인하여 그리스도의 죽음은 일시적인 구원뿐만 아니라 "단번에" 이루어진 "영원한 속죄"를 이룰 수가 있었다(12절). 이러한 속죄는 갈보리 십자가 위에서 이루어진 것이지 십자가 사건의 결과로 그리스도가 하늘로 올라간 뒤에 문자적으로 천상의 성전에서 이루어진 것이 아니라는 점에 주목해야 한다 (4:14; 7:26).

저자는 의식적 부정함으로부터 깨끗케 됨과 속사람을 의미하는 양심의 정결케 함 사이의 점층 된 대조를 그린다. 염소와 황소의 피(레 16:15-16)와 암송아지의 재(민 19:9, 17-19)는 외적인 정결함을 이룰 수 있었던 반면에 그리스도의 보혈만이 인류의 실제 문제인 죄로 가득한 마음을 정결케 할 수 있다. 그러한 내적 씻음이 있는 곳에서만 "살아계신 하나님을" 섬기는 것이 가능해진다(14절). 그리스도는 "영원하신 성령으로" 말미암아 "흠없는" 희생 제물(동물의 제물에 대한 언어이지만 여기서는 그리스도의 죄 없으심에 대한 언급; cf. 4:15)로 자기를 드릴 수 있도록 권능을 받았다(즉, 성령은 하나님의 구원의 뜻의 대리인).

히브리서에서의 새 것과 옛 것의 대조

새 것	옛 것
이미 여기에 있는 좋은 것 (9:11, 23-24; 10:1)	그림자, 모형 (8:5, 9:23; 10:1)
더 크고 온전한 장막 (9:11, 24)	손으로 만든 땅의 성소 (9:1, 11, 24)
그리스도께서 단번에 성소에 들어가심(9:12, 25-28; 10:1-3, 10-14)	제사장들이 매일 성소에 들어감; 대제사장은 일 년에 한번(7:27; 9:7; 10:1)
영원한 구원을 얻음 (9:12; 10:14)	온전할 수 없는 일시적 씻음(9:9; 10:2, 11)
양심을 정결케 함 (9:14-15)	의식적 부정을 제거함 (9:13)
시대들의 정점(9:26)	개혁의 때까지(9:10)

히브리서에서의 영원한 것에 대한 강조

히브리서의 주요 주제는 구약 희생 제사 제도의 일시적이고 잠정적인 성격과 그리스도께서 이루신 것의 지속적이고 영원한 성격 사이의 대조이다. 다음의 언급들에서 보여 질 수 있듯이, '영원한 것'은 히브리서의 논의에 있어서 매우 중요한 주제 이다:

영원한 제사장 그리스도	5:6; 6:20 7:17, 21, 24
그리스도는 영원히 계시다	7:24
어제나 오늘이나 영원토록 동일하신 그리스도	13:8
영원히 온전케 되신 아들	7:28
영원하신 성령	5:9
영원한 속죄	9:12
영원한 기업	9:15
영원한 언약	13:20

3) 새 언약의 중보로서의 그리스도(9:15-22)

자신의 대속의 죽음으로 말미암아 그리스도는 새롭고 더 나은 언약의 중보-- 예레미야 31:31-34에 약속되었던 것(cf. 8:8-12)--가 되셨다 (박스안의 "새 언약의 중보로서의 그리스도"를 보라). 예레미야 예언의 가장 두드러진 특성중 하나는 죄 용서에 대한 약속이다(8:12에서 인용). 여기에서 그리스도의 죽음은 "첫 언약 때에 범한 죄"로 구체화된 죄의 용서를 가능하게 하는 것이다(15절). 이러한 언급은 옛 언약의 희생 제사의 실패와 비교하여 그리스도의 희생 제사의 성공을 재차 강조 한다(cf. 10:17-18)(물론 그리스도의 죽음은 새 언약의 시대를 포함한 모든 시대의 죄를 대속한다). 새 언약은 유대인 독자들에게 특별한 중요성을 갖는 약속된 "영원한 기업"을 얻음을 가능하게 하지만(15절), 이 약속의 실현은 민족적 정치적 실체에서가 아니라 '부르심을 받은 자들'인 교회에서 발견된다(cf. 3:1).

16-17절에서의 논의는 헬라어 *diathēkē*가 문맥에 따라서 "언약" 또는 "유언"을 의미할 수 있기 때문에 가능하다. 저자는 이제 이 단어를 "유언"의 의미로 취한다. 바울은 갈라디아서 3:15-17에서 동일한 단어의 이중 의미를 사용하였다. 사람의 유언은 그 사람의 죽음에 의해서만 효력을 미친다. 마찬가지로 언약은 피 즉 죽음에 의해서만 맺어질 수가 있다. 첫 언약의 경우에는 짐승의 죽음에 의해서 새 언약의 경우에는 하나님의 아들의 죽음에 의해서 언약이 맺어졌다.

따라서 모세가 백성들에게 이 명령들을 낭독 하였을 때 그는 송아지들과 염소들의 피를(물과 함께) 취하여 책과 백성들에게 뿌렸다 (19절, 예를 들어 출 24:3-8; 민 19:18-19; 레 8:15, 19을 암시). 다음 절에 나오는 "이는 너희에게 명하신 언약의 피라"는 선포(20절; cf. 출 24:8)는 입증할 만한 효력을 지닌다. 첫 언약이 피로써 확증된 것처럼 새 언약도 피에 근거하지만 그것은 짐승의 피가 아니라 그리스도의 피다. 그러므로 예수께서는 최후의 만찬에서 잔에 대해서 "이것은 죄 사함을 얻게 하려고 많은 사람을 위하여 흘리는 바 나의 피 곧 언약의 피니라"고 말씀 하셨다(마 16:28). 저자는 "피 흘림이 없은즉 사함이 없느니라"는 점에 주의를 기울인다(22절). 이와 관련된 피의 중요성은 레위기 17:11에서 볼 수 있다. "육체의 생명은 피에 있음이라 내가 이 피를 너희에게 주어 단에 뿌려 너희의 생명을 위하여 속하게 하였나니 생명이 피에 있으므로 피가 죄를 속하느니라."

장막 그 자체와 그 속에 있는 도구들 또한 피로 정결함을 받았다(21절). 실제로 성경에 의하면 정결함에 있어 피는 매우 중요한 것이므로 이것이 지배하는 원리가 되어 누구나 모든 것은 실제로 피에 의해서 깨끗하게 된다고 말할 수 있다(22절). 유일한 예외는 너무 가난해서 유용한 희생을 드릴 수 없는 자들에게 허용된 제물 예를 들어 밀가루, 비둘기, 유향이었을 것이다.

새 언약의 중보로서의 그리스도

중보자는 두 개인이나 그룹 사이에서 교량 역할을 한다. 그러므로 중보자는 양쪽 진영으로부터 신용을 얻어야 하는데 이상적인 방법은 어떤 의미에서 참여에 의해서 양쪽과 관계를 맺는 것이다. 구약의 두 직책 즉, 예언자의 직책과 제사장의 직책은 중보자적 성격을 갖는다: 예언자는 인간에게 하나님을 대표하고 제사장은 하나님께 인간을 대표한다. 하지만 두 직책은 비록 하나님의 위임을 받았더라도 단지 인간으로서만 직무를 수행하여야 한다. 우리는 히브리서 서두에서 그리스도께서 예언자요 또한 제사장으로 섬겼다는 것을 보았다. 그의 신성과 인성은 그로 하여금 양쪽 존재로서 기능하는데 이상적인 요건을 갖추게 한다. 완전한 신성과 인성의 조화는 새 언약의 근거 자체를 이루는 완전히 충분한 희생으로서 자신을 드릴 수 있도록 하는 것이다. 그가 저 언약의 중보자이라는 것 즉, 자신의 피를 드림은 바로 이러한 이유 때문이다(우리의 구원의 선구자로서의 그리스도에 대한 2:10에서의 언급에 주목하라. cf. 12:2). 이런 중보자의 죽음으로 우리는 구속사의 새로운 시간 구조 안으로 들어오게 되었다.

9:15과 더불어 그리스도는 8:6("더 좋은 약속의")과 12:24("새 언약의")에서 중보자로 언급된다. 이 단어는 신약의 다른 곳에서는 유일하게 디모데전서 2:5에만 나온다: "하나님은 한 분이시요 또 하나님과 사람 사이에 중보도 한 분이시니 곧 사람이신 그리스도 예수라."

4) 죄에 대한 최종 응답으로서의 그리스도의 단번의 희생 제(9:23-28)

앞에서의 논의를 요약하는 본 구절은 11-14절에서 설명된 요점들을 반복한다. 이러한 반복은 저자에게 있어서 이 요점들이 중요하다는 것을 가르킨다(24절은 11절과 상응하고 25-26절은 12절과 상응하고 있다). 본절의 직전 구절에서 언급된 동물의 피에 의한 정결은 천상의 실체들의 모형들에 지나지 않는 지상의 것들에 요구되어 졌다(이 점은 8:5에서 이미 언급되었다; cf. 10:1). 그러나 천상의 실체들에 대해서는 더 나은 것이 요구되어 졌다: 동물의 희생 제사나 다른 형태의 동물 제사가 아니라 다음 구절들에서 명백히 하고 있듯이 그리스도의 단번의 희생 제사가 요구되어짐(23절의 "제물" [sacrifices]은 복수로 쓰인 명사[이는 전형적 평행의 결과]임에도 불구하고). 우리가 이미 살펴보았듯이 옛 언약의 원래 희생 제사 제도는 임시적인 것이었고 효과적 속죄를 유일하게 성취할 수 있는 단번 제사를 미리 비추어 주도록 의도된 것이었다.

그리스도는 그의 제사장 사역을 성취하기 위해서 어떤 지상(문자적으로 "손으로 지은") 성전에도 들어가지 않으셨다. 지상 성전은 단지 하나의 모형이며 진짜의 "대형"(對型: 8:5절의 "모형"과는 다른 용어이지만 동일한 의미를 갖는다)이다. 그는 하늘 그 자체인 하나님의 임재 안으로 들어가셨다(24절). 이 점은

그리스도의 사역으로부터
혜택을 받는 자들로서의 "많은 사람"의 의미

9:28에 나오는 "많은"이라는 단어를 문자적으로 받아들여서 그리스도의 대속의 죽음의 영역을 마치 어떤 사람들은 그 혜택 속에 포함되어 있지 않는 것을 의미하는 것과 같은 제한적 영역의 의미로 받아들여서는 안 된다. 이 점은 2:9의 진술에서 확실하게 밝혀진다: "하나님의 은혜로 말미암아 모든 사람을 위하여 죽음을 맛보려 하심이라." "많은"이라는 단어는 이사야 53:12에서 찾아 볼 수 있는데 이것으로 인하여 아마 그 의미가 설명되어 질 수 있을 것 같다. 이사야 53:12의 "그가 많은 사람의 죄를 지며"라는 구절은 초대 교회에서 그리스도를 가리키는 것으로 이해되었다. 문맥에 따르면 "많은"은 "모두"를 뜻하는 셈어적 표현이다. 따라서, 예를 들면 마가복음 10:45에서의 "많은"은 "모두"를 의미하는 것으로 이해되어져야 함이 매우 타당성이 있다(cf. 고후 5:14-15; 딤전 2:6). 이 점은 로마서 5:15과 5:19의 "많은"이 로마서 5:18의 "모두"를 가리키는 병행 진술과 비교되어질 때 한층 명백하여진다.

또한 그리스도의 십자가 대속의 죽음이 갖는 결정적이고 최종적인 성격을 지적하는 저자의 방식이다. 하나님의 임재 안에서 그리스도는 지금 우리를 대신해서("우리를 위하여"; cf. 7:25) 자신의 중보 사역을 계속하신다. 저자가 조금도 지치지 않고 강조하듯이 그리스도의 희생은 그 본질적 성격 자체로 보건대 단회적 사건이고 대제사장의 경우에서처럼 매일 또는 매년 반복될 필요가 없는 희생 이었다(25절의 "자주"와 대조됨). 26절은 창조 역사의 두 종점--세상의 시초와 시대의 끝--에 대한 언급을 하면서 흥미로운 시간적 요소를 더 한다. 속죄를 이루기 위하여 그리스도께서 자신의 피를 흘렸으므로 그리스도 자신의 죽음은 요구 사항이라는 점이 논점이 된다. 하지만 만약 구원이 그의 반복되는 희생에 근거하였다고 가정한다면 필수적으로 반복되어야 하는 것처럼 처음부터 반복되어져야 하였지만 실제로 그의 죽음(여기서는 "고난"의 의미)은 반복되지도 않았을 뿐더러 반복될 수도 없다. 요컨대 죽음은 인간에게 단 한번만 찾아온다(27절; cf. 창 3:19). 대신에 그리스도는 한번의 희생에 의해서 영구적으로 단번에 죄를 없이 하기 위해서 오셨다. 하나님의 아들 메시야의 오심으로 성취된 이러한 구원의 사건은 우리가 지금 막 입성한 종말 시대의 시작인 시대의 정점으로 우리를 인도 한다(cf. 1:2; 고전 10:11).

인간의 정해진 죽음에 대한 언급은 심판의 사상을 가져온다. 모든 사람을 기다리는 심판에 대한 기대는 또한 구원에 대한 우주적 필요를 명백히 한다. 9장의 마지막 절은 반가운 위로를 제공한다. 정확히 말해서 그리스도께서 자신의 단번의 희생제사에서 "많은"("모두"를 암시하는 셈어적 표현) 사람들의 죄를 담당할 수 있었으므로 구원을 가져올 수 있기 때문이다. 그는 이제 더 이상 죄를 질 필요가 없다. 죄짐은 십자가에서 모든 시대를 위해서 최종적으로 성취되어 졌다. 그러나 그는 그를 간절히 기다리는 자들에게 구원을 충분하고 완전하게 가져다주기 위해서 "두 번째" 나타나실 것이다(cf. 빌 3:20; 딤후 4:8). 그때는 그리스도에 의해 이미 얻어진 열매를 추수하는 때가 될 것이다. 이러한 사상은 그리스도의 갈보리 사역의 최종성과 충분성을 재확인시킨다.

학습 연구 질문

1. 옛 언약의 희생 제도에 대한 세부 사항들을 논의하고 이것들이 어떻게 히브리서와 연관이 있는지를 토의하라.
2. 옛 언약 아래에서의 대제사장들의 사역과 그리스도의 제사장 사역을 비교 대조하라.
3. 옛 언약의 희생 제사들과 그리스도의 단회적 희생을 비교 대조하라.

Further Reading

Campbell, K. M. "Covenant or Testament? Heb. 9:16, 17 Reconsidered." *Evangelical Quarterly* 44 (1972): 107-11.

Cody, A. *Heavenly Sanctuary and Liturgy in the Epistle to the Hebrews: The Achievement of Salvation in the Epistle's Perspective.* St. Meinrad, Ind.: Grail, 1960.

Graystone, K. "Salvation Proclaimed: Ill. Hebrews 9:11-14." *Expository Times* 93 (1982): 164-68.

Hughes, J. J. "Hebrews ix 15ff. and Galatians iii 15ff.: A Study in Covenant Practice and Procedure." *Novum Testamentum* 21 (1979): 27-96.

Selby, G. S. "The Meaning and Function of Syneidesis in Hebrews 9 and 10." *Restoration Quarterly* 28 (1985-86): 145-54.

Stanley, S. "Hebrews 9:6-10: The 'Parable' of the Tabernacle." *Novum Testamentum* 37 (1995): 385-99.

Swetnam, J. "A Suggested Interpretation of Hebrews 9, 15-18." *Catholic Biblical Quarterly* 27 (1965): 373-90.

_____. "'The Greater and More Perfect Tent': A Contribution to the Discussion of Hebrews 9, 11." *Biblica* 47 (1966): 91-106.

_____. "Hebrews 9,2 and the Uses of Consistency." *Catholic Biblical Quarterly* 32 (1970): 205-21.

Thompson, J. "Hebrews 9 and Hellenistic Concepts of Sacrifice." *Journal of Biblical Literature* 98 (1979): 567-78.

Young, N. H. "The Gospel According to Hebrews 9." *New Testament Studies* 27 (1981): 198-210.

10A 미완성에서 완성으로(10:1-18)

10:5-7의 유일하고 독특한 구절에서 적법한 희생 제사들의 불만족스러운 본질과 그것들이 갖는 하나님과 인간 사이의 어떤 실제적 화해도 발휘하지 못하는 무능력은 하나님과의 화해를 성취함으로써 하나님의 뜻을 완성하는 무한한 능력에 있어서 그리스도 자신을 드린 개인적 희생 제사와 가장 극명한 대조를 이룬다.

-- F. J. Delitzsch,
<The Epistle to the Hebrews>에서

보충 읽기
출애굽기 29:38-46; 레위기 16:1-22; 마태복음 9:10-13

개요

- 구약 희생 제사들이 할 수 없었던 것(10:1-4)
- 시편 40편에 근거한 새 것에 의해 대체된 옛것(10:5-10)
- 새 언약을 확립하고 이행하는 완전한 드림(10:11-18)

목표

1. 히브리서 논의의 중심 사상을 요약하라.
2. 시편 40:6-8의 인용과 이에 대한 미드라쉬적 해석을 설명하라.
3. 예레미야 새 언약의 성취로서의 그리스도의 희생 제사에 대하여 주석하라.

십자가가 기독교의 주요 상징이 되었던 것은 우연이 아니다. 그리스도께서 십자가에서 드린 희생적 죽음은 새 언약과 기독교 신앙의 핵심 자체요 새 것과 옛것 사이의 결정적 전환점이다. 그 죽음은 이제까지의 모든 것에 대한 성취요 구속사에 있어서 새로운 단계--실제로는 하나의 전환점--로 우리를 인도한다. 이제까지 진행되어 온 복잡한 논의로부터 한발짝 물러서서 '우리가 어디에 있는지' 에 대해서 한 문장의 근본적 진술로 요약할 수가 있을까? 이것을 저자는 우리들을 위하여 간절히 시도 하고 있음을 읽을 수 있다. 18절까지 이르는 10장의 첫 부분은 서신의 중심 강화(discourse) 부분을 요약하는 한편 히브리서의 핵심 사상을 담고 있다. 이 부분은 요약적 결론의 기능을 하고 있으며 앞서 제기되어 온 몇몇 주요점들을 반복한다. 유일한 새 자료는 5-10절에서 발견된다. 하지만 우리가 보게 되듯이 그것은 새로운 것이 아닌 친숙한 점들을 언급하기 위해서 사용되어진다.

1) 구약 희생 제사들이 할 수 없었던 것 (10:1-4)

이 구절들은 8:1-7과 9:23-26과 같은 이전의 구절들에서 우리에게 이미 익숙해진 것을 반복한다. "율법"--즉, 구약 제사 제도--은 스스로 지속되거나 또는 독립적인 중요성을 갖는 것이 아니라 "오는 좋은 일"(이제 이미 도래한--미래 시제의 의미는 옛 것의 관점에서 보았을 때를 가리키는 것이지 저자의 관점에서 미래가 아니다)의 "그림자" 일 뿐이라(그래서 8:5에서도 동일하게; cf. 골 2:17)는 점이 반복되고 있다. 율법은 그것이 어렴풋이 비쳐주는 것에 대한 실체나 본질을 갖고 있지 않았다. 이 점은 동일한 제사들이 매년마다 (7:27에서는 "날마다") 반복적으로 드려져야 하였던 필요성에서 분명해진다. 동일한 제사의 반복은 그 자체가 인간의 죄 문제에 대해서 효과적이고 지속적인 구제책을 가져오지 못하는 구약 제사의 불완전성과 무능력을 가리킨다. 저자가 즐겨 표현하듯이 그러한 제사들은 하나님의 임재 앞으로 가까이 나아오고자 하는 자들을 --완전한 구원과 온전히 "깨끗함"에 이르게 하는 의미에서--"온전케 할 수" 없었다. 반대로 구약 제도의 제사들은 실제로 계속되는 실패를 생각나게 하는 고통의 상기자 역할을 하였다. 저자에 의해 제공된 전체 그림에 의하면 옛 언약 제도는 그 자체 속에 목표가 있는 것이 아니라 항상 어떤 것에 대한 예비적인 것으로 의도되어 왔기 때문에 실제에서의 실패는 놀라운 것이 될 수 없다. 따라서 그림자가 주는 메타포는 가까이 닥아 오는 어떤 것에 밀접하게 연관되어 있으나 그것과는 확연히 다른 그림자의 의미에서 즉, 구체적인 것과 유사한 형태적 의미에 있어서 특별한 적절성을 갖는다.

저자는 이제 자신의 입장에서 가장 근본적인 확증, 다시 말하자면 신약 시대의 우리에게는 친숙하고 감지될 수 있지만 옛 언약의 제사 제도에 참여하는 사람들에게는 새롭고 충격적인 결론에 도달한다. "이는 황소와 염소의 피가 능히 죄를 없이 하지 못함이라"(4절). 이러한 불가능은 옛 언약의 근본적인 약점과 실패를 설명하고 있다. 이 진술은 시간을 초월한 원리로서 선포되어진다. 동물 제사는 죄에 대한 해답을 제공하지도 않았고 제공 할 수도 없었다. 이 점은 그리스도께서 드린 단번의 제사가 아담의 타락으로부터 종말에 이르는 전체 시간대를 총망라하여 걸치고 있음을 의미한다. 다시 말하자면 죄 용서는 과거 현재 미래 어떤 시대에서도 그리스도의 대속의 죽음에 전적으로 의존한다. 그 효과는 미래로 향하는 것은 물론 과거로 돌아 미치기도 한다. 그리스도의 죽음만이 죄인들을 위한 죄 용서함과 죄인들이 하나님과 화해할 수 있는 유일한 수단이다.

구약에 근거한 성전 제사의 불충분성

신약 시대가 시작되기 오래전부터 성전 제사는 인간이 갖는 하나님과의 관계의 모든 것이 아니요 궁극적인 것도 아니라는 의식이 있었다는 것은 흥미롭다. 많은 구약 구절들이 이 점을 지적하고 있는 듯하다.

"제사와 예물을 기뻐 아니하시며 번제와 속죄제를 요구치 아니하신다 하신지라"(시 40:6).

"주는 제사를 즐겨 아니하시나니 그렇지 않으면 내가 드렸을 것이라 주는 번제를 기뻐 아니 하시나이다"(시 51:16)

"너희의 무수한 제물이 내게 무엇이 유익하뇨 나는 수양의 번제와 살진 짐승의 기름에 배불렀고 나는 수송아지나 어린 양이나 수염소의 피를 기뻐하지 아니하노라"(사 1:11).

"나는 인애를 원하고 제사를 원치 아니하며 번제보다 하나님을 아는 것을 원하노라"(호 6:6).

"내가 너희 절기를 미워하며 멸시하며 너희 성회들을 기뻐하지 아니하나니 너희가 내게 번제나 소제를 드릴지라도 내가 받지 아니할 것이요 너희 살진 희생의 화목제도 내가 돌아보지 아니하리라"(암 5:21-22).

"내가 무엇을 가지고 여호와 앞에 나아가며 높으신 하나님께 경배할까 내가 번제물 일년 된 송아지를 가지고 그 앞에 나아갈까 여호와께서 천천의 수양이나 만만의 강수 같은 기름을 기뻐하실까 내 허물을 위하여 내 맏아들을, 내 영혼의 죄를 인하여 내 몸의 열매를 드릴까 사람아 주께서 선한 것이 무엇임을 네게 보이셨나니 여호와께서 네게 구하시는 것이 오직 공의를 행하며 인자를 사랑하며 겸손히 네 하나님과 함께 행하는 것이 아니냐"(미 6:6-8).

위의 구절들이 강조하는 요점은 하나님께서 첫 번째로 명령하셨던 제사 자체를 기뻐하지 아니 하신다는 것이 아니다. 하나님의 뜻에 순응하며 사는 삶이 수반되지 않는 제사만으로는 아무 소용이 없다는 것이다. 실제로 그런 제사들은 하나님을 모욕하는 것이다. A. D. 70년 예루살렘 성전이 무너지고 난 후 유대인들이 더 이상 동물 제사를 드릴 수가 없었을 때 유대교는 용서는 회개와 기도만으로 가능하다고 주장하면서 이러한 구절들에서 위로를 받았다.

> 하지만, 히브리서 저자에 있어서 동물 제사는 원칙적으로 효과가 없었던 것이었고 그리스도의 희생이 동물 제사를 대체하였기 때문에 이제 더 이상 필요하지 않았다.
>
> 그러나 위의 구절들에서 그리스도인들도 하나의 교훈을 얻을 수가 있다. 히브리서 저자를 포함하여서 어떤 신약 성서 저자도 하나님의 뜻을 근본적으로 거슬리는 삶을 살아가는 사람들이 그리스도의 희생 제사에 의존하는 것을 용납하지 않으려 할 것이다.

2) 시편 40편에 근거한 새 것에 의해 대체된 옛 것(10:5-10)

기독교적 해석 영역에서 절대적으로 훌륭한 부분인 시편 40:6-8에서 저자는 이제 자신이 주장하는 것의 중심 되는 주제--옛 것의 실패와 그에 상응하는 그리스도의 성공적인 성취--를 발견해낸다. 다시 한번 저자는 독자들에게 인용 구절의 의미를 제시하기 위하여 인용 구절에 대한 미드라쉬적 주석(인용 구절의 실제 단어들을 사용하면서)을 한다(8-10절).

70인역에서 인용된 시편 40:6-8은 구조적으로 ABAB 패턴을 갖는다.

>   A (주께서) 제사와 예물을 요구치 아니 하시나,
>
>   B 나를 위하여 한 몸을 예비 하셨으니
>
>   A 번제와 속죄제를 기뻐 아니 하신다 하신지라
>
>   B 그 때에 내가 말하기를 내가 왔나이다 나를 가리켜 기록한 것이 두루마리 책에 있나이다 내가 주의 뜻을 행하기 위해 왔나이다(역자 역).

초대 기독교인들이 시편을 읽는 전형적인 경우에서처럼 이 구절은 기독론적으로 이해되어 진다; 그리스도가 이러한 말들을 하는 화자로 되어서('그[그리스도]가 세상에 왔을때' [5절]) 그가 하나님께 이야기 한다. 시편 40:6-8에 대한 이러한 이해는 히브리서 저자에게서 비롯된 것이었는지 아니면 다른 초대 기독교인들 사이에서 공유된 이해이었는지는 확실치 않다(다른 어떤 신약 성서 본문도 이 구절에 대한 암시를 주지 않더라도). 이러한 이해가 저자 자신의 발견이었는지 아닌지를 떠나서 저자는 자신의 원천적인 논의의 기본적 대조가 이 시편 구절의 A와 B행에서 보여 질 수 있다는 것을 발견하고서 놀랐음에 틀림없다.

A행은 희생 제사는 하나님께서 지시하신 것도 하나님께서 기뻐하시는 것도 아님을 가리킨다. 이것은 간접적으로 옛 제도하의 희생 제사는 속죄와 죄 용서함을 성취할 수가 없기 때문에 무력하다는 저자의 주장을 확증시킨다.

70인역을 따른 첫 번째 B행 "나를 위하여 한 몸을 예비 하셨으니" 구절은 그리스도의 성육신에 대한 언급으로 저자에게 닥아 왔다. 예수의 완전한 육체적 인성은 예수로 하여금 대제사장이 될 수 있도록 하기 때문에 히브리서에 있어서 특별히 중요한 점이다. 하지만 이보다 더 중요한 것은 우리가 보아 왔듯이 예수의 죽음을 가능하게 하여 구원을 이룰 수 있게 한다는 점이다(cf. 2:9, 14, 17). 여기서 70인역 역본은 문자적으로 "나를 위하여 귀(ears)를 파셨나이다"로 된 히브리어 본문에 대한 해석인 듯하다. 히브리어 시편 40:6의 행(line)에 대한 대부분의 번역(KJV, NASB, RSV를 포함하여)은 NRSV가 전달하는 "당신(주)께서 내게 열린 귀를 주셨나이다"의 의미를 따라 이 행의 말들을 '들을 수 있도록 하여서 복종할 수 있다' 는 의미로 번역한다. 그러나 70인역의 번역자들은 아담의 육신 창조에 대한 암시로 이 말을 이해하였다. 이에 따르면 하나님에 의해 흙으로부터 빚어진 육신은 조각 작품을 만들 때처럼 귀를 파내는 것을 필요로 하였다. 이 말을 성육신한 그리스도의 입에 놓으면 더욱 적절해진다: "나를 위하여 한 몸을 예비 하셨으니." 그리스도께서는 육신이 없이는 죽을 수가 없었기에 하나님의 뜻을 성취할 수 없었을 것이다.

두 번째 B행 또한 그리스도에 적절한 자료를 함유하고 있다. 여기의 단어들은 널리 알려진 '하나님의 부르심에 대한 응답공식' (formula)을 형성한다. 그리스도는 하나님의 뜻이 비록 자신을 십자가로 인도할 지라도 그 뜻에 순종한다. 두루마리 책에 "나를 가리켜 기록한 것"은 저자에 의해서 이사야 53장에서처럼 성경에 기록되어 있는 것에 대한 언급으로 받아들여졌다. 적어도 그것은 하나님 께서 정하신 것에 대한 완전한 성취를 암시한다.

8-10절에서 저자는 그가 즐겨 하듯이 이 구절에 대한 자신의 이해를 설명하면서 미드라쉬적 주석을 제공한다. 8절에서 저자는 인용 본문의 단어들을 약간 다른 순서로 언급하면서 두 A행 요소들을 결합시킨다. 이 말들에다가 그는 단순한 설명어인 '이 말들은 율법에 따라 주어졌다'(NASB)는 구절을 더한다. 또 다시 저자는 두 번째 B행 요소를 간략한 형태로 병렬시키고(9절) 나서 그리스도께서 "그 첫 것을 폐하심은 둘째 것을 세우려 하심이니라"는 점을 지적함으로써 불연속성을 부각 시킨다(cf. 7:18-19; 8:7, 13). 이러한 급진적 사상은 독자들에게는 이미 익숙해진 내용이지만 10절에서 더 자세하게 설명 되어진다: "이 뜻을 좇아 예수 그리스도의 몸을 단번에 드리심으로 말미암아 우리가 거룩함을 얻었노라."

시편 40편에서 저자는 이전의 논의들에서 자신이 설명 하여온 대조를 정확하게 발견한다. 성육신한 그리스도의 유일하고 모든 면에서 충분한 희생 제사는 구약의 동물 제사를 영원히 진부한 것으로 만들었고 이것을 대체하였다. 이 제사만이 우리를 거룩하게 할 수 있다(10절). 다시 말하자면 그리스도의 제사만이 우리를 죄로부터 완전하게 깨끗이 씻어주고 그럼으로써 하나님의 구원의 목적을 성취한다.

3) 새 언약을 확립하고 이행하는 완전한 제사(10:11-18)

이제 우리는 옛 언약의 제사와 그리스도의 속죄 사역 사이의 대조에 대한 저자의 상세한 설명으로 이루어진 결말에 도달한다. 이 결론 부분은 요약과 함께 강조를 제공한다. 그리스도께서 드린 희생 제사의 결정적인 성격과 최종성이 주된 메시지로 나타난다. 따라서 우리는 "한 제사"(12절), "한 제물"(14절)을 한번 그리고 우리에게 친숙한 "영원한(히)"를 두 번 접하게 된다. 이 구절은 또한 저자의 설명에 아주 중요한 구약의 근본적인 두 구절(시편 110:1과 예레미야 31:31-34)의 인용으로 돌아감으로써 이제까지의 논의를 마무리 한다.

재차 우리는 제시된 대조의 양쪽 면을 보게 된다. 한편으로 구약의 대제사장에 의해서 "매일" 계속 반복해서 드려지는 제사의 무익함이 나타나는데 이점에 대해서 저자는 "언제든지 죄를 없게 하지 못하거니와"라고 반복 한다(11절). 다른 편으로는 "죄를 위한 한 영원한 제사"인 그리스도의 제사가 언급 된다(12절). 그리스도의 제사는 죄를 없게 할 수 있다. 이 제사의 최종성은 시편 110:1에서 인용된 단어들에 의해서 강조 된다. 그리스도께서 "하나님의 우편에 앉으사." 히브리서 저자가 서두에서 언급하였듯이 그리스도께서는 "죄를 정결케 하는 일을 하시고 높은 곳에 계신 위엄의 우편에" 앉으셨다(1:3; cf. 8:1; 12:2).

13절은 이색적인 잠정기를 지적한다. 이 기간은 교회가 현재 위치하고 있는 시기로 그리스도의 초림과 재림사이의 시대로 종종 묘사되어 진다. 그리스도께서 하나님 우편에 앉아서 다스리고 계시지만(cf. 고전 15:25), 동시에 그는 "자기 원수들로 자기 발등상 되게 하실 때까지" 기다리신다. 이는 시편 110:1에 대한 진전된 암시이다. 이점은 2:8에 대한 해석의 어떤 결과가 주는 하나의 의미이다. 2:8에서 저자는 시편 8:6에 대한 언급으로 "지금 우리가 만물이 아직 저에게 복종한 것을 보지 못하고"라고 기록하고 있다. 여기에 등장하는 단어들은 시 110:1의 마지막 행과 매우 유사한데 그리스도와 그의 인성에 대해서 말한다.

그리스도의 사역은 14절에서 마지막으로 요약된다. "저가 한 제물로 거룩하게 된 자들을 영원히 온전케 하셨느니라." "온전케"라는 말에 대해서 우리는 다시 한 번 "구원의 온전함에 인도된" 그래서 "영원히"라는 개념으로 이해할 수가 있다. "거룩하게 된"이라는 말은 신약 성서에서 단순히 크리스챤들을 언급하는데 자주 사용되고 있다. 체험과 상태의 둘 사이를 구분하는 것은 항상 위험스럽지만 그러하더라도 성화는 체험보다는 상태에 대해서 말한다. 바로 이러한 이유로 인하여 신약 성서 윤리의 중심 취지는 우리가 어떤 사람이 되어야 하는 가에 있다("to be what you are"). 크리스챤들은 율법아래 있지 아니하지만 저자가 상기시키고 있듯이 율법은 우리의 마음 판에 쓰여져 있다.

히브리서에서 강조된 이러한 핵심 주장을 끝마치기 위해서 주요 본문중 하나이며 또한 저자가 8장에서 자세하게 인용했던 예레미야 31장으로 되돌아가는 것은 적절해 보인다. 여기서 이 본문은 소개 구절(formula)이 지적하듯이 교회에 대한 메시지이다: "성령이 우리에게 증거 하시되." 저자는 여기서 재차 예레미야 31:33-34의 단어들을 가볍게 재배치하고 약간 줄여서 되새긴다. 그는 하나님께서 "저희와 세울 언약"은 물론 저희의 마음과 생각 속에 기록된 법이라는 점에 대해서 언급하고 있으나 실제로는 마지막 말들에 특별한 관심을 갖고 있어 보인다. 헬라어 *ou mē*는 강력한 부정 가능성을 나타내는 표현인데 저자는 이 강조적 부정 용법을 인용의 마지막에서 사용하고 있다: "저희 죄와 저희 불법을 내가 다시 기억지 아니하리라"(17절). 이것은 그리스도 희생 제사의 충분성과 구약 제사 제도의 종식을 직접적으로 가리킨다. "이것을 사하셨은즉 다시 죄를 위하여 제사 드릴 것이 없느니라"(18절).

그와 같은 강력한 언급과 함께 저자는 히브리서 중 가장 어려운 부분으로 받아들여지는 논의의 핵심 부분을 마친다. 그 이상으로 논의가 진전이 이어지겠지만 대부분은 다른 진로를 따라 움직인다. 하지만 이제는 통례적으로--저자가 적용을 하지 않고 너무 오래 동안 논의를 진행하여 왔다는 느낌을 거의 갖게 되는데(지금까지 나온 마지막 적용 부분은 6:4-12이었다)--이어지는 다음 부분에서 저자는 이러한 논의를 자신의 독자들에게 적용하는 쪽으로 나아간다.

학습 연구 질문

1. 히브리서 논의의 핵심은 무엇인가?
2. 시편 40편에서 발견된 대조를 히브리서 저자는 어떻게 해석하고 있는지에 대해서 토론하라.
3. 히브리서 1-10장에서 이해되어진 그리스도의 사역을 요약 하라.

Further Reading

Bruce, F. F. "A Shadow of Good Things to Come (Heb. 10:1)." In *The Time Is Fulfilled*, 77-94. Grand Rapids: Eerdmans, 1978.

Jobes, K. H. "The Function of Paranomasia in Hebrews 10:5-7." *Trinity Journal* 13 (1992): 181-91.

_____. "Rhetorical Achievement in the Hebrews 10 'Misquote' of Psalm 40." *Biblica* 72 (1991): 387-96.

Kaiser, W. C. "The Abolition of the Old Order and the Establishment of the New: A Study of Psalm 40:6-8 and Hebrews 10:5-10." In *Tradition and Testament*, ed. J. S. and P. D. Feinberg. Chicago: Moody, 1981. Pp. 19-37.

Stylianopoulos, T. G. "Shadow and Reality: Reflections on Hebrews 10:1-18." *Greek Orthodox Theological Review* 17 (1972): 215-30.

10B 신실, 배교 그리고 인내 (10:19-39)

크리스챤들은 성육신에 의해서 확립되어 길이 된 그리스도의 보혈과 개인적 옹호자(그리스도)이신 하나님의 집 제사장으로 말미암아 하나님의 임재 앞으로 나아가는 통로를 소유하고 있다.

-- B. F. Westcott,
<Commentary on the Epistle to the Hebrews>에서

보충 읽기
에스겔 36:22-36; 마가복음 15:33-39; 고린도전서 13

개요

- 하나님께 가까이 나아감: 신실함의 근거(10:19-25)
- 배교와 심판의 위험(10:26-31)
- 인내에 대한 권면(10:32-39)

목표

1. 신실함의 근거들을 설명하라.
2. 배교의 위험에 대하여 상술하라.
3. 인내의 중요성에 대하여 토의하라.

적용 없는 신학 없고 신학 없는 적용 없다. 적용 없는 신학은 추상적이고 단지 지적인 수련에 불과하다. 신학 없는 적용은 동기를 제공하고 활기를 돋울 수 있는 근거를 상실한다. 이러한 사상들이 저자의 관점과 잘 맞아 떨어지고 있다. 이제 우리는 서신서 에서 중요한 전기를 맞게 된다. 논의의 중심 사상을 제시한 후에 저자는 10장의 나머지 부분에서 이제까지 저자를 사로잡았던 긴 논의에 대한 세세한 적용으로 나아간다. 옛 언약과 새 언약 사이의 결정적 차이점들에 대한 능숙한 설명과 기술적인 논의에도 불구하고 저자는 논의 그 자체에는 궁극적 관심을 기울이지 않는다. 앞서의 논의 과정에서 보았듯이 그는 가장 실제적인 문제, 즉, 구체적으로 독자들이 가졌던 위험스러운 경향에 관심을 기울인다. 이 문제들은 극단적이고 긴급한 중요성을 띠고 있다(6:4-8에서 이미 살펴보았고 10:26-36에서 다루어질 문제이다). 실제적 문제들에 대해 언급하는 과정을 통해서만 저자는 자신의 설교 형식의 논문(sermon-treatise)의 강화 부분에 나타난 신학을 정립시킨다. 사도 바울에서와 마찬가지로 히브리서 저자에게서 우리는 이론뿐인 신학자가 아니라 실무적인 신학자를 대하게 된다. 이제 저자는 이제까지 설득력 있게 주장하여 온 것에 대한 실제적 중요성을 그린다.

1) 하나님께 가까이 나아감: 신실함의 근거(10:19-25)

이 구절에 나타나는 권면은 "(우리가) 나아가자"(22절), "(우리가) 굳게 잡자"(23절), 그리고 "(우리가) 돌아보자"(24절)로 번역된 세 개의 헬라어 가정법 동사들에 근거한다. 이것은 4:14-16에 나타난 권면과 매우 유사하다. 특별한 흥미를 끄는 것은 믿음 소망 사랑(cf. 고전 13:13)이라는 친숙한 삼제(三題)가 세 개의 권면에서 각각 발견된다는 점이다.

저자는 이제까지 신중하게 논증하여 온 것에 대한 간략한 언급을 권면의 전제로 제공함으로써 논의를 시작한다. 그리스도의 죽음은 하나님의 처소로 나아가는 길을 연다. "예수의 보혈"에 의해 암시된 그 죽음은 우리로 하여금 "성소에 들어갈" 수 있도록 하는 도구이다(19절). 여기서 재차 의미되어 지는 것은 극성소(the Holy of Holies) 또는 NIV가 말하는 "지성소"(the Most Holy

Place)이다(cf. 9:8에서의 동일한 사용). 이것은 문학 구조적으로 어떤 의미를 전달하는 것은 아니다; 다만 그것은 하나님의 직접적인 임재를 가리킨다. 그러한 이유로 인하여 "담대함" 또는 "확신"의 단어는 합당하다. 하나님의 임재로의 새롭고 담대한 접근이 가능해진 것은 "새롭고 산 길"로 묘사된 그리스도의 희생 때문이다(20절). 이 길의 새로움은 그것의 수단과 결과와 관계가 있다. 저자가 그것을 "산 길"로 묘사할 때 그는 아마도 이제는 끝이 난 옛 길과는 대조되는 새로운 길의 지속되는 성격을 가리키는 듯하다.

히브리서에 나타난 권면들

히브리서를 설교 형식의 논문(sermon-treatise)이라고 칭할 때 그것이 갖는 가장 분명한 구조적 특징들 중의 하나는 강화와 적용의 교차적 사용이다. 히브리서는 권면으로 가득 차 있다. 이 방식은 저자가 자신의 자료를 독자들에게 적용하는 주요 방식들 중 하나이다. 우리는 여기서 이러한 명령법들과 권면들을 서신에 나타나는 순서대로 나열해 보기로 한다(13장은 수많은 명령법으로 차있기 때문에 여기에서 제외하기로 한다).

"모든 들은 것을 우리가 더욱 간절히 삼갈지니"(2:1).

"우리의 믿는 도리의 사도시며 대제사장이신 예수를 깊이 생각하라"(3:1).

"너희 중에 누가 믿지 아니하는 악심을 품고(살아 계신 하나님에게서 떨어질까) 염려할 것이요"(3:12).

"매일 피차 권면하여 너희 중에 누구든지(죄의 유혹으로) 강퍅케 됨을 면하라"(3:13).

"우리는 두려워할지니 그의 안식에 들어갈 약속이 남아 있을지라도 너희 중에 혹 미치지 못할 자가 있을까 함이라"(4:1).

"우리는 저 안식에 들어가기를 힘쓸지니"(4:11).

"우리가 믿는 도리를 굳게 잡을찌어다"(4:14).

"은혜의 보좌 앞에 담대히 나아갈 것이니라"(4:16).

"우리가 그리스도 도의 초보를 버리고 … 완전한 데 나아갈찌니라"(6:1, 2).

"너희 각 사람이 동일한 부지런을 나타내어 끝까지 소망의 풍성함에 이르러"(6:11).

"앞에 있는 소망을" 붙들라(6:18).

"하나님께 나아가자"(10:22).

"우리가 믿는 도리의 소망을 움직이지 말고 굳게 잡아"(10:23)

"서로 돌아보아 사랑과 선행을 격려하며"(10:24)

"전날에 … 생각하라"(10:32).

"너희 담대함을 버리지 말라"(10:35).

"모든 무거운 것과 얽매이기 쉬운 죄를 벗어 버리고"(12:1).

"인내로써 우리 앞에 당한 경주를 경주하며"(12:1).

"죄인들의 이같이 자기에게 거역한 일을 참으신 자를 생각하라"(12:3).

"피곤한 손과 연약한 무릎을 일으켜 세우고 너희 발을 위하여 곧은 길을" 만들라(12:12-13).

"모든 사람으로 더불어 화평함과 거룩함을 좇으라"(12:14).

"너희는 돌아보아 하나님 은혜에 이르지 못하는 자가 있는가 두려워" 하라(12:15).

"너희는 삼가 말하신 자를 거역하지 말라"(12:25).

"우리가 진동치 못할 나라를 받았은즉 은혜를 받자"(12:28).

"하나님을 기쁘시게 섬길찌니"(12:28).

하나님께로의 새로운 접근에서 우리는 지성소 앞에 걸려 있는 휘장을 통과해 들어가야 한다(cf. 9:3). 여기에서도 휘장은 문자적으로 의미되고 있지 않다. 휘장('휘장을 통하여는 다시 말하자면 그의 육체를 통하여' [20절])을 그리스도의 "육체"(NIV에 기록된 것처럼 "몸(body)"이 아니다)에 필적시키는 두드러진 병행 속에는 예수의 죽음의 순간에 지성소의 휘장이 찢어진 것에 대한 예리한 암시가 들어있는 듯하다. 휘장의 찢어짐은 옛 제도가 끝이 나고 새로운 제도가 시작되었다는 것을 상징한다. 이 사건은 모든 공관 복음서에 공히 기록되어 있다. 마가복음 15:38과 마태복음 27:51에 따르면 성소 휘장은 위로부터 아래로 찢어져 둘이 되었는데 이는 이 사건이 하나님의 행위였다는 점을 가리킨다(cf. 눅 23:45). 히브리서 저자는 예수님의 육신의 찢어짐에 대한 병행적 언급을 하지 않지만 십자가 죽음은 실제로 그것을 암시한다.

독자들로 하여금 기독교 신앙을 버리게 하는 유혹

다음의 구절들은 기독교를 버릴 것을 고려하는 독자들 가운데 존재하는 성향을 가리킨다.

2:1-3 "모든 들은 것을 우리가 더욱 간절히 삼갈찌니 혹 흘러 떠내려 갈까 염려하노라 … 우리가 이같이 큰 구원을 등한히 여기면 어찌 피하리요"

3:12-14 "너희가 삼가 혹 너희 중에 누가 믿지 아니하는 악심을 품고 살아계신 하나님에게서 떨어질까 염려할 것이요; 누구든지 죄의 유혹으로 강퍅케 됨을 면하라; 우리가 시작할 때에 확신한 것을 끝까지 견고히 잡으면 그리스도와 함께 참예한 자가 되리라"

4:1 "우리는 두려워할지니 그의 안식에 들어갈 약속이 남아 있을지라도 너희 중에 혹 미치지 못할 자가 있을까 함이라"

4:11 "우리가 저 안식에 들어가기를 힘쓸지니 이는 누구든지 저 순종치 아니하는 본에 빠지지 않게 하려 함이라"

> 6:4-6 배교를 하게 되면 "타락한 자들은 다시 새롭게 하여 회개케 할 수 없나니"
> 10:26-31 "하나님 아들을 밟고, 언약의 피를 부정한 것으로 여기고, 은혜의 성령을 욕되게 하는" 죄를 의도적으로 지으면
> 10:36 "너희에게 인내가 필요함은"
> 10:39 "우리는 뒤로 물러가 침륜에 빠질 자가 아니요"
> 12:3-11 "너희가 피곤하여 낙심치 않기 위하여; 너희가 아직 피흘리기까지는 대항치 아니하고; 너희가 참음은 징계를 받기 위함이라; 무릇 징계가 당시에는 즐거워 보이지 않고 슬퍼 보이나"
> 13:13 "우리는 그 능욕을 지고 영문 밖으로 그에게 나아가자"

세 가지 권면에 대한 근거로서 작용하고 또한 그리스도께서 무엇을 하셨는지를 가리키는 이 세 개의 사항들에서 우리는 "큰 제사장"을 가졌다는 사실에 최종적으로 도달하게 된다(21절; cf. 4:14, "큰 대제사장"). 그리스도의 대제사장직은 앞서의 장들에서 자주 언급되었다. 하나님 앞에서 우리를 대표하심으로 하나님의 임재로 나아가는 길을 열었던 그는 단 번의 속죄 제사와 함께 우리 앞서 가신 분이시다. 이 분은 "구원의 선구자"(2:10)로서 그리고 "새 언약의 중보"(9:15)로서 앞에서 우리가 만났던 그 분이시다.

이러한 사실들을 근거로 하여서 22-24절의 삼중 권면이 펼쳐진다. "우리가 나아가자"는 첫 번째 권면은 처음에는 다소 이상하게 들릴 수 있다. 목적어가 언급되고 있지 않아서 우리는 "무엇(누구)에 가까이 나아가야 하는가?"라는 질문을 던질 수 있다(역자 주: 개역 성경에는 "하나님께"라는 목적어가 소개되고 있음). 문맥상으로 볼 때 이 말은 성전의 용어임이 분명하다. 저자가 염두에 두고 있는 것은 장막/성전의 구조와 규정에 의해 수반되는 고도로 제한된 접근과는 대조되는 하나님의 임재 앞으로 나아갈 수 있는 온전하고 자유로운 접근이다. 따라서 우리는 용기와 위로와 힘과 같은 은혜를 받기 위하여 하나님의 임재

앞에 가까이 나아가야 한다(cf. 4:16). 즉, 그리스도께서 우리를 대신하여 이루신 일이 주는 이점을 온전히 활용하여야 한다.

하나님께 가까이 나아감에는 제사가 아니라 진실하고 신실한 마음이 요구된다. 그리스도께서 안식을 이루셨다. 우리로 하여금 가까이 나아가도록 이끄는 온전한 믿음(full assurance of faith)과 이에 수반되는 확신 또는 담대함은 그리스도께서 우리를 대신하여 이루신 사역에 우리가 의지함에 의해서만 얻을 수 있다. 마찬 가지로, "우리가 마음에 뿌림을 받아 양심의 악을" 깨달아 깨끗하게 되는 조건(성전 의식 용어를 보라)은 새 언약만이 줄 수 있는 혜택이다(cf. 9:14; 겔 36:25-26). 한편으로, "맑은 물로" 씻겨 진 우리 몸은 성전 의식과 관계된 씻음이 아니라 구원의 체험된 실체로서의 외적 표식인 기독교 세례를 가리키고 있는 듯하다.

두 번째 권면은 "믿는 도리의 소망을 굳게" 잡자는 것이다(23절). 3:1과 4:14에서와 같이 여기서의 "믿는 도리"(confession)는 객관적인 의미에서 '무엇을 믿는가?' 즉, 신조와 세례 시에 '무엇을 고백하는가?'를 가리킨다. 이 권면은 우리가 믿는 것을 굳게 잡자는 것이다. 이 권면과 독자들의 상황과의 연계성은 즉각적으로 명백해진다(cf. 2:1-3; 3:12-14; 4:1; 6:4-6; 10:26-29). 하나님께서는 자신의 약속에 신실하시기 때문에 우리들은 믿음으로 굳게 설 수 있는 능력을 부여 받았다(cf. 11:11; 신약의 다른 부분에 나타나는 이와 같은 사상의 중요성을 위해 고전 1:9; 10:13; 고후 1:18; 살전 5:24; 딤후 2:13을 보라).

세 번째 권면은 독자들로 하여금 "서로 돌아보아" 가장 으뜸되고 포괄적인 크리스챤의 덕목인 "사랑"(10:24를 제외하고서 히브리서에서 "사랑"이라는 단어가 나타나는 유일한 곳은 6:10에서 이다)과 "선행"(히브리서에서 이 용어는 여기에서만 나타난다)을 베풀라는 요청이다. 이 용어들은 신약 서신서의 권면(paraenesis)에 있어서 고정되고 용인된 요소들이다. 교우간의 사귐(교제)은 특별히 어렵고 위험한 상황 속에서도 이러한 격려(권면)를 줄 수 있는 이상적인 문맥을 제공한다. 그러나 일부는 심지어 독자들까지도 그러한 교제의 모임을 무시하고 있었던 것 같다. 그 이유는 사람들로부터 관심의 대상이 되는 것을 피함으로써 있을 법한 박해를 줄여보고자 하였던 것에서 찾을 수 있다. 종말의 심판의 날이 가까워 온다는 생각은 독자들에게 최선을 다하고 최고의 사람들이 되어야 한다는 동기를 유발하는 긴박성을 가져 왔다(cf. 37절에서의 히 2:3 인용). 피부로 느껴졌던 이러한 긴박성은 예루살렘의 무너짐이 긴박한 가운데 예수님께서 하신 예언의 성취와 맞물려(예를 들어 마 24:2) 시대적 종말이 도래하였다는 믿음의 결과로 보여 진다.

그리스도인의 미래 유산

10:34	"더 낫고 영구한 산업이 있는 줄 앎이라"
10:35	"큰 상"
10:36	"약속을 받기 위함이라"
11:10	"하나님의 경영하시고 지으실 터가 있는 성을 바랐음이 니라"
11:14-16	"본향; 더 나은 본향; 하늘에 있는 것"
11:26	"상 주심을 바라봄이라"
11:35	"더 좋은 부활"
11:40	"더 좋은 것"
13:14	"우리가 여기는 영구한 도성이 없고 오직 장차올 것을 찾나니"

2) 배교의 위험성과 심판(10:26-31)

이 구절은 독자들의 잠재적 배교 가능성이 보여 지고 있는 6:4-6과 매우 유사하다. 저자는 독자들에게 기독교 신앙에서 돌아 서는 것이 가져올 결과에 대해서 경고한다. 26절에 언급된 고의로 짓는 죄는 일상적인 죄가 아니라 6:6에서처럼 구체적으로 배교의 죄를 말한다. 이 점은 직후 문맥(29절)에 나오는 "하나님의 아들을 밟고," "언약의 피를 부정한 것으로 여기고," 그리고 "은혜의 성령을 욕되게 하는"과 같은 언급에서 명백해진다. "진리를 아는 지식을 받은 후" 기독교 신앙의 중심이 되는 실체들을 거부하는 모습이 나타난다(26절; cf. 6:4). 배교는 구원의 유일한 수단을 거부하는 결과를 가져오기 때문에 배교자에게는 속죄 제사가 있을 수 없다. 더 명확히 말하자면 배교자들은 유일한 은혜의 샘으로부터 자신들을 단절 시켰다.

배교자들을 기다리는 것은 불의 심판에 대한 기대 뿐 이다(27절의 마지막 부분은 70인역 이사야 26:11의 본문을 암시하는 듯하다). 배교자들은 단순한 불신자들이 아니라 이제는 "대적하는 자" 또는 "원수"로 불리어 지고 있다는 점에 주목하라. 모세의 율법에 순종함과 그리스도께 신실치 못한 불순종이 가져오는 심각성에 대한 비교가 28-29절에서 이루어지는데 이는 2:1-3에서 사용된 논법이다(12:25에서 다시 사용됨). 모세의 율법을 어기는 것은 매우 중대한 일이므로 "두 세 증인을 인하여" 죽음에 처해질 수도 있었다(cf. 신 17:6; 19:15). 그리스도의 확실한 속죄를 거부하는 것은 더욱 심각한 문제이며 한층 더 심한 벌을 받아 마땅하다. 그 이유는 29절의 세 구절(clause)에 나타난 예외적으로 강렬한 언어 속에서 발견된다. 배교자가 무시하는 것들 즉, "하나님의 아들"과 "언약의 피"와 "은혜의 성령"은 다름 아닌 구원을 위한 하나님의 최종적 공급이다.

30절에 나타난 2개의 인용은 신명기 32:35-36에서 온 것인데(cf. 시 135:14) 도래하는 심판의 실체에 대해서 강조한다. "살아계신 하나님"의 심판(cf. 3:12; 9:14; 12:22)은 특별히 진리의 말씀을 한번 받은 후 진리에서 떠난 자들(cf. 벧후 2:21)에게 당연히 예상되는 무서운 것이다(cf. 12:29). 독자들은 자신들의 기독교 신앙에서 돌아 설 것을 고려하게 될 때 반드시 이 점을 염두에 두어야 한다.

히브리서와 바울 서신에 나타난 하박국 2:4

하박국 2:4은 신약 성서 중 세 군데에서 인용되고 있다: 로마서 1:17, 갈라디아서 3:11, 히브리서 10:37. 바울의 용례는 우리에게 친숙하다. 바울의 인용에 나타난 언어는 그 자체적으로 모호한 면이 있지만 로마서나 갈라디아서에서 추구하고 있는 논증으로 볼 때 "믿음으로"라는 말은 "살리라"보다는 '의롭다' 는 말을 수식하는 것으로 번역 되어야 의미가 분명해 진다. 즉, "의인은 믿음으로 말미암아(즉, 신실하게) 살리라" 보다는 '믿음에 의해서 의롭게 된 자는 살리라' 로 번역하는 것이 의미가 더 명확해 보인다. 바울이 선호하는 첫 번째 경우에서 볼 때, 의(righteousness)는 믿음에 의해서 하나님의 선물로 온다. 두 번째 경우에서 의인들은 신실한 삶에 의해서 특징지어진다. 물론, 이 진술들의 양자는 자체적으로 사실이며 상호 보완적으로 간주될 수 있다. 하지만 바울의 입장은 첫 번째 이해에서 만들어진다.

한편, 히브리서 저자에 의한 인용은 의인의 신실함에 초점을 맞춘다. 이점이 실제로 '그(의인의)의 믿음(신실함)에 의해서' 로 되어 있는 히브리 본문의 의미와 더 가까운 맥을 유지한다. 70인역 본문(대명사가 없거나 또는 하나의 중요한 사본[A]에 나타나는 "나의 신실함")은 바울의 견해에 더 적합하다. 히브리서 저자는 불아래 있을 지라도 신실하게 남아 있는 것 즉, 인내의 중요성을 강조한다.

Further Reading

Fitzmyer, J. A. "Habakkuk 2:3-4 and the New Testament." *In To Advance the Gospel*. New York: Crossroad, 1981. pp. 236-46.

3) 인내하라는 권면(10:32-39)

독자들에게 절대적으로 필요한 것은 인내이다(36절). 그들은 이전에 인내를 보여 주었다. 이제 그들은 다시 그렇게 해야 할 필요가 있다. 그들의 과거 행적은 그들에게 격려가 될 수 있었다. 깨달음을 가진 후에(cf. 6:4) 즉, 기독교 믿음으로 나아 온 후에 그들은 큰 "고난"과 "비방"과 "환난"과 '재산의 빼앗김'을 체험하였다. 그들은 이러한 모진 일들을 참아냈을 뿐만 아니라 오히려 고난 당하는 자들, 예를 들면, 믿음 때문에 갇힌 자들을 동정함으로써(cf. 6:10) 그들과 사귀는 자들이 되었다. 이것으로 볼 때 본문에 언급된 환난은 65년 기독교 순교자들을 낳은 네로 황제의 박해보다는 이보다 15년 전인 49년에 있었던 클로디우스 황제의 심한 박해인 것 같다(12:4을 보라).

독자들은 과거의 신실함에 대한 이전의 기록을 기억하고 그것에 의하여 힘을 얻으라는 말을 듣는다. 독자들이 이전에 인내할 수 있었던 것은 "더 낫고 영구한 산업"에 대한 확신에 의해서였다(34절). 그들이 하나님의 기업이 되리라는 기업의 소유 곧 미래에 대한 확신은 그들로 하여금 모든 세상적 안위와 복락에 대한 미련을 떨쳐 버리도록 하였다. 이제 저자는 독자들에게 그들이 이전에 하였던 것과 동일한 자세를 취하여서 큰 상이 될 확신("담대함")을 버리지 말 것을 권면 한다(35절). 그들은 과거에 잘 하였고 이에 대한 기록은 매우 긍정적이었다. 과거에 그들을 붙들어 주신 신실하신 하나님께서는 현재에도 그렇게 할 준비가 되어 있으시다. 아무리 현재의 상황이 완강할 지라도 그들이 인내하지 못할 이유는 없다.

요약하자면, 독자들에게는 "하나님의 뜻을" 행하기 위한 "인내가" 필요하였다(36절). 저자가 지금 자신의 권면에 덧붙이는 인용은 완벽하게 이 점을 납득시키기에 적절한 것이다. 하박국 2:3-4은 70인역에서 다소 자유롭게 인용 되었는데 가까운 장래에 오시는 이에 대한 약속으로 시작된다. "오실 이"는 실제로 메시야적인 칭호이고 저자와 독자에 의하여 의인에 대한 핍박을 종식시킬 그리스도의 재림에 대한 언급(cf. 9:28)으로 이해되어 진다. 인용의 두 번째 부분은 의로운 자들은 믿음에 의해 살아가야 함 즉, 신실한 삶을 살아가는 것과 또 '뒤로 물러가는' 자는 하나님을 기쁘시게 하지 못한다는 것을 가리킨다.

전형적으로 저자는 인용으로부터 취한 두개의 단어를 사용함으로써 간략한 미드라쉬적 주석을 제공한다. 독자들을 더욱 격려하면서 (6:9에서와 같은 형식으로) 그들은 "뒤로 물러가는"자가 아니라 "오직 영혼을 구원함에 이르는 믿음을 가진 자"라는 것을 저자는 말한다. 독자들은 계속 믿음을 정진하며 인내하고 흔들림 없이 신실함을 지켜온 자들로 인정되어야 할 모든 이유를 다 갖추고 있다(cf. 눅 21:19). 이렇게 하지 않을 때 그것은 하나님을 기쁘시게 하지 않는 것이요 심판을 가져오는 멸망뿐이다(cf. 27-31). 이렇듯, 주어진 권면은 원래의 독자들과 모든 시대의 독자들이 그리스도의 제사장 사역을 통하여 주어지는 이 점을 모두 살려 나가도록 권장하고 있다. 그렇게 함으로써 독자들은 그들의 형제와 자매들에게 크리스챤 삶의 덕을 실천하여서(24절) 불과 같은 고난에서도 믿음을 지켜 나가도록 권면할 수 있다. 하나님의 뜻을 이루는 데 있어 참고 인내하는 자는 그가 약속한 것을 받을 것이다(35절).

학습 연구 질문

1. 22-24절에 나오는 삼중 권면의 실제적 적용에 대한 의견을 제시하라.
2. 히브리서에 의하면 모세의 율법을 거부하는 것 보다 그리스도를 거부하는 것이 더 심한 죄가 되는 이유가 무엇인가?
3. 왜 히브리서 독자들에 인내가 강요되고 있는가?

Further Reading

Culpepper, R. A. "A Superior Faith: Hebrews 10:19-12:2." *Review and Expositor* 82 (1985): 375-90.

Dahl, N. A. "A New and Living Way: The Approach to God accordin to Hebrews 10:19-25." *Interpretation* 5 (1951): 401-12.

Leithart, P. J. "Womb of the World: Baptism and the Priesthood of the New Covenant in Hebrews 10.19-22." *Journal for the Study of the New Testament* 78 (2000): 49-65.

Lewis, T. W. " '… And if He Shrinks Back' (Heb X. 38b)." *New Testament Studies* 22 (1975-76): 88-94.

Maasa, C. H. "The Fearful Results of Faith (Hebrews 10:19-39)." *Princeton Seminary Bulletin* 61 (1968): 55-59.

Richardson, A. "Whose Architect and Maker Is God: An Exegetical Contribution to Hebrews 10, 19-25." *Theology Today* 8 (1951): 155-56.

11장 믿음의 최고 예

믿음은 다음의 특성을 가진다: 1) 보이지 아니하는 분(하나님)과의 친교로 인간을 들어 올린다; 2) 휘장 안 지성소로 우리를 인도한다. 따라서 믿음은 실제화하는 능력을 가지고 있다. 이 능력에 의해서 보이지 아니하는 것이 보이는 것이 되고 미래는 현재가 된다. 소망은 미래로 간주되어지는 미래에 대한 확신에 찬 기대인 반면에 믿음은 그러한 미래를 현재의 체험으로서 전유한다.

-- A. S. Peake, 믿음의 영웅 그리고 순교자
<The Heroes and Martyrs of Faith>에서

보충 읽기

창세기 4:2-16; 5:22-24; 6:9-22; 12:1-9; 21:1-7; 22:1-19; 27:27-40; 48:8- 22; 50:22-26; 출애굽기 12:1-50; 14:19-31; 여호수아 2; 6; 로마서 4:16-22

개요

- 믿음의 본질과 중요성(11:1-3)
- 아벨, 에녹, 노아의 믿음(11:4-7)
- 첫 번째 예, 아브라함의 믿음(11:8-10)
- 아브라함과 사라의 믿음(11:11-12)
- 현세와 세상을 넘어 존재하는 것에 대한 소망(11:13-16)
- 최상의 예가 되는 아브라함의 믿음(11:17-19)
- 이삭, 야곱, 요셉의 믿음(11:20-22)
- 모세의 믿음(11:23-28)

- 이스라엘 백성들과 라합과 많은 다른 사람들의 믿음(11:29-38)
- 목표에 함께 인도된 모든 성도들(11:39-40)

목표

1. 믿음의 본질을 설명하라.
2. 믿음의 역동성이 작용하는 주요 예를 나열하고 상세히 설명하라.
3. 믿음의 사람들에게 신실하신 하나님에 대해 조사하라.

고린도전서 13:13(히 10:22-24에 또한 발견됨)에 나오는 유명한 삼제(三題)는 가장 익숙한 용어에 속하지만 다른 한편으로 또한 가장 미약하게 이해되어지는 신약의 용어들 중 하나이다. "사랑"은 실제적으로 '나를 기분 좋게 만드는 것'으로 퇴화하였고; "소망"은 '바라는 생각'에 지나지 않는 것이 되었고; "믿음"은 '증거 없이도 믿는 것' 또는 심지어 '무모할 정도'로 '증거에 반하여 믿는 것'이 되었다. 이 용어들은 신약 성경이 이것들에 대하여 말하고 있는 것과 분리되어서는 제대로 이해될 수가 없을 것이다. 신약 성서 중 가장 잘 알려진 장들 중 하나는 믿음장인 히브리서 11장이다. 여기에서 우리는 믿음의 본질을 이해하는데 필수적인 것을 발견하게 된다. 믿음이 실제 삶에서 어떻게 나타나는 가에 대한 구체적 예를 보게 되는 굳건한 기초위에 서게 된다고 하겠다.

저자가 믿음에 대해서 추상적인 논의를 하고 있지 않다는 것을 재차 지적할 필요가 있다. 항상 그러하듯이 저자는 논의할 안건을 가지고 있고 그 안건이 그로 하여금 그가 써 나타내고자 하는 것을 써 내려 가도록 몰아간다. 저자는 그가 제시하는 예를 독자들이 모방하기를 원한다. 그는 독자들이 확신을 가지고 미래를 접할 것을 권한다. 독자들은 미지의 고난과 어려움을 만났던 이스라엘 역사상 유명한 믿음의 선진들과 또한 고난을 알았으나 믿음으로 말미암아 흔들리지 않고 인내할 수 있었던 자들에 대한 저자의 재설명에 의해 용기를 얻게 된다.

1) 믿음의 본질과 중요성(11:1-3)

11장의 서언은 종종 믿음에 대한 정의로 인용이 된다. 하지만 1절은 믿음의 주요 특성 두 가지만 말하고 있을 뿐 믿음에 대한 정의를 그렇게 많이 하지 않는다. "믿음"이라는 단어는 신약 성서의 다른 어떤 책에서 보다 히브리서에서 훨씬 자주 등장하는데 11장에서만 24회나 나타난다. 3절을 시작하는 구절은 11장에서 "믿음으로"(pistei)라는 말로 시작하는 18개의 구절 중 첫 번째 것이다. 이구절의 반복이 주는 강조와 누적된 효과는 강력하다. 저자에게 있어서 믿음은 하나님의 진리에 대한 수동적 믿음보다는 하나님에 대한 능동적 순종을 포함한다는 점이 11장에서 분명히 드러난다. 따라서 불순종과 불신이 그런 것처럼 믿음과 순종은 상호 연관이 있다(cf. 3:18-19). 강조되고 있는 것은 믿음의 영웅들은 신뢰할 수 없는 것들을 믿지 않았고 또한 충분한 이유 없이 맹목적으로 믿지도 않았다는 것이다. 반대로 그들은 믿을 만한 이유를 가졌다. 그들의 순종이 행위로 나타남은 하나님의 약속의 신빙성에 대한 신뢰의 결과이다. 그럼에도 불구하고 그들은 종종 용기를 가지고 미지의 세계로 나아가야 하였다.

11장에서 재설명되고 있는 믿음의 예들에서 저자는 반복해서 믿음에 대한 신념이나 확신이 아니라 능동적으로 표현된 믿음을 강조하고 있다. 따라서 우리는 1절에 나오는 모호한 명사들을 믿음의 주관적인 면들보다는 객관적인 면들을 가리키는 것으로 읽어야 한다. 11장의 주요 부분인 믿음의 예들에서 단서들을 취해야 한다. 여기서 우리는 저자가 독자들로 하여금 알기를 원하는 믿음에 관한 것이 무엇인지를 발견할 수 있다.

11장에서 고양된 믿음의 예들로부터 분명해지는 것은 우리가 느끼거나 소유하고 있는 것 즉, 확신, 신뢰는 전적으로 눈에 보이지 않는다는 것이다. 더 정확히 말해서 '어떻게 믿음이 실체화 되는가 또는 실재적 내용을 부여하는가 하는 점' 과 '무엇이 약속되어지고 있으며 그것이 어떻게 보이지 않는 바라는 것들의 실체들에 대한 믿음에 증거를 제공하는가 하는 점' 들은 불가시적이라는 것이다. 믿음은 실제로 미래를 현재화하고 보이지 않는 것들을 보게 하는 길을 소유하고 있다. 믿음은 눈에 보이지 않는 미래적인 것에 의하여 동기를 부여받은 순종의 행위에 대한 원인이므로 그러한 실체들에 대한 주의를 환기시킨다. 그러므로 믿음은 그러한 것들을 표현으로 가져온다. 믿음은 우리의 눈에 보이지 않는 것을 구체화시킨다.

히브리서 11장에 의한 믿음

히브리서 11:1절에서 믿음을 묘사하기 위해서 사용된 단어들의 전적인 의미는 분명하지 않다. 이 질문은 이 단어들이 방향성에 있어서 주관적으로 이해되어야 할 것인지 객관적으로 이해되어야 할 것인지와 관련이 있다. 많은 번역본들은 양자의 단어들을 주관적인 의미로 번역한다. 예를 들면 RSV, NRSV, NASB는 확신(assurance)과 신념(conviction)으로; NIV는 "믿음은 우리가 바라는 것에 대해서 확신하는 것(sure)이요 보지 못하는 것에 대해서 신뢰하는(certain) 것"(역자의 번역)으로 번역한다. 다른 한편으로 KJV는 양 단어들을 객관적인 의미로 해석 한다. "믿음은 바라는 것들에 대한 실체(substance)요 보지 못하는 것에 대한 증거(evidence)이다." 또한 NEB(REB 역시)는 첫 머리의 두 단어들의 객관적 의미를 강조 한다. "실체적 본성을 부여하다."

첫 단어인 *hypostasis*는 히브리서에서 두 번 더 나타난다. 1:3에서 이 단어는 확실히 "실체"(substance), "존재"(being), 또는 "본성"(nature) 이라는 객관적 의미로 쓰여 진다. 3:14에서 이 단어는 통상적으로 "신뢰(confidence)"라는 주관적 의미로 번역된다. 바울은 이 단어를 주관적인 의미로 두 번 사용한다(고후 9:4; 11:17). 두 번째 단어인 *elenchos*는 신약성서에서 히브리서 11장에만 나타나지만 신약 성서 외의 문헌에서 이 단어는 객관적으로는 물론 주관적으로도 사용되고 있다. 객관적인 의미에서 이 단어는 "증거의 수단" 또는 "증거"를 뜻한다.

결과적으로 파생되는 문제는 빈도를 계산하거나 사전을 찾아봄으로써 해결될 수가 없다. 최종적으로 결정되어야 하는 문제는 논의의 흐름과 문맥이다. 이러한 이유로 인하여 객관적 의미가 양 단어의 경우에 선호되고 있는데 이런 의미에서 KJV 번역은 더 이상 손볼 데가 거의 없다.

11장 전체의 강조점은 개인의 주관적 확신에 있는 것이 아니라 각 개인의 믿음을 표현하고 믿음을 구현하고 믿음에 실체적 본성을 부여하는 방식에 있다. 무엇보다도 믿음은 순종함에 있어서 능동적이다.

> 저자에게 있어서 믿음은 분명히 보이지 않는 것의 실체를 가리키고 있는 방식으로 작용한다. 믿음은 보이지 않는 것들에 대한 실체적 본성을 부여한다. 제네바 성경(Geneva Bible)은 11장의 핵심 사상을 첫 동사의 번역에서 잡아낸다. "믿음은 바라는 것들이 실제로 나타나도록 하는 것이다."
>
> 우리는 11:1을 다음과 같이 고쳐 쓸 수 있겠다: 믿음은 그 능동적 성격을 통하여 바라는 것들에 대한 실체적 본성을 부여하고 즉, 그 실체를 표현하고, 아직 보이지 않는 것들의 진리에 대한 증거가 된다.

 물론 우리가 실제로 확신과 신뢰를 가질 수도 있음은 사실이다. 이러한 주관적 신뢰는 하나님의 신실하심과 신뢰를 바탕으로 가능하다. 신약에서 사용되고 있는 것과 같이 "소망"이라는 단어는 우리가 가지거나 보고 싶어하는 어떤 것 즉 어떤 종류의 개인적 소원이 아니라 '확신적 기대'와 같은 것을 가리킨다. 신약 성서적 소망은 믿음 그 자체와 같이 절대로 우리의 기대를 저버리지 않는 하나님의 신실하심과 신뢰성에 근거하기 때문에 실망시키지 않는다(cf. 롬 5:5; 히 6:11).

 우리의 믿음은 오직 하나님의 신실하심 때문에 가능하다. 실제로 우리의 믿음과 하나님의 신실하심은 동전의 양면과 같다. 하지만 무엇보다도 우리의 믿음은 실행되어져야 한다. 그것은 역동성을 요구한다. 이점을 11장에서 저자가 제시하는 믿음의 예들에서 우리가 본다. 구약의 위대한 믿음의 선진들이 명성을 얻었거나 "증거를" 얻게 된 것은 그들의 믿음이 갖는 역동적이고 능동적인 특성에 의한 것이다 (2절). "증거를 얻게 되다"라는 단어는 39절의 믿음의 선진들에 대한 결론적 언급에서 재차 사용되어진다. 무엇보다 믿음 즉, 신실한 복종으로 대변되는 능동적 믿음은 구약의 유명한 인물들을 특징지어 주는 것이다. 이와 관련하여서 구약의 믿음의 선진들은 기독교 믿음의 모델이 된다. 그들이 보여준 믿음은 독자들이 인내하고자 한다면 절대적으로 필요한 믿음의 부류이다.

 믿음의 첫 번째 예(3절)는 뒤이어 나오는 예들과는 달리 어떤 구체적 인물과 연관되지 않는다. 대신에 그것은 믿음에 대한 기본적인 원리를 확립 시킨다. 물질적 창조(문자적으로, "시대들" cf. 1:2)는 보이지 않는 것에 실체적 본성을 부여하고 객관적 증거를 제공한다. 창조는 보이지 않는 것 즉 "하나님의 말씀"(요한복음의 서두에서처럼 여기서는 로고스가 아닌 레마)에 의해서 존재하게 되었다. 창조물이 존재하게 된 것은 하나님께서 말씀하신 때이고 눈에 보이는 어떤 것에 의한 창조가 아니었다(창 1:3; cf. 시 33:6). 11장에서 유일하게 3절에서만 저자는 "믿음으로"라는 공식("by faith" formula)을 자신과 그의 독자들에게 적용함으로써 일반적으로 사용하고 있다. 오직 믿음에 의해서만 즉, 하나님의 실체와 계시에 의존해서만 하나님의 창조물로 존재하는 모든 것을 이해하는데 도달할 수 있다. 이러한 것들에 대한 우리의 지식 자체는 믿음의 결과이다.

히브리서 11장에 기록된
믿음의 최고의 예들에 대한 목록

이스라엘 역사에 있어 두드러진 점들에 대한 재고의 형태로 이전에 나온 약간의 선례들이 있지만 그럼에도 불구하고 히브리서 11장은 신약에 있어서 독특한 부분이다. 다음의 문헌들에 주목해 볼만 하다. 시편 78편; 솔로몬의 지혜서 10; 시락서 44-50; 마카비 1서 2:51-64; 사도행전 7장. 이 문헌들 중 그 어느 것도 히브리서 11장처럼 믿음에 초점을 맞추지 않는다. 다음에 나오는 각각의 예는 마지막 두 개를 제외하고 "믿음으로"(pistei)라는 공식적 구절로 시작한다.

4절	아벨	가인보다 더 나은 제사를 드렸다(창 4:2-16)
5절	에녹	하나님을 기쁘시게 하였다 (창 5:22-24)
7절	노아	방주를 예비하였다(창 6:9-22)

8-10절	아브라함	순종하여 장래 기업으로 받을 땅에 나아갔다; 약속한 땅에 이방인으로 살았다(창 12:1-8; 23:4)
11-12절	(사라)	잉태하는 힘을 얻었다 (창 17:15-21; 18:9-15; 21:1-7)
17-19절	아브라함	이삭을 드렸다(창 22:1-14)
20절	이삭	야곱과 에서를 축복 (창 27:27-29, 39-40)
21절	야곱	요셉의 아들을 각각 축복 (창 48:15-20)
22절	요셉	출애굽을 예언(창 50:24-25)
23절	(모세)	석달 동안 숨김(출 2:1-2)
24-28절	모세	바로의 공주의 아들이라 칭함을 거절하고 애굽을 떠남 (출 2:11-15); 유월절을 지킴 (출 12:12-13, 21-30)
29-30절	이스라엘 백성	홍해를 건넘(출 14:21-29); 여리고 성벽을 무너지게 함 (수 6:12-21)
31절	라합	정탐군을 평안히 영접 (수 2:1-24; 6:17, 23-25)

(11장 나머지 부분에 나오는 믿음의 예에 대해서는 박스안의 "히브리서 11:32-38에 나오는 믿음의 예"를 보라)

2) 아벨, 에녹, 노아의 믿음(11:4-7)

믿음의 선진들의 목록은 이곳에서부터 시작하여 11장 끝까지 계속된다. 저자는 그의 독자들에게 동기를 부여하는 것에 집중하고 정보를 제공하는 일에는 관심을 덜 기울인다. 실제로 저자는 독자들에게 그가 제공하는 예에 따를 것을 요청하고 있다. 이전에 언급하였듯이 그는 독자들이 "믿음과 오래 참음으로 말미암아 약속들을 기업으로 받는 자들을 본받는 자들"이 되기를 갈망한다 (6:12). 보이지 아니하는 것들에 대한 선진들의 믿음으로 말미암아 이러한 모범적 예들은 순종적이고 따라서 독자들에게 모범이 된다.

목록은 창세기 앞 부분에 나오는 인물들로 시작한다. 첫 인물은 "믿음으로" 그의 형제 가인보다 "더 나은 제사"를 드린 아벨이다(4절). 이 이야기는 창세기 4:1-16에서 발견된다. 사건의 진상은 바라는 만큼 자세히 밝혀지고 있지 않지만, 드러나는 이야기의 요점에 의하면 아벨의 제사는 그가 드린 최상의 제사였고 온전하고 꾸밈이 없는 헌신의 표현으로 보여 진다. 가인의 제사는 어느 면에서는 실제가 아닌 가식적 믿음을 표현하는 제사였다. 결과적으로 아벨은 "의로운 자라 하시는 증거를" 얻게 되었다(cf. 마 23:35). 아벨의 제사는 믿음으로 충만한 행위의 한 부분이었다는 사실이 저자에 의해 지적되고 있다. 이러한 지적은 하나님께서 아벨이 드린 헌물들 즉, 아벨에 의해 드려진 다른 예물들에 대해서 증거 하셨다(4절에서 두 번째로 사용됨)는 저자의 언급에서 이루어진다. 살해된 아벨은 첫 순교자가 되었고 그 무죄한 피가 땅에서부터 호소하였다 (창 4:10; cf. 히 12:24). 그러나 아벨의 죽음 후에도 저자가 계속해서 말하는 방식은 행위 속에 나타난 믿음의 한 예로서 나타난다. 아벨의 제사는 보이지 않는 실체이신 하나님과 그의 신실하심에 맞춰진 아벨의 삶의 방향을 반영하고 있었다.

두 번째 믿음의 예인 에녹에 대해서는 창세기로부터 배우게 되는데 창세기 5:22-24에는 "하나님과 동행하였다"는 말이 두 번이나 반복된다. 이러한 히브리적 표현은 70인역에 의해 "그가 하나님을 기쁘시게 하였다"는 의미로 해석되어 진다. "하나님이 저를 옮기심으로 다시 보이지 아니하리라"는 인용어는 70인역 창세기 5:24에서 온 것이다. "들어 올리다(take up)"에서 파생된 헬라어 어근(70인역 창 5:24에서 취해진)은 5절에서 3번 나타나고 있으며 문자적으로

"옮기다"(translate) 즉, '한 영역에서 다른 영역으로 옮기다' 라는 의미를 갖는다. 에녹은 죽음을 경험하지 않은 채로 이 세상의 삶에서 영원한 삶의 영역으로 옮겨졌다. 이러한 이유로 인하여 에녹은 엘리야(죽지 않고 하늘로 올려진 다른 인물)와 함께 후대 유대교에서 종말에 기대 되어지는 중요 인물로 받들어 진다. 즉, 에녹은 하나님의 수종드는 자들 중 하나로 다시 올 것이 기대되어 지고 있다. 그러나 히브리서의 논점은 이러한 모든 일이 "믿음으로" 일어났다는 것이다. 에녹이 믿음의 사람이었다는 것은 그가 하나님을 기쁘시게 하였다는 사실에서 분명해진다(cf. 6절). 그래서 에녹이 하나님과 동행하였을 때 그는 믿음으로 그렇게 한 것이다. 다시 말하자면 그의 삶은 하나님의 보이지 않는 실체에 의해서 통제받았다는 것이다.

6절은 믿음이 없이는 하나님을 기쁘시게 할 수 없다는 시간을 초월한 근본 원칙을 말한다. 믿음은 무엇보다도 보이지 아니하시는 하나님의 존재(문자적으로 말해서 "그가 계시다"는 것 [출 3:14을 보라]; cf. 히 11:27)를 믿어야 할 것을 요구 한다. 더구나 이것이 항상 맞는 경우(cf. 35b-38절)는 아니라 하더라도 하나님은 그를 찾는 자를 상주는 이심을 믿어야 한다. 우리는 에녹에 대해서 아는 것이 거의 없지만 그가 하나님을 기쁘시게 하였으므로 그가 이러한 것들을 믿었고 그의 삶을 적절하게 통제하였다는 것 즉, 그의 믿음에 상응하는 신실함을 낳았다는 결론을 지을 수 있다.

잘 알려진 노아의 이야기(창 6:9-22)는 저자에게 세 번째 믿음의 예를 제공한다(7절). 노아는 보이지 않는 것들과 미래에 대한 믿음의 전형적 예를 제시한다(cf. 1절). 11장 전체를 살펴 볼 때 보이지 않는 것은 종말적 축복이라기보다는 심판의 위협이라는 것이 여기에서만 지적된다. 하나님의 명령에 대한 순종으로 노아는 그의 가족들을 구원할 방주를 만들었다. 창세기 6:22에 묘사되어 있듯이 노아는 "그와 같이 하되 하나님이 자기에게 명하신 대로 다 준행하였다." 노아의 믿음은 세상의 믿음 없음에 대한 간접적 비난이다. "믿음에 의해서 오는 의"(NIV; cf. KJV; NAB)에 관한 절 끝 부분의 언어는 바울에서 비롯된 용어처럼 들린다(그러나 "믿음으로"에 해당하는 헬라어 구절 *kata pistin*은 바울의 *ekpisteōs*와는 상이하다). 하지만 저자는 야고보의 견해에 더 가까운 믿음의 입장을 갖고 있다. 믿음에 의해 오는 의는 하나님께 순종함으로부터 오는 신분 상태를 가리킨다(약 2:24, 26을 보라). 다시 말하면 믿음은 노아가 보여 주었던 종류의 능동적 순종으로 표현된다(믿음에 대한 이러한 두 견해들은 상호 모순 되는 것이 아니라 상호 보완적인 것으로 보아야 한다. 요컨대, 바울 역시 실천적 의에 관심을 기울이고 있고 믿음은 순종이라는 수반된 행위가 없으면 죽은 것이라는 점에 동의를 하고자 한다).

히브리서 11장에 나타난
보이지 않는 것들의 지배적 실체

히브리서 11장에 따르면 많은 언급들은 진실한 믿음의 한 요인으로서 보이지 아니 하는 것들에 대한 중요성을 명백히 지적한다. 이러한 이유로 인하여 크리스챤들의 행위는 어리석고 정당하지 않은 것으로 비쳐질 수 있다.

1절	바라지만 보지 못하는 것들
3절	보여 질 수 없는 것으로 부터의 창조
6절	하나님은 계시고 상 주시는 분
7절	아직 보지 못하는 일
8절	알지 못하는 땅
10절	지으실 영원한 터가 있는 땅(cf. 13절)
13절	(하나님께서 약속하신 것을) 멀리서 보고
14절	본향을 찾는
16절	하늘에 있는 것
26절	(미래에) 상 주심을 바라봄이라
27절	보이지 아니하는 하나님을 보는 것 같이

3) 첫 번째 예, 아브라함의 믿음(11:8-10)

저자는 6:13-15에서 이미 아브라함에 대해서 언급한 바 있다. 여기서 그는 아브라함을 "저가 이같이 오래 참아 약속을 받았느니라"고 묘사한다. 구원사의 시작에 있어서 중심 인물인 아브라함이, 11장에서 저자가 기술하고 있듯이, 주된 인물로 등장하고 있음은 놀랄 일이 아니다. 다른 어떤 인물보다 아브라함에게 더 많은 지면이 할애되고 있다. "믿음으로"라는 공식이 4회 이상 그에게 적용되고 있다(8, 9, 11[아래를 보라], 17절). 이스라엘이 된 백성에 대한 하나님의 행위가 비롯된 것은 아브라함과의 언약이다. 이 언약이 교회 안에서 열매를 맺게 된다. 바울 또한 아브라함이 신앙의 모델이 됨을 알았으나 히브리서 저자와는 약간 다른 시각을 갖고 있다. 바울은 창 15:6의 "아브라함이 여호와를 믿으니 여호와께서 이를 그의 의로 여기시고"라는 말씀을 인용하고 아브라함을 "믿는 모든 자의 조상"으로 부른다(롬 4:11; cf. 갈 3:9). 히브리서 저자는 아브라함을 야고보서 2:21-22의 묘사에 더 가까운 것으로 본다: "우리 조상 아브라함이 그 아들 이삭을 제단에 드릴 때에 행함으로 의롭다 하심을 받은 것이 아니냐 네가 보거니와 믿음이 그의 행함과 함께 일하고 행함으로 믿음이 온전케 되었느니라."

아브라함의 믿음은 두개의 두드러진 예에 의해서 설명 되어진다. 첫 번 째 예(8-9절)는 메소포타미아 본향 집을 떠나 하나님이 인도하는 땅으로 가라는 하나님의 부르심에 순종하여 "외방에 있는 것 같이" 이국땅에서 "장막에" 거하였던 아브라함의 순종과 연관이 있다(창 12:1-4, 8; 13:3; 18:1; 23:4을 보라). 아브라함은 "갈 바를 알지 못하고"도 하나님의 약속들에 대한 그의 믿음을 능동적 순종으로 표현하였다. 9절에서의 이삭과 야곱에 대한 언급은 그들도 역시 비슷한 환경에서 믿음의 삶을 살았음을 제시한다. 이 세 사람 모두 "동일한 약속을 유업으로" 받은 자들이다. 10절은 중요한 점을 지적한다. 아브라함이 땅의 유업에 대한 약속에 반응하여 순종한다 하더라도 그 약속은 훨씬 더 큰 실체의 부분이다. 그래서 궁극적으로 아브라함의 동기는 잠정적이고 세상적인 것을 초월한 어떤 것 즉, "하나님이 경영하시고 지으실 터가 있는 성"에 대한 것이다(cf. Philo, *Allegorical Interpretation* 3. 83은 아브라함에 주어진 약속과 관련하여 "크고 좋은 번성하는 성읍"에 대해서 언급 한다). 이러한 메타포에 나타난 성은 필연적으로 종말론적이고 "천상의 예루살렘"이라 칭함을 받는 것에 대한 것이다(cf. 11:16; 12:22; 13:14; 시 87:1; 갈 4:26; 계 21:2, 10, 14, 19의 "성"). 이 세상의 손에 잡히는 것들은 결과적으로 영원한 실체들에 대한 예상이거나 또는 전조라는 것과 그러므로 지금 우리가 살아가는 삶의 태도는 보이지 않는 것들과 미래에 의해서 다스려져야 한다는 것은 이미 언급되어 졌다(cf. 1절). 이 점은 저자에 의해 13-16절에서 다시 다루어진다.

4) 아브라함과 사라의 믿음(11:11-12)

아브라함의 믿음에 대해 가장 잘 알려진 예들 중 하나인 로마서 4:16-22에서의 믿음에 대한 논의를 통해서 아브라함의 믿음은 우리에게 친숙하다. 아브라함에게 밤하늘의 별들과 바닷가의 모래처럼 무수한 후손들이 주어질 것이라는 약속이 주어졌지만 아브라함과 사라는 자녀를 가질 수가 없었다. 바울과 히브리서 저자에 의해서 아브라함은 너무 나이 들어서 "죽은 자와 방불한 사람"으로 묘사되어 진다 (12절; 롬 4:19). 그럼에도 불구하고 바울이 말하듯이 아브라함은 "믿음에 견고하여 져서 … 약속하신 그것을 능히 이루실 줄을 확신" 하였다(롬 4:20-21).

11절에서 보여지고 있듯이 "믿음으로"라는 말은 "사라 자신도"라는 말이 뒤따른다. 따라서 이 말은 믿음의 능력에 대한 예로서 사라를 지적하고 있는 듯하다. 저자는 분명히 사라를 아브라함과 나란히 믿음의 예에 포함 시킨다. 의심하는 사라(cf. 창 18:12, 21:7)가 잉태하게 된 것은 실제로 아브라함의 믿음에 의한 것이었지만 그들은 함께 믿음의 능력을 체험하였다(박스안의 "히브리서 11:11, 아브라함의 믿음 또는 사라의 믿음?"을 보라). 그럼에도 불구하고 처음에는 의심으로 웃었지만 결국 하나님의 신실하심에 기뻐하였던 사람은 사라와 그녀의 어린 아들 이삭(이삭이라는 이름은 "웃는자" 또는 "그가 웃다"라는 의미를 갖는다)이었다.

12절에서 저자는 창세기 22:17을 인용하면서 "하늘의 별과 같고 바닷가의 모래와 같이" 무수한 후손이 아브라함으로부터 나오리라는 약속을 하나님께서 성취하셨다는 것을 지적함으로써 하나님의 신실하심을 강조한다. 로마서 4장에서 바울은 이 구절이 이방인 신자들을 포함한 모든 믿는 자들을 가리키는 것으로 해석하는 반면에("많은 민족의 조상" [로마서 4:16-18]), 히브리서 저자는 단순히 아브라함의 수많은 유대 후손들을 염두에 두고 있는 것 같다. 요는 하나님의 신실하심은 항상 인간의 믿음과 조화를 이룬다는 점이다.

히브리서 11:11,
아브라함의 믿음 또는 사라의 믿음?

히브리서 11:11의 문법적 주어는 아주 분명치가 않다. 주된 문제는 "잉태하는 힘을 얻었나니"로 번역된 동사절인데 이 말은 남성의 생식 행위에 대해서 통상적으로 쓰여 지는 언어이지 여성의 잉태 행위에 대한 언어가 아니라는 점이다. 더 큰 문제는 창세기의 이야기에 의하면 사라는 하나님께서 약속하신 것을 믿는 믿음의 사람이 결코 아니라는 점이다(특히 창 18:11-15을 보라).

더 복잡한 요인은 "사라"는 주격으로 나타나므로 필연적으로 동사의 주어로 보인다는 점이다. 그러나 널리 받아들여지는 헬라어 본문을 결정하는 본문 위원회(The Textual Committee)는 이 주격을 약간 특이한 히브리 풍의 부대 상황절로 본다("사라가 불임 상태였지만 그[아브라함]가 생산할 수 있는 능력을 얻었다"로 번역). 다른 한편으로 "사라"(또한 이 말의 수식어들) 또한 여격이 될 수 있는데 그 이유는 주격과 여격 사이의 유일한 차이점인 헬라어의 이오타 하기(i)는 초기 헬라어 사본들(단어 사이에 여백이 없고 대문자로 이루어진 안샬[uncilas])에 나타나지 않았을 것이기 때문이다. 이러한 경우에 사라는 동반의 여격(dative of accompaniment)이 될 수 있다("불임의 사라와 함께, 그[아브라함]가 생산할 수 있는 능력을 얻었다"로 번역).

히브리서 11장을 처음 읽게 될 때, 11절의 형식 때문에 사라는 문장의 주어가 될 수가 있어서 믿음의 예를 제시하는 것으로 충분히 볼 수 있다. 적어도 저자는 사라를 아브라함의 믿음에 긍정적으로 밀접하게 연계시키기를 원하고 있는 것으로 보인다. 사라를 주어로 해석하는 몇몇 번역들은 수동태 동사들을 도입한다. 실제로 유효한 수단이 되고 있는 것은 아브라함의 믿음이지만 사라의 이름이 먼저 거론되고 또 "믿음으로"라는 말 바로 뒤에 위치하게 됨으로써 사라에게도 여전히 특별한 주의가 기울여지고 있다.

사라에게 초점을 맞춘 번역들

KJV: 믿음을 통하여 사라 자신 또한 씨를 잉태하는 능력을 받았으니
NASB: 믿음으로 사라 자신도 잉태하는 능력을 받았으니
RSV: 믿음으로 사라 그 자신이 잉태하는 능력을 받았으니
REB: 믿음으로 사라 자신도 잉태할 수 있는 능력을 받았으니
NJB: 사라가 나이가 이미 지났음에도 불구하고 잉태할 수 있도록 된 것은 동일한 믿음에 의해서였다.

아브라함에게 초점을 맞춘 번역들

NIV: 믿음으로 아브라함은 그의 나이가 다하고 -- 사라도 불임의 상태였으나 아버지가 될 수 있는 능력을 받았으니
NAB: 정상의 나이가 지났고 -- 사라도 불임의 상태였으나 믿음으로 그는 생산할 수 있는 능력을 받았으니
NRSV: 그가 너무 나이 들고 -- 사라 자신도 불임의 상태였으나 믿음으로 그는 출산의 능력을 받았으니

Further Reading

Greenlee, J. H. "Hebrews 11:11: Sarah's Faith or Abraham's? *Notes on Translation* 4 (1990): 37-42.

5) 현세와 세상을 넘어 존재하는 것에 대한 소망(11:13-16)

8-10절에서 이미 설명되었고 또한 1절과 비교되어 져야 하는 점을 강조하고 확장하기 위하여 저자는 믿음의 선진들의 목록으로부터 벗어난다. 우리는 보이지 않는 것들과 바라는 것들의 중요성에 대해서 다시 듣게 된다.

이제까지 언급된 사람들은 약속들을 믿고 믿음으로 그 약속에 따라 행동하였지만 이들은 약속되어진 것을 받지 못하고 다 "믿음을 따라 죽었다." 11장의 나머지 부분에서 언급되는 믿음의 사람들도 마찬가지이다(39절을 보라). 체험되어 온 이 땅에서의 약속의 실현은 어느 정도 성취가 과연 되었으나(cf. 6:15), 이는 더 큰 실체들이 존재한다는 것을 상기시켜 주는 역할을 할 뿐이다. 믿음의 선진들은 이러한 더 위대하고 초월적인 실체들을 "멀리서" 바라보기만 하고서도 기뻐하였다(13절; cf. 동일하지는 않지만 비슷한 사상을 위해 요한 복음 8:56 을 참조하라). 새 언약에 참여하는 자들은 이것들을 "가까이서" 바라본다고 말할 수 있다. 앞으로 도래할 실체들에 대한 메타포들을 저자는 번갈아 사용한다. 앞에서 보아온 "성"의 메타포가 여기에서 다시 사용되어 지고 있으나(16절; 10절에서처럼 하나님에 의해서 만들어진) 이제는 "본향"이라는 메타포가 덧붙여지고 있다. 이것은 16절의 '더 나은 하늘나라' 메타포와 상이한 것이 아니다. 이 메타포들은 동일한 종말적 실체에 대한 다른 방식의 언급일 뿐이다.

그래서 사실상 하나님의 신실하심에 대한 땅에서의 현시는 궁극적 중요성을 가진 것으로 절대 인식되어지지 않았다. 이러한 땅에서의 현시는 훨씬 더 큰 실체들을 가리키는 지시자 이었다. 실제로 11장의 믿음의 모델들은 자신들이 이 세상의 집에 있는 것으로 절대 생각하지 않았다(그리스도인의 경우에 대해서 벧전 1:1과 2:11을 보라). 반대로 믿음의 선진들은 "땅에서는 외국인과 나그네로라"고 고백하였다(13절; cf. 창 23:4, 대상 29:15; 시 39:12). 만약 이들의 목표가 땅에서의 유업에 있었다면 이들은 메소포타미아로 돌아갈 수가 있었을 것이다(15절). 그러나 중요한 점은 그들이 돌아가지 않았다는 것이다. 저자는 독자들이 이전에 섬겼던 유대교로 돌아가기를 원치 않는다는 것을 의미한다는 점을 간과하기는 거의 불가능하다. 독자들이 해야 할 일은 믿음의 선진들이 하였던 것과 동일한 방법으로 그들을 기다리고 있는 비교할 수 없는 초월적인 실체들이 자신들로 하여금 현재 여기에서 신실한 삶을 살도록 동기 부여하는 것이다(cf. 10:39).

"하나님이 저희 하나님이라 일컬음 받으심을 부끄러워 아니"하신다는 확신 (16절)은 예수께서 마태복음 22:32에서 인용하셨던 출애굽기 3:6과 같은 구약의 성구를 되새기도록 한다. 예수께서 하나님은 "죽은 자의 하나님이 아니시고 산자의 하나님"이라고 말씀하실 때 의미하는 바는 구약 족장들은 부활과 관련하여 초월적인 약속들을 우리들과 함께 온전히 받게 될 것이라는 점이다(cf. 40절).

6) 최상의 예가 되는 아브라함의 믿음(11:17-19)

아브라함의 믿음에서 발견되는 가장 인상적인 예는 물론 그의 아들 이삭을 바치는 장면이다(창 22:1-14). 독자인 아들을 바쳐야 하는 아버지에 대한 이야기는 통렬한 아픔이 되기에 족하다. 하지만 이러한 상황에다가 저자는 다음과 같은 사실을 상기하고 더한다. 이 아들은 하나님께서 "약속을 받은 자인" 아브라함과 맺은 언약의 성취에 유효한 수단이 되도록 의도되었다(17절). 따라서 저자는 "네 자손이라 칭할 자는 이삭으로 말미암으리라"고 말하여진 자는 아브라함이었다는 점을 덧붙인다(18절; 창 21:12에서 인용).

이것은 아브라함의 믿음에 대한 최고의 "시험"이었다. 물론 하나님께서 실제로 그러한 제사를 요구하지 않으셨을 것이지만, 아브라함은 그 사실을 알 수 없었을 것이고(그러나 창세기 22:5을 참조하라) 그럼에도 불구하고 의심하지 않는 순종을 보인다. 아브라함은 하나님을 그의 말씀속에서 받아들인다. '만약 이삭이 죽음을 당하여야 한다면 하나님께서 또한 그를 죽은 자 가운데서 능히 살리실 수 있다'고 생각하면서 하나님에 대한 두드러진 신뢰를 표시한다(19절; cf. 롬 4:17). 저자는 "비유컨대 [문자적으로 '비유로'] 죽은 자 가운데서 도로 받은 것이라"는 흥미로운 말을 더하고 있다. 이것은 하나님께서 제사지낼 어린 양을 공급 하셨을 때 결과적으로 이삭은 죽음에서 들림을 받았다는 것을 의미할 수도 있다. 이는 이삭의 묶음(Akedah)과 하나님의 독자 예수의 제사 사이에 종종 보여 지는 평행을 보완한다. 그러므로 이삭의 제물에 대한 이야기는 각기 다르게 들림을 받았지만 양자의 구원을 포함하여 그리스도 희생에 대한 전조가 된다. 비유적으로 말해서 이삭은 그리스도처럼 죽은 자 가운데서 다시 살리심을 받았다.

이삭을 묶음(the Akedah)과 히브리서 11:17-19

히브리서 저자는 창세기 22:1-14의 이야기에 의존하고 있는데 이는 이 이야기에 대한 당시 유대교의 인기를 반영한다. "이삭을 묶음"(the Akedah)으로 알려진 이야기는 특별히 유대 설날을 기념하는 유대 의식문에서 중요하게 다루어진다. 이 이야기에 대한 암시들이 솔로몬의 지혜서 10:5; 시락서 44:20; 마카비 4서 13:12; 16:20에서 발견된다. 하나님께서 자신의 독자를 보내어 희생 제물로 죽게 하시는 신약의 이야기는 분명히 "이삭을 묶음"(the Akedah)을 독특하게 비추고 있다. 70인역 창세기 22:2은 "독자"(*monogenēs* [히 11:17])대신에 "사랑하는"(*agapētos*) 아들로 대체 표기한다. 이 두 개의 단어가 신약에서 그리스도에게 사용되어 진다(첫 단어는 요한복음[예를 들어 3:16, 18]에서, 두 번째 단어는 공관 복음서[예를 들어 막 1:11; 9:7; 12:6과 평행절]에서). 이 이야기는 또한 로마서 8:32에 반향 되어 나타난다. 아브라함의 믿음의 표시로서 아케다(the Akedah)는 야고보서 2:21-23에서 히브리서 11:17-19에서와 아주 유사한 방식으로 소개되고 있다. 신약에서 히브리서 저자만이 아케다 이야기에서 부활에 대한 암시를 준다.

Further Reading:

Daly, R. J. "The Soteriological Significance of the Sacrifice of Isaac." *Catholic Biblical Quarterly* 39 (1977): 45-75.

Swetnam, J. Jesus and Isaac: *A Study of the Epistle to the Hebrews in the Light of the Aqedah*. Analecta Biblica 94. Rome: Biblical Institute Press, 1981.

7) 이삭, 야곱, 요셉의 믿음(11:20-22)

11장의 믿음의 선진들의 목록을 따라 이어지는 믿음의 예는 세 개의 예가 상호 연결된 경우인데 각각의 예는 다음에 따라 나오는 예 즉, 미래에 대한 것을 시사한다. 이중 첫 번째는 이삭인데 이삭은 직전에 나온 절의 주어이다. "믿음으로" 이삭은 야곱과 에서를 아직 미래의 문제들 즉 문자적으로 "장차 오는 일"과 관련하여 축복할 수 있었다(cf. 창 27:27-29, 39-40). 20-22절에서 "축복하였다"라는 동사는 언약의 약속들과 관련된 부분의 특권을 넘겨주는 것을 의미한다. 이 경우에서도 역시 또한 약속의 줄은 이삭이 그의 아버지의 믿음을 모방하려 하였던 것과 같이 믿음의 줄이었다.

이어서, 야곱은 임종 시에 "믿음으로" 요셉의 두 아들을 축복하였다(21절; 창 48:15-20). 여기서 야곱이 12아들에 대한 축복(창 49장을 보라)보다는 오히려 두 손자들을 축복하는 것과 또한 두 손자들 중 므낫세 보다는 막내인 에브라임을 의도적으로 편애였다는 진술을 읽게 됨은 놀라운 일이다(창 48:14; 20을 보라). 에브라임에 대한 편애적 집착은 그가 에브라임을 미리 보았다는 미래에 대한 자신의 믿음에 근거하였다. 70인역 창세기 47:31에서 이끌어낸 마지막 절의 행(히브리 성서에는 동일한 자음들을 다르게 지적함으로써 "지팡이(staff)" 대신에 "침상(bed)"으로 되어 있음)을 삽입시킨 것은 특이한데, 이것은 문맥상 예배의 적절성을 지적하기 위함으로 볼 수 있다.

이어서 요셉이 믿음의 모델로 등장한다. 많은 가능한 믿음의 예들로부터 요셉은 죽음의 문턱에서 "믿음으로" 출애굽에 대해 예언적으로 말하였다는 점을 저자는 선별하여 낸다(22절; cf. 창 50:24-25). 재차 믿음에 의해 확언된 미래를 접하게 된다. 자신의 뼈에 대한 특이한 언급(약속된 땅에 묻을 것) 또한 요셉의 믿음을 가르킨다. 그의 후손들이 약속된 땅에서 그를 장사지냈다는 사실은 하나님께서는 그가 하신 약속에 신실하심을 상기시킨다(출 13:18; 수 24:32). 나아가서 요셉의 예언에 대한 언급은 저자를 출애굽의 영웅인 모세에게로 인도한다.

8) 모세의 믿음(11:23-28)

유대교에서 차지하는 모세의 중요성을 과대평가하는 것은 어려울 수 있다.

모세하면, 누구나 즉각적으로 이스라엘의 근원적 사건들인 출애굽과 시내산 율법 수여를 생각한다. 저자는 자신을 몇 개의 예들에만 국한 시킨다. 여기서 "믿음으로"라는 구절은 4회 등장한다. 모세의 신실함에 대해서는 이미 3:5에서 언급된 바가 있다.

23절의 첫 어구인 "믿음으로"는 수동태 동사 "숨기다"에 의해서만 모세에게 연결이 된다. 따라서 모세의 부모의 믿음이 첫 번째 고려의 대상이 된다. 그들의 믿음은 그들의 아들의 생명을 보존하게 하였다 (출 2:1-2). 또한 '모든 히브리 신생 남아는 나일강에 던져져야 한다'는 바로의 칙령을 불순종하는 두려움으로부터 지켜주었다. '아기가 아름다웠다(asteios)'라는 기록은 그가 하나님을 기쁘시게 하였다는 것을 암시하는 듯하다(사도행전 7:20에서 모세에 대한 언급 "하나님 보시기에 아름다운지라"에 동일한 단어가 쓰여 졌음을 주목하라). 그렇다면, 그 부모들은 하나님께서 자신들의 아들에 대한 특별한 목적을 가지셨다는 것을 알고 있었을 수 있다.

두 번째 "믿음으로" 구절은 바로의 손자라는 특별한 지위로부터, 애굽 궁궐로부터, "죄악의 낙을 누리는 것"으로부터, 그리고 "애굽의 보화"로부터 돌아선 모세와 관련이 있다(24-26절; cf. 출 2:11-15). 대신에 그는 믿음으로 그의 백성이었던 히브리 백성 즉 "하나님의 백성"으로 남기를 택하였다. 가장 주목할 만한 것은 모세가 "그리스도를 위하여 받는 능욕을 애굽의 모든 보화보다 더 큰 재물로" 여겼다는 저자의 진술이다(26절). 그리스도에 대한 언급은 26절의 마지막 행에 의해 설명된 시대착오적 진술이다: "이는 상주심을 바라봄이라." 우리가 반복해서 보아온 것처럼 믿음을 갖는 것의 본질적 성격은 보이지 않는 것들과 미래에 의한 동기 부여이다. 시대착오적 진술의 근거는 구속사의 유일성과 하나님 백성의 단일성에 존재한다. 모세가 하나님의 백성에 충성하였다는 것으로 인하여 비난을 받았을 때(25절) 결과적으로 그는 하나님의 백성과 아주 밀접하게 관련된 하나님의 메시야에 충성하였기에 비난을 당한 것이다. 독자들은 자신들의 신실함에 의해 그리스도의 능욕을 지도록 부름을 받은 자들이므로(13절) 시대착오적 진술은 저자가 매우 의도적으로 독자들을 염두에 두고 있음을 보여준다. 모세가 믿음 안에서 의존하였고 또한 미래에 즐기게 될 상급은 애굽이 그에게 제시해야 하였던 보화보다 훨씬 더 컸다.

모세와 관련된 세 번째 나타나는 "믿음으로"라는 공식적 구절은 바로를 두려워하지 않고 애굽을 떠난 모세에게로 귀착된다. 모세가 애굽을 처음 떠나 미디안으로 향하였을 때 두려워하였으므로 이 경우는 아마도 출애굽 사건 자체에 대한 언급으로 보인다. 또한, 출애굽으로 인도하는 복잡한 사건들은 "인내"라는 단어에 의해 제시되어도 무방하다. 모세의 인내에 부가된 설명은 11장의 중심 주제중 하나에 대한 더 자세한 강조를 제공 한다. "보이지 아니하는 자를 보는 것 같이"(cf. 1절; 딤전 6:16). 따라서 모세는 그가 "믿음으로" 하였던 것을 할 수가 있었다. 즉, 그는 보이지 아니 하는 것들에 의해서 동기 부여를 받고 지배를 받았다. 믿음은 하나님의 계심과 신실하심에 대한 확신에 근거 한다(cf. 6절).

"믿음으로"라는 공식적 구절이 모세와 관련하여 마지막이자 네 번째로 나타남(28절)은 유월절이라는 구체적 사건을 취하기 위함이다(출 12:12-13, 21-30). 모세의 믿음은 그 자체가 히브리 가정의 문설주와 인방에 "피 뿌림"에 의한 하나님에 대한 순종으로 표현되었다. 문설주와 인방에 "피 뿌림"은 "장자를 멸하는 자"(하나님의 메신저)가 순종한 히브리인들을 넘어가도록 하였다. 이렇게 하여서 그들은 장자의 죽음으로부터 들림을 받았다. 이러한 들림의 사건은 출애굽을 가능하게 하였고 유대인들에 의하여 매년 기념하게 되었다(지금도 여전히 지켜지고 있다). 우리는 앞에서 장막/성전에서 제사장들의 사역과 관련하여 "피 뿌림"에 대한 용어를 접하였으나 이 용어는 이 경우에만 유월절에 대한 언급을 위해 사용 된다(여기서는 "뿌리다"에 해당하는 다른 단어가 나타난다).

9) 이스라엘 백성들과 라합과 다른 많은 사람들의 믿음(11:29-38)

저자는 믿음의 선진들에 대한 언급을 연대기적으로 진행하고 있다. 따라서 다음에 나오는 "믿음으로" 공식의 두 번 나타남(29-30절)은 기적적으로 출애굽을 하고(출 14:21-29) 여리고를 정복한 후 약속된 땅에 들어간(수 6:12-21) 이스라엘 백성들을 가리킨다. 모세의 이름이 앞서의 경우에서 언급되어 질 수 있었던 것처럼 여호수아의 이름이 이후의 경우에 거론될 수 있을 것이다. 그러나 그 대신에 저자는 그들의 인도함에 따른 백성들의 믿음에 초점을 맞춘다. 출애굽과 약속의 땅 입성은 오직 믿음에 의해서만 가능하였다. 백성들은 갈라진 바다 속을 관통하여 건넘과 나팔을 불며 성을 반복해서 돌아야 했던 것과 같은 실제로 아주 특이한 행위들과 연관된 순종으로 믿음을 행하였다. 그들의 행위에 의해서 자신들의 믿음과 소망의 증거를 실제화 하였다.

라합의 경우에도 동일한 언급이 가능해진다. 라합에게는 두 가지 두드러진 특이점이 있다. 그녀는 이스라엘 백성이 아니었다는 점과 기생이었다는 점이다. 라합은 "믿음으로" 자신과 가족을 구원할 수 있었다. 정탐꾼들을 영접하고 보호함으로써(수 2:1-24; 6:17, 23-25) 라합은 보이지 아니 하는 것들에 대한 믿음의 증거 즉, 이스라엘의 하나님은 상천하지의 모든 것을 통솔하시는 하나님이라는 믿음의 증거를 보였다. 라합은 유대 전통에 있어서 유대 신앙으로 개종한 첫 인물로 유명한 사람이 되었다. 그녀는 또한 야고보서 2:25에서 믿음의 본으로 인용된다. 야고보서에서 그녀의 행위에 강조가 주어지고 있으나("행함으로 의롭다 하심을 받고") 이는 행위가 믿음을 실질적으로 표현하는 문맥속에서 이루어지는 강조이다. 여기서 재차 히브리서 저자는 야고보서 저자와 매우 비슷한 시각을 가지고 있음을 보여 준다. 특이하게 라합의 이름은 마태복음에 나타난 예수의 족보에 등장하는데(마 1:5) 여기서 그녀는 보아스의 어머니이고 보아스는 이스라엘 여인이 아닌 룻과 결혼하였다.

저자는 마치 시간이 얼마 남지 않다는 사실을 알아차린 설교자처럼--우리들은 한편의 설교를 듣고 있고--이제 이러한 종류의 믿음의 예를 자세하고 구체적으로 계속 이야기 해 나갈 수 없는 차질이 생겼음을 지적 한다(32절). 그는 이제 좀 더 일반적인 이야기를 한다. 그리고 그는 독자들 모두에게 잘 알려져 있는 이름들을 연상시키는 목록과 밝혀지지 않는 신실한 사람들의 업적에 대한 목록을 언급한다(32절에 나오는 각 이름에 대한 적절한 구약 언급들에 대해서는 박스안의 "히브리서 11:32-38에 나타난 믿음의 예들"을 보라).

33-34절에 언급된 다양한 승리들은 구약의 구체적 인물들과 쉽게 연결되어질 수 있는 반면에(박스안의 "히브리서 11:32-38에 나타난 믿음의 예들"을 보라), 어떤 경우들에 있어서는 진술들이 너무 평이하여서 과거의 많은 일반 개인들과 부합되고 있다. 이런 사례들의 모든 경우에 있어서 우리는 행위로 옮겨진

믿음의 능력을 본다. 따라서 이 사례들을 기록한 목록의 어조는 승리--미래에 약속된 승리뿐만 아니라 현재의 승리--의 어조이다. 이 사람들은 일말의 승리로 축복을 받은 자들이요 저자가 말하는 "약속을 받은" 자들이다. 그러나 그들이 받은 것은 아직 최종적인 것도 온전히 성취된 것도 아니었다. 그것들은 종말에야 비로소 완성되어 최종적으로 임하는 것들이다. 이것을 그들은 우리와 함께 체험할 것인데 이 점이 39-40절에서 강조되어진다.

히브리서 11:32-38에 나타난 믿음의 예들

간략하게 표시하여야 할 필요성에 직면하여 저자는 이 구절들에서 다른 이름들과 행위로 나타난 믿음의 실체를 가리키는 고난의 유형들을 단순히 열거한다.

32절:

기드온(삿 6:11-8:32)
바락(삿 4:6-5:31)
삼손(삿 13:2-16:31)
입다(삿 11:1-12:7)
다윗(삼상 16-30; 삼하)
사무엘(삼상 1-12)
선지자들(예를 들어 엘리야, 엘리사, 호세아, 아모스, 이사야, 예레미야)

33-34절:

"믿음으로"(통상의 *pistei*가 아닌 *dia pisteōs*로 표기):

나라를 이기기도 하며: 여호수아, 다윗
의를 행하기도 하며: 다윗, 솔로몬
약속을 받기도 하며
사자들의 입을 막기도 하며: 삼손(삿 14:6), 다윗(삼상 17:34-35), 다니엘(단 6:22)

불의 세력을 멸하기도 하며: 사드락, 메삭, 아벳느고 (단 3:13-30)
칼날을 피하기도 하며: 엘리야(왕상 19:1-8),예레미야(렘 26:23-24)
연약한 가운데서 강하게 되기도 하며
전쟁에서 용맹되어
이방 사람들의 진을 물리치기도 하며

35절:
여자들은 자기의 죽은 자를 부활로 받기도 하며:
(왕상 17:17-24; 왕하 4:25-37)

35-38절:
어떤 이들은(분명한 패배에서 승리하는):
악형을 받되 구차히 면하지 아니하였으며
희롱과 채찍질을 받았으며: 예레미야
결박과 옥에 갇히는 시험도 받았으며
돌로 쳐죽는 죽음을 당하고: 스가랴(대하 24:20-22)
톱으로 켜는 것과: 이사야 순교에 관한 전승
(이사야의 순교와 승천 5:11-14)
시험 당함(본문 비평학적으로 의심스러움:
파피루스 46과 다른 초기 증언에 없음)
칼에 죽는 것을 당하고: 선지자들(왕상 19:10)
양과 염소의 가죽을 입고 유리하여: 유다 마카비와
사람들(마카비 2서 5:27)
궁핍과
환난과
학대를 받았으니
광야와 산중과 암혈과 토굴에 유리하였느니라:
안티오쿠스 지배하의 유대인들(마카비 2서 6:11; 10:6)

이러한 방식으로 미래에 대한 일말의 승리를 현재 체험하였던 자들에 대한 가장 현저한 예는 "자기의 죽은 자를 부활로" 받은 여인들이다(35절). 여기에 나타난 사례들은 자신의 아들이 엘리야에 의해서 다시 살아났던 이방인(왕상 17:17-24) 사렙다 과부(cf. 눅 4:25-26)와 엘리사에 의하여 아들이 되살아난 수넴 여인(왕하 4:25-37)의 경우들이다. 영혼이 소생된 이러한 경우들은 예수에 의해서 행하여진 경우들처럼 오직 종말에 임할 새로운 질서인 생명에로의 부활(35절에 언급된 "더 좋은 부활")을 기대한다.

"어떤 이들은"으로 시작하는 35b-38절은 앞에서 나온 이야기와 강한 대조를 이룬다. 이제 우리는 명백히 실패한 사람들의 목록을 접하게 된다. 어떻게 해서 저자는 이러한 목록들을 독자들에게 모델로 제시할 수가 있는가? 이러한 방식들로 고난을 당한 자들은 현재에는 실패하였던 것처럼 보일지 모르겠으나(다시 한번 박스안의 "히브리서 11:32-38에 나타난 믿음의 예들"을 보라), 사실에 있어서는 미래의 상급이 그들에게 주어지기 때문에 그들도 믿음의 승리의 예들이 된다. 따라서 "더 좋은 부활"의 수혜자가 되기 위하여 죽음을 환영함으로써 "구차히 면하지 아니 하였던" 자들의 기이함을 우리는 보게 된다(35절). 이러한 방식으로 고난을 당하였던 자들은 "세상이 감당치 못하는" 자들이었기에 저자는 이런 상황에 대한 최고의 풍자를 나타낸다(38절). 이 메시지를 독자들은 간과할 수 없었을 것이다. 믿음을 위해서 그들은 심지어 죽기까지 무슨 고난을 당하더라도 선진들이 가졌던 것과 동일한 방식으로 여전히 궁극적 승리를 하게 될 것이다.

그리스도인들은 박해, 고난, 현시대를 특징짓는 모든 재난과 질병과 죽음을 포함한 모든 역경에서 자동적으로 보호받는다는 의미에서 분명히 그리스도인의 믿음은 승리주의자로서 묘사되어지지 않는다. 저자에 의하면, 믿음으로 우리의 시선을 고정한다면 우리 앞에 닥치는 것이 무엇이든 그것 안에서 그리고 그것을 통해서 하나님께서 우리에게 예비하신 영광스러운 미래에 우리는 승리할 수 있다(cf. 고전 2:9). 그 어떤 것도 이러한 미래를 우리로부터 빼앗을 수 없다(cf. 롬 8:37-39).

10) 목표에 함께 인도된 모든 성도들(11:39-40)

믿음의 예에 대한 목록들을 종결지은 후 이제 저자는 2절에서 언급한 것을 반복 한다: 이 모든 믿음의 선진들이 "믿음으로 말미암아 증거를" 받았다(39절). 저자는 재차 성도들을 기다리는 미래의 소망을 염두에 두고서 이들은 "약속된 것을 받지 못하였다"고 결론짓는다. 부분적 성취가 어느 정도는 역사 속에서 또 현재에 일어났다고 말하고 싶을지 모르겠으나 궁극적으로 약속은 미래에 존재하는 필연적 성취에 관한 것이다. 그 이유는 그것이 현재 질서의 변혁과 실제로 우리들의 변화를 포함하여야 하기 때문이다. 오직 이런 방식으로만 하나님께서 하신 약속의 완성이 실현되어 질 수가 있다. 현재에 우리가 체험할 수 있는 대부분의 것들은 장차 우리의 것이 될 영광스러운 미래에 대한 상대적으로 희미한 기대일 뿐이다(cf. 롬 8:18-25).

과거에 하나님께서 행하신 일이 놀라운 것이었다 할지라도 그것은 하나님께서 그리스도 안에서 지금까지 행하여 오신 것과 비교해 볼 때 무색해지고 만다. 우리는 구원사에 있어 새로운 장에 도달하였다. 이것은 "우리를 위하여 더 좋은 것"으로 조심스럽게 표현되어 진다(40절). 옛 것들에 대해서 새로운 것들이 갖는 이점들을 묘사하기 위해서 히브리서에서 사용되어지는 "더 좋은"이라는 말은 반복적으로 우리 눈에 목격되어진다. 그러나 이제 저자는 과거의 사람들 또한 이러한 더 좋은 것들에 참예할 것이라는 주장을 한다. 구약의 성도들과 새 언약의 성도들은 동일한 유업을 소유한다. 결과적으로 과거의 사람들은 우리로부터 떨어져서는 궁극적 목표("온전함을 이룸")에 도달할 수 없다. 구원이라는 웅대한 이야기 속에서 모든 사람이 온전히 실현된 최종적이고 완전한 구원을 함께 즐기게 될 것이다. 이것이 믿음을 실체화하고 보이지 아니하는 것들과 장차 임할 것들에 대한 증거를 보임으로써 자신들의 믿음을 표현하고 믿었던 자들에게 주어지는 상급이 될 것이다.

학습 연구 질문

1. 히브리서 저자가 그의 독자들이 믿음에 대해서 이해하기를 원하는 것은 어떤 것이며 또 어떻게 저자는 자신의 입장을 이해시키고 있는가?
2. 히브리서 독자들이 현재의 상태에서 신실함에 대해서 가질 수 있는 동기에 대해서 토론하라.
3. 히브리서에서 아브라함에 반영되어 나타난 것과 같은 하나님의 신실하심에 대하여 토론하라.

Further Reading

Barber, C. J. "Moses: A Study of Hebrews 11:23-29a." *Grace Journal* 14 (1973): 14-28.

Betz, O. "Firmness in Faith: Hebrews 11,1 and Isaiah 28,16." In *Scripture Meaning and Method*, ed. B. P. Thompson. Hull: Hull University Press, 1987. Pp. 92-113.

Cockerill, G. L. "The Better Resurrection (Heb. 11:35): A Key to the Structure and Rhetorical Purpose of Hebrews 11." *Tyndale Bulletin* 51 (2000): 215-34.

Cosby, M. R. "The Rhetorical Composition of Hebrews 11." *Journal of Biblical Literature* 107 (1988): 257-73.

Eisenbaum, P. M. The *Jewish Heroes of Christian History: Hebrews 11 in Literary Context*. Atlanta: Scholars Press, 1977.

Hamm, D. "Faith in the Epistle to the Hebrews: The Jesus Factor. *Catholic Biblical Quarterly* 52 (1990): 270-91.

Hughes, P. E. "The Doctrine of Creation in Hebrews 11.3." *Biblical Theology Bulletin* 2 (1972): 64-77.

Johnsson, W. G. "The Pilgrimage Motif in the Book of Hebrews." *Journal of Biblical Literature* 97 (1978):239-51.

Kendal, R. T. Believing God: Studies on Faith in Hebrews 11. Grand Rapids: Zondervan, 1981.

Laansma, J. "I Will Give You Rest": The Rest Motif in the *New Testament with Special Reference to Mt 11 and Heb* 3-4. Wissenschaftliche Untersuchungen zum Neuen Testament. Second series 98. Tübingen: Mohr Siebeck, 1997.

Longenecker, R. N. "The 'Faith of Abraham' Theme in Paul, James and Hebrews: A Study in the Circumstantial Nature of New Testament Teaching." *Journal of the Evangelical Theological Society* 20 (1977): 203-12.

Miller, M. R. "What Is the Literary Form of Hebrews 11?" *Journal of the Evangelical Theological Society* 29 (1986): 411-17.

Peake, A. S. The Heroes and Martyrs of Faith: Studies in the *Eleventh Chapter of the Epistle to the Hebrews*. London: Hodder & Stoughton, 1910.

Wilcox, M. "The Bones of Joseph: Hebrews 11:22." In *Scripture: Meaning and Method,* ed. B. P. Thompson. Hull: Hull University Press, 1987. Pp. 114-30.

12장   신실함에의 초청

이제 말하여지는 모든 것[12:22-24]은 우리의 사랑을 받을 만한 가치가 있으나 실제로 눈에 보이지는 않는다. 이는 마치 다른 모든 것들[12:18-21]은 눈에 보이되 두려움의 대상이 되는 것과 같다. 마치 전자의 것이 실제로 발과 육신으로 접근하여졌듯이 이러한 후자의 것들은 믿음과 영으로 접근되어야 한다. 믿음에 의해서 우리에게 일어난 것 뿐만 아니라 하나님, 그리스도, 교회, 천사들 등이 실제적으로 우리의 소유가 된 것은 크나큰 기쁨이다.

-- Martin Luther,

*<Lectures on the Epistle to the Hebrews>*에서

보충 읽기

창세기 25:29-34; 27:30-40; 신명기 29:16-18; 시편 34:11-14; 이사야 35:3-4; 고린도 후서 4:16-18; 베드로 전서 1:3-9; 4:12-19

개요
- 비할 데 없는 믿음의 본보기인 예수를 응시하라(12:1-3)
- 그리스도인의 삶 속에서의 하나님의 훈련의 역할(12:4-11)
- 성결에의 부름과 경고(12:12-17)
- 그리스도인의 현재 지위의 영광(12:18-24)
- 독자들에 대한 최종 경고(12:25-29)

목표
1. 완벽한 모델로서 예수를 강조하라.
2. 하나님으로부터 오는 징벌의 목적에 대해서 설명하라.
3. 그리스도인의 현재 지위에 대해서 논평하라.

아무리 인간 모델들이 모범적인 예를 보인다고 할지라도 이것들은 항상 결함을 가지므로 조만간 실망감을 안겨주게 되어 있다. 11장에서 언급된 예의 그 어느 것도 완벽하지 않았다. 또한 오늘날 어떤 크리스챤도 완벽할 수가 없다. 사실, 우리의 시선을 고정시키기에 족한 단 한분 즉, 완벽한 모델이 되시는 유일한 분이 계시다. 따라서 저자는 우리에게 예수를 모델로 삼을 것을 요청한다. 그는 나아가서 독자들을 재차 신실함과 인애와 거룩함으로 초청한다. 그런 후 경고를 더하기 이전에 특징적으로 그는 잠시 강화를 통하여 그리스도인의 현재의 영광의 지위에 대한 인상적인 형상 이미지를 제시 한다.

1) 비할 데 없는 믿음의 본보기인 예수를 응시하라(12:1-3)

11장에서 주어진 예들은 신실함에 대한 강한 동기를 유발시킨다. 이제 저자가 직접적 권면으로 나아감에 있어 사용된 "이러므로"라는 말은 아주 강력한 단어이다. 이제까지 살펴온 것에 근거하여서 이것을 우리(저자는 자신을 독자들에 포함시킨다)가 하여야 한다. 저자는 "구름같이 둘러싼 허다한 증인들이" 있다는 그림 언어를 사용 한다 (1절). 이 말은 그들이 우리를 지켜본다는 의미에서 증인은 아니다. 오히려 저자는 11장에서 언급하였듯이(cf. 11:2, 39) 믿음에 의해 목격되어지거나 증거 되어 진 자들을 가리킨다. 믿음의 예들은 독자들에게 격려를 주기 위한 의도를 갖고 있다.

신실한 믿음의 선진들의 예를 염두에 두고서 독자들은 필적할만한 경주에 임하여 경주를 잘 함으로써 목표를 이룰 수 있다. 그리스도인의 삶을 사는 것에 대한 메타포로서 경주의 이미지는 신약 성서에 자주 나타난다(고전 9:24; 갈 2:2; 5:7; 빌 2:16; 그리고 특히 딤후 4:7). 이것은 뒤이어 등장하는 "모든 무거운 것"을 벗어 버림, "우리 앞에 당한 경주를" 경주함, "인내로써" 경주함과 같은 메타포들의 근원이 되는데 모두가 경주자들과 연관된 것들이다. 현재에도 1세기때와 동일한 방식으로 경주가 진행되므로 이러한 메타포들은 현대의 독자들이 그 의미를 이해하는데 큰 어려움이 없다. 경주 자체와 관계없는 하나의 요소가 특이하게 나타난다. "죄"는 우리를 얽매이게 하고 경주를 방해하는 것이라는 사상이다. 죄는 항상 그리스도인의 삶을 살아가는데 방해가 된다. 죄는 우리가 하나님과 교제하는데 방해를 하고 우리의 비젼과 생각을 왜곡시킬 뿐만 아니라 심지어 가벼운 압박만으로도 우리를 무능력하게 만든다. 죄는 우리를 가라앉히고 더 많은 넘어짐으로 인도하는 무거운 짐을 가져다 준다. "인내로써" 경주하는 것은 바로 저자가 그의 독자들에게 처음부터 촉구하여 온 것이다(cf. 2:1-4). 인내는 특별히 독자들이 당한 상황 하에서 그들이 가장 필요로 하는 것들 중 하나이다.

달려야 하는 경주에서 "믿음의 주요 또 온전케 하시는 이인 예수를 바라" 보아야 한다(2절). 예수는 단순히 우리에게 최고의 예만 되는 것이 아니라 "주" (또는 "선구자"[cf. 2:10]) 그리고 "온전케 하시는 이"와 같은 직함이 가리키듯이 믿음을 전수하고 그것이 의도하는 완성으로 이끄시는 분이시라는 것에 주목하는 것이 절대적으로 중요하다. 예수는 믿음에 있어 처음과 마지막이시다. 아버지께 순종하여 십자가의 죽음으로 나아가듯 예수는 히브리서 독자들에게 얼마나 큰 최고 믿음의 예가 되는가! 예수께서는 "그 앞에 있는 즐거움을 위하여 십자가를 참으사" 독자들이 현재의 상황에서 어떻게 행동하여야 하는지에 대한 완벽한 본을 보이셨다. 독자들도 고난을 참고 보이지 아니 하는 상급에 마음을 고정시켜야 한다. 예수께서 십자가의 수치를 경멸하였듯이 그들 역시 고난의 수치에 개의치 말아야 한다. 이런 방면을 따라 주어진 권면이 13:13에 나온다: "그런즉 우리는 그 능욕을 지고 영문 밖으로 그에게 나아가자." 예수 사명 중 가장 중심 되는 성취인 십자가를 언급하고 나서 저자는 이제는 친숙해진 시편 110:1을 다시 한번 언급하며 예수는 "하나님 보좌 우편에 앉으셨느니라"고 말하면서 그의 진술을 마무리 한다(2절).

독자들은 예수를 생각하라는 권유를 받는다. 죄인들로부터 그렇게 심한 적대감의 고통을 당하여야 하였던 예수께 마음을 굳게 고정시키라는 권유이다. 이렇게 함으로써 독자들은 "피곤하여 낙심치 않기 위하여" 자신들이 필요로 하는 힘과 용기를 얻게 된다(3절). 그들이 당하는 고난 속에서 독자들은 고난당하였으나 승리한 믿음의 선진들의 예를 따라갈 뿐만 아니라 주님의 발자취를 따르게 된다. 이러한 사실을 생각하면서 독자들은 생명력을 발견하게 될 것이다. 예수는 그들의 믿음의 예가 될 뿐만 아니라 그들을 도와주실 절대적인 대제사장이시다(cf. 2:17-18; 4:15-16; 7:25).

2) 그리스도인의 삶 속에서의 하나님의 훈련의 역할(12:4-11)

4절에서 우리는 독자들이 과거에 당했던 박해에 대한 중요한 정보를 얻게 된다. 이들은 "죄"와 싸웠는데 이는 문맥상 박해자들에 보여준 저항을 의미한다. 이 점은 이미 10:32-34에서 지적된 바 있다. 독자들은 심한 고난을 당하였지만 아직 순교를 의미하는 "피 흘리기까지는" 이르지 아니하였다. 하지만 이는 가까운 장래에 그렇게 무서울 정도로 상황이 악화될 것이라는 점을 시사한다. 우리가 살펴 본 것처럼 이러한 박해의 상황은 유대인 크리스챤들이 기독교를 떠나서 로마 제국의 합법적 종교(religio licita)로 인정된 유대교가 제공하는 보호막 안으로 되돌아가도록 강하게 유혹 받게 된 이유가 당연히 될 수 있었다.

하나님의 연단으로서
고난이 주는 긍정적인 성과들

고난은 가능하면 무조건 피하여야 하는 것으로 인식된 부정적인 관점에서만 통상적으로 이해되어 진다. 고통의 측면은 히브리서 저자가 제대로 인식하고 있듯이 의심할 여지가 없다. 고난의 체험은 "즐거워 보이지 않고 슬퍼" 보인다(11절). 그럼에도 불구하고 하나님의 자녀들에게는 고난의 긍정적인 면이 또한 존재한다. 이러한 것들 중에 저자는 다음의 요소들을 언급 한다.

적법한 자식임을 확인시킴(7-8절)
우리가 살리라(9절)
우리의 유익을 위하여(10절)
하나님의 거룩하심에 참예하게 되리라(10절)
의의 평강의 열매를 받게 되리라(11절)

그러나 왜 기독교인들이 도대체 고난을 당하여만 하였는가? 이 문제는 저자로 하여금 크리스챤의 삶에 있어서 고난의 긍정적인 역할에 대한 간략한 변증

을 하도록 이끈다. 저자는 5-6a절에서 70인역 잠언 3:11-12로부터의 인용을 자신의 본문으로 사용한다. 독자들은 이 본문에 익숙하였을 것으로 보이는데 동일한 토의가 유대교 진영에서 사용되었다(예를 들어, 필로의 *On the Preliminary Studies*, 175-177). 하나님의 자녀들은 자신들을 사랑하는 하나님으로부터 연단 받을 것을 기대하는 자들이기에 인용된 본문은 저자에 있어서 이상적인 문구이다. 자신의 습성대로 히브리서 저자는 인용된 본문에서 미드라쉬적 방식으로 그 의미를 끄집어 내고(7-11절) 두 단어 "아들"(상호관계에 있는 "아비"를 주목하라)과 "징계"를 한번 이상 반복함으로써 본문 주석으로 나아간다. 따라서 독자들이 인내하도록 의도되어있다는 것과 또한 아비가 아들을 징계하는 것과 동일한 방식으로 하나님께서 우리를 아들(또한 딸로)로 다루고 있는 것은 연단을 위함이라고 저자는 말 한다(7절). 따라서 징계를 받지 않는다는 것은 우리가 적법한 아들인가 아닌가 하는 질문을 제기 한다(8절). 우리가 육신의 아버지의 징계를 기꺼이 받아들였다면, "모든 영의 아버지"(문자적으로 "육신의 아버지"인 "땅에서의 아버지"와 의도적으로 대조시킴)로 불리어지는 천부 하나님께는 더욱 복종하여야 한다. 이것의 목표는 우리가 살기 위함이다(9절). 육신의 아버지는 제한된 목적을 위해서 단시간에 우리를 연단하되 하나님께서는 "그의 거룩하심에 참예케" 하기 위해서 영원히 연단하신다(10절). 끝으로, 저자는 모든 징계가 고통스럽지만 징계의 긍정적인 의도를 이해하고 있는 자들에게는 궁극적으로 "의의 평강한 열매를" 맺게 한다는 점을 지적 한다(11절). 마지막 절에 나타난 "연달한"(*gymnazō*)이라는 단어는 고통의 체험 또한 긍정적인 목적을 갖고 있는 운동경기에서 파생된 이미지를 갖고 있다.

현재의 고난에 대한 이러한 태도는 타 종교들이 갖고 있는 통상적인 견해를 완전히 뒤집는다. 거의 보편적으로 지구상의 종교들은 고난을 조물주의 냉대의 표시로 여긴다. 실제로, 이러한 종교들의 목표는 신성의 올바른 편에 도달함으로써 고난을 피해보려는 데 있다. 이러한 점에 있어서 구약과 신약의 태도는 가히 혁명적이다. 의인 즉, 하나님께 속한 자들은 당연히 현재에 고난을 받게 되는데 이것은 하나님께서 우리에게 화가 나셨거나 우리가 행한 일에 벌을 주신다는 표시가 반드시 아니라는 점이 여기에서 분명해 진다. 이와는 대조적으로 그리스도인들에게는 고난이 정당화되는 아주 중요한 패러다임이 있다: 스스로 아무런 잘못이 없었던 우리 주님께서 고난당하셨다(cf. 5:8). 우리는 그의 발자취를 따라 걷도록 부름을 받았다. 우리가 악한 일을 행하였기 때문에 반드시 고난 받는 것이 아니라 하나님께서 고난을 통하여 우리를 거룩하게 하기를 원하시기 때문에 고난 받는다. 우리에게 고난은 제한된 기간에 속한 것이고 우리 앞에 놓여 진 놀라운 미래에 대한 서곡이다. 이에 대해서 사도 바울이 강하게 언급하듯이, "우리의 잠시 받는 환난의 경한 것이 지극히 크고 영원한 영광의 중한 것을 우리에게" 이루고자 함이다(고후 4:17; cf. 벧전 1:6-7; 4:12-14).

3) 성결에의 부름과 경고(12:12-17)

저자는 독자들에게 적용할 수 있는 이미지의 풍성한 보고인 성경으로 다시 돌아간다. 이 경우에 있어서 12절의 아름다운 언어는 이사야 35:3에서 그리고 13절의 첫 부분은 잠언 4:26에서 이끌어져 나오는데 둘 다 70인역 본문을 따른다. 독자들은 낙담하고 연약한 상태에 있다는 싱징적인 묘사가 이루어진다. 이들은 계속 걸어 나아가야할 "곧은 길"을 필요로 하는데 이는 더 나쁜 상태로 나아가기 보다는 치료함을 받기 위함이다. 이러한 메타포는 독자들에게 하나님께 순종하고 그를 기쁘시게 하는 방식의 삶을 살아가도록 호소한다. 그렇게 하는 것만이 그들의 연약함과 무능력을 치료하게 할 수 있다. 신실한 삶을 살아가는 것만이 현재의 환경을 성공적으로 극복하게 할 것이다.

14절에는 두 개의 부름이 있다. 화평함(시편 34:14에의 암시)과 "거룩함"에로의 부름이다. 이 두 주제는 신약 성서에 자주 나타나는데, 샬롬의 개념(모든 면에서의 궁극적 안녕)은 독자들에게 중요한 개념이었을 것이다. 전자를 위해서 특별히 로마서 14:19과 베드로전서 3:11 뿐만 아니라 로마서 12:18; 고린도후서 13:11; 디모데후서 2:22을 보라. 후자를 위해서 특별히 벧전 1:15 뿐만 아니라 로마서 6:19, 22; 고린도전서 1:30; 데살로니가전서 4:3을 보라. 이 두 가지 부름의 특징들은 그리스도인의 삶에 있어 근본적인 것들이다. 이와 특별한 병행을 이루는 마태복음 판 산상 수훈은 화평과 깨끗함을 병치시켜 놓는다. 따라서 마태복음 5:9에서 "화평케하는 자는 복이 있나니 저희가 하나님의 아들이라 일컬음을 받을 것임이요"로 되어 있는 반면에 5:8에는 "마음이 청결한 자는 복이 있나니 저희가 하나님을 볼 것임이요"로 읽는다. 후자의 경우 히브리서 본문 말씀과 아주 동일하게 거룩함이 하나님을 보는 것과 관련이 되어 있다. 거룩함 또는 성결함은 선택이 아니라 요구 사항이다. 이것이 없이는 "아무도 주를 보지" 못 할 것이다. 이러한 말들은 하나님에 대한 종말적 환상에 대한 언급이다(cf. 계 22:4).

15-17절은 독자들의 곤경과 저자의 관심에 더 직접적으로 접근한다. 새롭게 주어지는 경고는 "하나님 은혜에 이르지 못하는 자"가 되지 않도록 다른 사람들을 돌봄으로써 서로를 돌아보라는 권면으로 시작한다(cf. 10:24-25). 이는 다음의 구절들이 분명히 하고 있듯이 배교에 대한 언급이다. 다른 사람에게 신성모독의 근원이 될 수 있는 "쓴 뿌리"에 대한 메타포는 신명기 29:18을 암시한다. 신명기 구절은 "그 마음이 하나님 여호와를" 이미 떠난 사람을 가리키고 있다. 따라서 누구든지 넘어지게 되면 그럴 때 마다 공동체내의 다른 사람들에게는 부정적인 효과를 내게 된다.

경고를 강화시키기 위해서 저자는 독자들이 처한 유혹과 직접적 관련이 있는 에서의 경우를 예로 든다(16-17절). "망령된 또는 경건치 못한"으로 묘사된 에서는 "한 그릇 식물을 위하여 장자의 명분을" 팔았다(창 25:33-34). 그렇게 함으로써 에서는 11장에 나오는 믿음의 선진들의 경우와는 정반대의 예가 된다. 에서는 보이지 않는 것과 불확실한 미래에 속한 것인 장자권을 현재 이 땅에서의 직접적인 욕구 충족 즉, 빵 한 조각과 죽 한 그릇과 바꿔 버렸다(11:25-26에서 언급된 모세의 태도와 대조됨). 에서의 이야기에서 저자는 그의 독자들에게 이야기 하려는 것과 정확히 맥을 같이 하는 점을 발견한다. 에서가 자신의 경솔함에 대해서 회개하기를 갈망하였을 때 그는 자신의 과거 행실을 변화시킬 수가 없었다(창 27:30-40). 마찬가지로, 만약에 독자들이 기독교 신앙에서 돌아 선다면 그들에게 다시 되돌아설 길이 없게 될 것이다(cf. 6:4-6; 10:26-27). 여기서 우리는 배교의 중대한 심각성에 대해서 한번 더 생각하게 된다. 독자들은 항상 되돌아오는 길이 있을 것이라는 가능성에 의지하여 행위의 다른 방향으로 나아갈 것에 대해서 생각해서는 안 된다. 이와는 반대로 저자는 아주 큰 역경의 경우에도 굳건하게 믿음을 지킬 것을 독자들에게 요구한다.

4) 그리스도인의 현재 지위의 영광 (12:18-24)

전체 신약 성서중 가장 명확한 구절중 하나가 되는 본 절에서 저자는 구약과 신약 사이의 대조를 그려낸다. 그러는 가운데서 그는 신약이 구약에 대해서 갖는 비교할 수 없는 우월성을 강조할 수 있다. 유사한 대조 구절들이 바울 서신들에서 발견될 수 있지만(예를 들어 고후 3:6-18; 갈 4:24-31) 그 어떤 것도 본 절 만큼 강렬하지 않다. 가장 중요한 점은 시온 산을 그리스도인들이 이미 도달한 현재의 실체로 묘사하고 있는 것이다. 이는 실현된 종말에 대한 영광된 그림을 그리스도인의 현재 실체로서 제공한다. 이러한 대조의 목적은 독자들이 이미 즐기고 있는 것이 무엇이며 그들이 기독교 신앙을 버릴 경우 필연적으로 되돌아 갈 것이 무엇인지를 지적하는 데에 있다. 대조는 구체적으로 두드러진다. 시온 산에 도달한 자들이 어떻게 시내 산으로 되돌아가기를 원할 수가 있을까?

먼저, 저자는 시내 산을 유대교와 율법의 종교의 상징으로 그려서 제시한다. 생생하게 묘사된 이미지는 모세 오경의 여러 구절들에서 비롯된다. 출애굽기 19:12-19; 20:18-21; 신명기 4:11; 5:22-25. 시내 산 계시는 하나님의 능력과 권위에 대한 어떤 것을 드러냈는데 이는 불붙는 산, 흑운, 흑암과 폭풍이 가리키듯이 무서운 체험 이었다(18절). 산은 손으로 만질 수 있는 실체이었지만 하나님의 절대적인 배타성(거룩함) 때문에 어느 누구도 그것을 만지는 것이 허락되지 않았다(출 19:12). 20절에서 인용된 출애굽기 19:13이 가리키듯이 그것을 만지는 자들은 물론 동물에게 조차도 죽음이 벌칙으로 주어졌다. 19절에 따르면 이스라엘 백성들은 산으로부터 나오는 음성의 소리를 감당할 수가 없었다. 뿐만 아니라, 20절에 의하면 주어진 명령조차 감당할 수가 없었다(구체적으로 언급된 것은 누구도 감당할 수 없는 계명들을 가리키는 것으로 이해될 수 있다). 들은 자들은 "더 말씀하지 아니 하시기를 구하였다"(19절). 시내 산의 무서운 성격을 요약하는데 있어서 저자는 그 위대한 모세 자신이 "내가 심히 두렵고 떨린다"고 말한 것으로 인용한다(21절 신 9:19에 근거). 따라서 시내 산은 저자가 시온으로 부르는 것과의 대조를 강조하기 위해서 의도적으로 언급되었다.

새 언약에 호소하면서 저자는 18절에서 부정적으로 사용되어진 동사, "너희의 이르지 못한"을 이제는 긍정적인 표현인, "너희가 이른"으로 고쳐 사용하면

> ### 옛 언약과 새 언약의 대조: 시내 산과 시온 산
>
> 두 언약의 실체를 비교하는 방식으로서 시내산과 시온산 사이의 놀라운 대조는 다음의 요소들을 포함한다. 각각의 경우는 일곱 개의 구성 요소를 가지고 있다. 즉각적으로 눈에 띄는 것은 둘째 목록에 나오는 언어의 충만함과 비교되는 첫째 목록의 간결성이다.
>
> | 시내 산 | 시온 산 |
> |---|---|
> | 손으로 만질 만한 산 | 살아계신 하나님의 도성, 하늘의 예루살렘 |
> | 불붙는(산) | 축제로 모이는 천만 천사 |
> | 어두움 | 하늘에 기록한 장자들의 총회 |
> | 흑운 | 만민의 심판자, 하나님 |
> | 폭풍 | 온전케 된 의인의 영들 |
> | 나팔 소리 | 새 언약의 중보이신 예수 |
> | 두려운 말소리들 | 아벨의 피보다 더 나은 뿌린 피 |
> | (모세: 두려움과 떨림으로 가득한) | |

서 반복 한다(22절). 여기에서 완료형으로 사용된 헬라어 동사는 매우 중요한 의미를 갖는다. 과거에 성취된 행위의 결과가 현재에도 지속되고 있음을 지적하고 있기 때문이다. 강조는 현재적 실체에 있다. 그러므로 뒤이어 나오는 것은 높아진 영광스러운 지위에 대한 현재적 향유에 대한 묘사이다(cf. 엡 2:6과 그 과거형 시제). 우리가 이르렀다는 것은 무엇을 일컫는 것인가? 좀 더 구체적으로 말하자면 시내 산 옛 언약과 대조되는 시온 산 새 언약은 무엇으로 구성되어 있는가?

실현된 종말론에 대한 신약의 가장 놀라운 표현들 중 하나인 본문에서 저자는 새 언약의 실체를 일곱 개의 연속된 구절들을 통하여 묘사한다. 첫째, 구약 성서에서 예루살렘의 다른 이름인 시온은 그 자체가 "살아계신 하나님의 도성인 하늘의 예루살렘"으로 확인 되어진다(22절). 이는 궁극적인 구원의 상징이요 종말적 샬롬으로 불리어 질 수 있는 체험의 상징이다. 시내 산이 옛 언약을 대표하듯이 시온은 새 언약과 그 모든 축복을 일컫는다. F. F. 브루스는 이러한 말속에서 그 의미를 잡아낸다: '이 땅에서의 시온이 옛 이스라엘 12지파의 만남의 장소였던 것처럼 저 하늘의 시온은 새 이스라엘의 만남의 장소이다' (히브리서 주석, 356).

둘째, 그리스도인들은 "'천만 천사'의 즐거운 성회'에 이르렀다(22절). 이들은 하나님의 임재와 통상적으로 연합된 천사들이다. 그들은 시내 산에서 하나님과 함께 하였고(신 33:2); 하늘의 궁정에서 그에게 수종든다(단 7:10). 현 본문에 가장 중요한 것은 요한계시록 5:11, 7:11 과 (아마도) 19:6에 나오는 천사들이다. 이들은 축제 회중에 모인 천사들인데 어린 양에 의해 성취된 구원에 대해서 하나님을 찬양하고 기뻐한다. 그 구원이 지금 이루어졌고 현재 즐거워하고 있는데 다만, 그 궁극적 완성만을 남겨 놓고 있다.

셋째, 그리스도인들, 좀 더 명확히 정의 하자면 "하늘에 기록된" 자들로서 독자들은 "장자들의 총회"(문자적으로 교회)에 이르렀다(23절). 여기에 나오는 장자들의 정체성은 명확히 정의 하기가 어렵다. 여기서 장자들이 천사들을 가리키고 있다는 가능성은 매우 낮다. 구약의 성도들일 가능성도 있지만 저자가 그리스도인들(아마도 크리스챤 순교자들)을 염두에 두고 있다는 가능성이 더 높다(cf. 눅 10:20의 "하늘에 기록된"). 그리스도인들은 기업을 상속으로 받도록 예정된 자들, 즉 약속의 상속자들이라는 의미에서 장자로 간주될 수 있다(롬 8:17을 보라). 독자들은 이러한 총회, 교회에 이르렀을 뿐만 아니라 총회의 한 부분이 되었다.

넷째, 그들은 "만민의 심판자이신 하나님"께로 나아왔다(23절). 그들은 두려움 없이(시내 산에서와는 대조적) 심판자이신 하나님께로 나아 왔는데(cf. 29절; 9:27; 10:31) 이는 그리스도께서 그들의 대제사장으로서 앞서 가셨기 때문이다. 이러한 자유는 그리스도의 희생 제사를 통한 하나님의 임재 앞으로 담대히 나아감과 흡사하다. 그리스도의 희생에 대하여는 히브리서에서 우리가 반복적으로 접해온 바 있다(cf. 4:16; 6:19; 7:25; 10:19-21).

> ### 히브리서에 나오는 도성
>
> 신약의 다른 어떤 책보다도 히브리서에서 "하늘의 예루살렘"인 "도성"에 대한 언급이 더 많이 나오고 있다. 동일한 실체에 대한 언급들에 관해서 갈라디아서 4:26; 계시록 21:2, 10; 바룩 2서 4 같은 본문과 비교할 수 있다.
>
> 하나님이 경영하시고 지으실 터가 있는 성(11:10)
>
> 하나님이 저희를 위하여 한 성을 예비하셨느니라(11:16)
>
> 살아계신 하나님의 도성인 하늘의 예루살렘(12:22)
>
> 우리가 여기는 영구한 도성이 없고 오직 장차 올 것을 찾나니(13:14)

다섯째, 독자들은 "온전케 된 의인의 영들"에게로 나아왔다(23절). 이는 부활을 기다리는 구약의 성도들 즉, 영들(혼[souls] 즉, 인간의 비물질적 요소와 불가분의 관계에 있는)에 대한 언급으로 보인다. 이러한 명칭은 유대 묵시 문학으로부터 온 것이다. 이러한 성도들을 "온전케 된"으로 묘사하는 것은 히브리서에서 항상 그렇듯이 본문에서도 하늘의 예루살렘인 시온 산으로 그려지고 있는 목표와 그것에 관련된 성취에 도달하였다는 것을 의미한다. 저자에게 있어서 중요한 것은 그들이 이러한 목표에 우리와 분리되어서가 아니라 오직 우리와 함께 도달하였다는 것이다(cf. 11:40). 따라서 시온은 신약과 구약의 모든 믿음의 가족의 소유물이다.

여섯째, 독자들은 "새 언약의 중보이신 예수"께 나아 왔다(24절). 이 언어는 이미 8:6과 9:15에서 접한 바 있다. 예수에 의하여 중보 된 언약은 시온 산을 실체로 만드는 것이다. 옛 언약에서 이미 기대되어졌던 새 언약은 이제 실존하게 되었고 그로 말미암아 옛 것들에게는 그 목적과 성취를 가져 다 주었다.

일곱째, 가장 절정적으로 그들은 "뿌린 피" 즉, 예수의 대속의 보혈로 나아 왔다(24절; cf. 10:22; 벧전 1:2). 여기서 다시 우리는 히브리서의 중심 내용 즉,

히브리서에 나타난 실현된 종말 사상

히브리서는 실현된 종말 사상으로 이해되어 질 수 있는 특별히 많은 양의 자료를 포함한다. 엄격하게 말해서 미래이지만 그럼에도 불구하고 현재에 진입하여 있는 미래 사상은 공관복음서에서 신약의 독자들에게 소개되어 진다. 예수에 의해 선포된 복음은 자신의 사역과 죽음/부활 속에서 또 이를 통해서 현재 임한 하나님의 나라와 관련되어 있다. 이 세상을 변형시킬 하나님 나라는 미래에 임하게 될지라도 그 나라는 실제적으로 어떤 의미에서는 이미 도래하였다. 이러한 형세는 약속의 성취로 표현되어 왔으나 아직 약속의 정점에는 미치지 못하고 있다. 따라서 미래가 완전하게 임할 그 미래에 앞서서 현재 안으로 이미 들어 왔다.

이런 관점이 바울 신학의 중심 특성이다. 이 사상은 초기 기독교 전체에 걸쳐서 일반화되었던 것으로 가정해볼 수 있다. 히브리서는 12:22-24를 포함하여 실현된 종말 사상을 내포한다고 말하여 질 수 있는 많은 구절들을 갖고 있다.

이러한 구절들은 명확하게 미래 종말 사상에 대해서 말하고 있는 구절들과 어느 정도의 긴장 관계에 있다(예를 들어 2:8; 6:11; 9:28; 10:13, 25, 27, 30, 37).

이 모든 날 마지막에(1:2)

이미 믿는 우리들은 저 안식에 들어가는도다(4:3)

내세의 선함을 맛본 자들(6:5)

도래한 좋은 일들(9:11)

장차 오는 좋은 일의 그림자(10;1)

진동치 못할 나라를 받았은즉 은혜를 받자(12:28)

> ### 히브리서에서의 새 언약
>
> 새 언약은 히브리서에서 굉장히 중요하다. 저자는 새 언약의 뿌리를 예레미야 31:31-34의 약속들에서 그리고 그 성취를 새 언약의 중보이신 그리스도의 사역에서 찾는다.
>
> 새 언약은 다음의 구절들에 나타난다.
>
> 더 좋은 언약의 보증이신 예수(7:22)
> 예수께서 중보하시는 언약이 더 좋다(8:6-12; 렘 31:31-34의 인용)
> 새 언약의 중보(9:15)
> 새 언약을 증거 하는 성령(10:16-17; 렘31:33-34의 재인용)
> 언약의 피(10:29)
> 새 언약의 중보(12:24)
> 영원한 언약의 피(13:20)

미리 비쳐 주고 예비하는 옛 언약의 성취로서 예수의 죽음을 대하게 된다. 새 언약은 전적으로 십자가에서 피 흘리신 예수의 죽음에 근거한다. "뿌림"의 개념은 레위 제사장직 수행과 대비된 평행을 긋기 위하여 의도적으로 사용되고 있다(cf. 9:13-14, 19, 21). 저자는 '이 피가 아벨의 피보다 더 나은 말을 한다' 는 점을 더 하고 있다. 여기서 분명히 제시되는 요점은 아벨의 피는 복수의 동기에서 말하고 있는 반면에(창 4:10; cf. "의로운 아벨의 피" [마 23:35]), 그리스도의 피는 용서를 위하여 말한다. 이는 새 언약을 통하여 하나님께서 "내가 저희 불의를 긍휼히 여기고 저희 죄를 다시 기억하지 아니하리라"고 말씀하신 예레미야서의 약속과 완전히 일치 한다(렘 31:34, 8:12과 10:17에서 인용). 예수의 보혈만이 우리를 시온의 영광스러운 성취에로 또한 그와 연합된 놀라운 축복들로 인도한다.

5) 독자들에 대한 최종 경고(12:25-29)

저자는 설교 형식의 논문 전체를 통하여 경고 하여 왔듯이 이제 독자들에게 최종적인 경고를 한다. 이 경고는 적은 것에서 점점 더 큰 것으로 나아가는 논쟁 양식으로 2:1-3과 10:28-29에서의 것과 아주 유사하다. 만약 더 적은 경우 즉, 옛것이며 열등한 것에 의해 과거의 신실하지 못함을 심판 받았다면 더 큰 경우 즉, 새롭고 더 나은 것에 신실하지 못한 경우 심판받게 될 것은 말 할 것도 없다. 우리가 반복해서 보아 왔듯이 이것은 신학적 경고와는 거리가 아주 멀다. 이 경고는 독자들로 자신들의 기독교 신앙을 버리도록 하는 실제 유혹 그 자체를 목표로 하고 있다. "하늘로 좇아 경고하시고"라고 말씀하시는 분은 물론 하나님이시다(25절). 이전의 상황에서 하나님께서는 시내산으로부터 말씀하셨고 "그 소리가 땅을 진동하였다"(26절; 출 19:18; 시 68:8을 보라).

그러나 저자가 학개 2:6을 26절에서 인용하며 지적하듯이 땅과 하늘의 또 다른 흔들림이 성경에 약속되어 있다(cf. 학 2:21). 우리가 으레 기대하게 되듯이 저자는 이 구절에 대한 미드라쉬적 해석을 제공한다. 저자가 27절에서 확신하고 말하는 "또 한 번이라 하심"은 "진동할 것들"(인용에서는 동일한 헬라어가 아니라 유사어가 사용됨) 즉, 창조되어진 것들에 적용되고 있음이 틀림없다. 여기에 나타난 "진동함"은 우리가 세상의 종말로 언급(cf. 마 24:29)하는 미래의 묵시적 심판이다. 히브리서 저자는 이러한 관점에서 시편 102:25-27의 구절을 1:10-12에서 이미 인용하였다. 그 묵시적 진동 후에는 오직 하나님에 의해 확증된 것만이 남게 될 것이다.

하지만 그리스도인들은 "진동치 못할" 나라 곧, 영원히 지속되는 나라를 받게 되어 있기 때문에 이들에게 마지막 진동은 어떤 위협도 되지 못한다(28절). "받았은즉"에 해당하는 헬라 분사의 현재 시제는 우리가 접하는 과거와 미래 시제 사이의 중간 영역을 차지하고 있어서 실현된 종말 사상과 미래 종말 사상의 균형을 유지한다. 그리스도에 의해 취임된 나라는 믿는 자들에게 모든 환경에서 안전함을 제공한다. 이는 새 언약의 열매이다. 보장된 안전은 우리로 하여금 감사를 드리게 하거나 또는 고마워하도록 동기를 부여하여야 한다. 이는 다시 "경건함과 두려움으로" 드리는 받으실만한 예배를 드리게 할 수 있을 것이다. 여기서 "예배"에 해당하는 구체적 단어(*latreuō*)는 옛 언약의 제사장적 섬김에 사용되는 전문 기술 용어로서(예를 들어 8:5; 9:9; 10:2; 13:10; 그리고 9:1, 6에서와 동일한 어원의 명사) 기독교 예배는 레위 성전 예배의 영적 성취라는 점을 암시 한다(9:14에서의 단어가 갖는 영적인 의미를 또한 보라). 크리스챤들은 새 언약을 통하여 하나님의 임재에로의 담대한 접근을 제한받지 않고 하게 되었다 하더라도 "경건함과 두려움"은 크리스챤에게 여전히 필요한 요소이다. 하나님의 성품은 변하지 않으므로 우리의 "하나님은 소멸하시는 불 이심이니라"(신 4:24로부터의 인용; cf. 신 9:3)는 점은 크리스챤에게도 사실로 남는다. 이점은 구약에서 여러 차례 주장되었고(예를 들어 사 26:11; 33:14; 습 1:18; 3:8) 이미 10:27에서 암시되었다. 하나님의 불 심판의 실체에 관한 어렴풋한 문안은 독자들이 처한 위험을 염두에 둔 저자에 의해 강조되어 진다. 이것은 독자들이 배교에 대한 어떤 생각도 못하게 하고 신실함을 지속하도록 하기 위함이다. 히브리서 저자가 그의 결론에서 다시 여러 주제를 다룰지라도, 이점에 대한 논의는 완전한 결론에 도달한다.

학습 연구 질문

1. 어떤 면에서 예수께서 "경주를 하는" 자들에게 완벽한 예가 되는가?
2. 그리스도인들이 고난을 당하여야 하는 이유에 대해서 히브리서 저자가 제시하는 논리적 근거를 설명하라.
3. 히브리서 저자가 옛 언약과 새 언약을 어떻게 대조시키고 있으며 그리스도인들의 현재적 지위에 이 대조는 무엇을 의미하는 지에 대해서 토론하라.

Further Reading

Black, D. A. "A Note on the Structure of Hebrews 12:1-2." *Biblica* 68 (1987): 543-51.

Caird, G. B. "Just Men Made Perfect." *London Quarterly and Holborn Review* 35 (1966): 47-73.

Croy, N. C. *Endurance in Suffering: Hebrews 12:1-13 in its Rhetorical Religious, and Philosophical Contexts*. Society for New Testamen Studies Monograph Series 98. Cambridge: Cambridge University Press, 1998.

Dumbrell, W. J. "The Spirits of Just Men Made Perfect." *Evangelical Quarterly* 48 (1976): 154-59.

Ellingworth, P. "New Testament Text and Old Testament Context in Heb. 12:3." In *Studia Biblica* 3, ed. E. A. Livingston. Sheffield: JSOT Press, 1980. Pp. 89-96.

Jones, P. R. "A Superior Life: Hebrews 12:3-13:25." *Review and Expositor* 82 (1985):391-405.

Thompson, J. W. " 'That Which Can not Be Shaken' : Some Metaphysical Assumptions in Hebrews 12:27." *Journal of Biblical Literature* 94 (1975): 580-87.

13장   최종 권면과 축복

    그들은 진영(camp)과 그 안에 있는 모든 것은 신성하지만 반면에 외부의 모든 것은 불경하고 더러운 것으로 생각하는데 익숙하여 있었다. 그들이 그러한 신성한 영역을 벗어나서 신성하지 못한 지역으로 과감히 나아갈 수 있었을까? 그렇다. 그 이유는 예수 안에서 이전의 가치관이 전도되었기 때문이다. 이전에 신성하였던 것이 예수께서 그것으로부터 물러나 계시기 때문에 이제는 신성치 못 한 것이 되었다. 이전에 신성치 못하였던 것이 예수께서 그 곳에 계시기 때문에 이제는 깨끗하게 되었다.

-- F. F. Bruce, <히브리서 주석>에서

보충 읽기
예레미야 32:36-41; 마태복음 22:37-40; 마가복음 12:29-31;
요한복음 19:17-22; 빌립보서 2:12-13

개요
- 다양한 윤리적 권면들(13:1-9)
- 진정한 제사들(13:10-16)
- 교회 지도자들에 대한 순종(13:17)
- 결론적 기도와 송영(13:20-21)
- 개인적인 사항을 가진 후기(13:22-23)
- 인사말과 축도(13:24-25)

목표
1. 히브리서에서 반복되는 주요 주제들을 나열하라.
2. 결론부의 기도와 송영의 내용을 설명하라.
3. 구체화된 결론적 교시의 중요성을 해석하라.

히브리서 저자는 자신이 제시하고자 했던 주요 논의를 마쳤다. 그는 논의를 가능한 한 설득력 있게 진행하여 왔다. 사랑하는 자에게 편지를 쓰는 사람이면 누구나 서신의 결론부에서 더 많이 말할 것에 대해서 생각한다. 마찬가지로 저자는 이제 그의 설교 형식의 서신을 완전히 종결하기 이전에 독자들에게 하고자 하는 권면에 대한 다양한 실제적 문제들로 돌아간다. 그 문제들은 거의 모든 신약 성서에서 발견되어지는 실천적 권면들과 유사하다. 하지만 예외적인 사항은 저자가 자신의 소인(stamp)과 관심들을 지니고 있는 자료를 해석하고 있다는 점이다. 마지막 장의 구조는 4개의 부분으로 나뉘어질 수 있다. 권면(1-19절), 결론적 기도와 송영(20-21절), 개인적인 사항을 가진 후기(22-24절), 마지막 축도(25절). 13장 특히 후기(postscript)의 특성은 히브리서를 서신으로 칭할 수 있는 요건을 제공한다. 이 자료로부터 우리는 독자들에 대해서 더 많은 것을 알 수 있게 된다.

히브리서 13장에 나타난 권면들

히브리서의 마지막 장은 독자들에게 주어지는 최종 권면으로 가득 차 있다. 권면들의 대부분은 특별히 원래의 독자들과 그들의 상황에 적합한 것이지만 또한 그 중 많은 것들은 우리가 전형적으로 다른 신약 서신들의 마지막 부분에서 발견하는 것에 필적하는 일반적이고 법칙적인 것들이다.

형제 사랑하기를 계속하라
손님을 환대하라
갇힌 자와 학대받는 자를 기억하라
혼인을 귀히 여기라
침소를 더럽히지 않게 하라
돈을 사랑치 말라
있는 바를 족한 줄로 알라
너희를 인도하던 자들을 기억하라
저희 행실의 종말을 주의하여 보라
저희 믿음을 본 받으라

> 잘못된 가르침에 이끌리지 말라
> 영문 밖 예수에게로 나아가자
> 예수가 지셨던 능욕을 져라
> 항상 찬미의 제사를 드리라
> 선행하기를 잊지 말라
> 가진 것을 서로 나누라
>
> 너희를 인도하는 자들에게 순종하고 복종하라
> 우리를 위하여 기도하라
>
> 나의 권면의 말을 용납하라
> 너희를 인도하는 자와 및 모든 성도에게 문안하라

1) 다양한 윤리적 권면들(13:1-9)

첫 번째 권면은 모든 기독교 윤리의 중심인 사랑--여기서는 특별히 "형제 사랑"(*philadelphia*)--에 직접적으로 접근한다. "형제"(brotherly)는 교회내의 여성은 물론 남성을 포함한다. 여기서 즉각적으로 율법에 대한 예수의 탁월한 요약인 사랑의 이중 계명을 생각할 수 있다. 하나님과 네 이웃을 네 몸같이 사랑하라(마 22:37-40; 막 12:29-31; cf. 롬 13:9-10). 이것은 서신서에 나타나는 일반적인 권면이다(롬 12:10; 살전 4:9; 벧전 1:22). 히브리서 저자는 독자들에게 10:24에서 이미 사랑에 대한 권면을 한 바 있다. 권면의 형식은 그들이 이제까지 잘 하여 왔으므로 오직 동일한 방식으로 계속하기만 하면 된다는 것을 암시한다(cf. 6:10; 10:34).

둘째 권면(2절)은 신약에서 또한 중요한 덕목인 환대에 관한 것이다(롬 12:13; 딤전 3:2; 5:10; 딛 1:8; 벧전 4:9; cf. 마 25:35, 38, 44에서의 예수의 가르침). 요한 3서 5-8절에서 지적하듯이 자신의 지역을 통과해 여행하는 크리스찬들, 특히 교회를 위해 일하는 일꾼들에게 음식과 잠자리를 제공하는 것은 중요하였다. 무의식중에 천사들을 대접한다는 사상은 유대인 독자들에게 잘 알려진 이야기들을 암시한다(창 18:1-8; 19:1-3 [아브라함]; 삿 6:11-22 [기드온]; 13:3-21[마노아와 삼손의 어머니]; 토비트서 5:4-9 [토비트]). 초대 교회 디다케 (12사도들의 가르침)의 11-12장은 "주님으로" 영접하여야 하는 기독교 복음 전도자들에 대한 후한 대접을 지지할 뿐만 아니라 환대의 남용에 대한 제한을 두기도 한다(최대 체류 기간은 2-3일로).

갇힌 자를 기억하라는 세 번째 권면에 대하여 저자는 이미 독자들의 과거 행적에 대하여 칭찬한 바 있다 (10:33-34; cf. 6:10). 3절의 마지막 구절은 약간 모호하다. 문자적으로 "너희 자신들도 몸 안에 있으므로." 이는 아마도 독자들의 약함과 독자 자신들도 곧 감옥에 갇힐 수 있으므로 그러한 친절이 필요함을 단순히 일깨워 주는 것일 수도 있다. 그리스도인들의 소명의 한 부분은 고난당하는 자와 함께 고난 받는 것이다(롬 12:15; 고전 12:26).

넷째 권면(4절)은 첫눈에 이상하게 보일 수가 있다. 누가 혼인을 귀히 여기지 않으려고 하겠는가? 결혼의 타당성을 변호하려는 저자의 관심은 독자들이 고도의 금욕주의에 빠질 유혹에 처해 있었을 것이라는 것을 암시하고 있다(9절에서 언급된 음식 문제를 보라). 독자들은 어떤 영지주의적 영향아래 있었던 것 같다. 물질과 영 사이의 영지적 이원론은 후자(영)를 너무 귀하게 높여서 육체적 몸은 영적인 삶에 실제적 방해가 되거나 또는 단순히 대수롭지 않은 것으로 생각하였다. 이는 사람이 육체적 쾌락을 전적으로(심지어는 결혼 당사자 간의 성적 관계까지) 부인하거나 또는 이와 정 반대로 오직 영만이 중요하므로 육신이 모든 것을 자유로이 탐닉하도록 하게 하는 경향이 있을 수도 있음을 의미한다. 물질 창조의 선함을 주장하는 유대교적 입장과 맥을 같이 하여 저자는 결혼의 타당성을 주장함과 동시에 어떤 종류의 성적 부도덕 행위에 대해서도 경고를 한다. 바울처럼 저자는 하나님께서 성적으로 부도덕한 행위를 한 자들을 심판하실 것이라는 점을 경고 한다(cf. 고전 6:9; 엡 5:5; 골 3:5).

다섯째 권면(5절)에서 저자는 "돈을 사랑함"에 대한 개인적 문제를 거론한다. 모든 시대와 문화 속에서 돈을 사랑함은 사람들에게 우선순위 결정, 그리고 삶의 방식들에 대해서 강한 영향력을 미쳐 왔다. 예수께서는 돈을 사랑함의 결과에 대해서 경고하였다(마 6:24-34; 눅 12:15--현 시대의 물질주의에 대한 말씀인 것처럼 기록). 이러한 입장에 대한 신약 구절로 디모데전서 6:6-10을 보라.

이 구절에서 우리는 "돈을 사랑함이 일만 악의 뿌리가 되나니"라는 경고를 읽게 되는데 사람들이 믿음을 떠나 방황하고 있는 것은 이러한 염려 때문이다.

그리스도인들은 어떤 환경 속에서도 자신을 지켜주시는 주님을 의지할 수 있다는 점을 인식하고서 자신이 현재 소유한 것에 만족하여야 한다. 우리를 도우시는 분이신 하나님 안에서 어떤 부와 소유물도 가져다 줄 수 없는 안전함을 갖는다(cf. 10:34). 이점은 구약 성서로부터 인용된 두 본문에 의하여 지지를 받는다. 첫 인용은 신명기 31:6, 8에서 인용된 것인데 일인칭 대명사로 바뀌어져 있다: "내가 … 하리라"(cf. 수 1:5). 하나님께서 이스라엘 백성에게 말씀하셨던 것을 저자는 이제 크리스챤 독자들에게 말한다: "내가 과연 너희를 버리지 아니하고 과연 너희를 떠나지 아니하리라." 6절에서 저자는 두 번째 인용인 시편 118:6(70인역의 양식과 정확히 일치)을 통하여 독자들이 처한 위협적인 상태로 사상의 적용을 확장시킨다: "주는 나를 돕는 자시니 내가 무서워 아니하겠노라 사람이 내게 어찌 하리요?" 그리스도인들에 유효한 안전은 독자들의 이 땅에서의 존재를 초월한다. 그들의 안전은 실제로 박해 또는 심지어 순교에 의해서도 위협받을 수 없는 궁극적인 절대 안전에 속한다. 따라서 어떤 중압감 아래 있다 하더라도 자신들의 기독 신앙 고백에 충실해야 하고 충실할 수 있다.

다음으로 독자들은 자신들을 인도하는 신앙의 지도자들을 기억하고 "저희 믿음을 본받으라"는 권면을 받는다(7절). "하나님의 말씀을 너희에게 이르고"라는 말로 보아서 지도자들은 아마도 독자들이 속한 공동체를 세운 자들로 보인다. 그 지도자들의 믿음을 본받으라는 요청은 11장의 믿음에 대한 긴 설명을 상기시킨다. 명백하게도 이러한 지도자들은 보이지 아니 하는 것들의 실체를 밝히고 이에 의존하는 동일한 종류의 능동적 믿음을 보여 주었다. 그러므로 그들은 경쟁적 모방 가치가 있는 경우들이다. 독자들은 현재의 지도자들에 순종하고(17절) 그들을 문안하라는 말을 듣는다(24절).

8절의 긴 진술은 헬라어 본문에서 다음과 같은 문자적 어순을 갖고 있다: "예수 그리스도는 어제나 오늘이나 동일하고 영원하다." 직전 직후의 문장과는 직접적으로 연결이 되어 있지 않더라도 이 진술은 히브리서의 주된 목적과 부합됨에 있어서 구체적 확신과 동기를 독자들에게 공급하는데 이바지 한다. 그것은 아들(the Son)의 영원한 존재에 관한 추상적 이거나 신학적인 진술로서

의도된 것이 아니다. 오히려 이 진술은 그리스도의 독특한 대제사장직으로부터 유래된 것과 같은 것들 즉, 이미 다루어진 문제들을 가리키는 것으로 시작 한다: 그리스도의 속죄 사역("어제"; 예를 들어 9-10장), 그리스도의 중보 사역("오늘"; 4:14-16; 7:25), 그리고 여기에 덧붙여 예수 그리스도는 신실함에 있어서 변하지 않을 것이라는 사실("영원히"). 마지막 셋째 것(영원함)에 관하여 1:12(시편 102:27을 그리스도께 적용)과 7:24의 "예수는 영원히 계시므로 그 제사 직분도 갈리지 아니 하나니"를 보라. 핵심적 요점은 서신이 이제까지 설명해온 모든 것의 원천인 예수 그리스도는 한없이 펼쳐질 미래에도 끝없이 의지할 수 있다는 점이다(cf. 계 1:17-18).

"여러 가지 다른(이상한) 교훈"의 내용에 대해 저자가 쓰고 있지 않더라도 분명히 그것들은 금지된 음식과 관계가 있다. 그러나 "다른(이상한)"으로 묘사되어 있기 때문에 그것들은 정결하고 부정한 음식에 대한 전통적 유대 가르침들이 아니다. 대신에 그것들은 4절에서 이미 살펴 본 것처럼 영지주의적 금욕주의에서 파생된 것으로 보인다(딤전 4:3에 언급된 동일한 두 개의 문제들을 주목하라). 히브리서 저자는 식물에 관한 사도 바울의 견해를 공유하고 있다. 중요한 것은 하나님의 은혜이지 어떤 음식을 먹지 않거나 금하는 것이 아니다(롬 14:17; 고전 8:8; cf. 골 2:16, 21-23).

2) 진정한 제사들(13:10-16)

이는 히브리서 저자의 마음을 재차 더 오래된 것과 새 것 사이의 대조로 향하게 한다. 10절에 언급된 제단은 9절에서 언급된 은혜를 우리에게 가져다주고 또한 음식법들을 불합리한 것으로 만들어 버린 제단이다. 이렇게 독특한 제단은 그 독특한 제사와 함께 성막과 성전에서 드렸던 제사와는 강한 대조를 이룬다. 옛 제도의 기본 구조는 오직 예비적이고 예기적인 것에 지나지 아니 하므로 제사장들 심지어 대제사장마저도 이러한 제단과 제사에 접근하지 못한다. 그것은 오직 그리스도인의 믿음에 의해서만 유효하다. 실제로 제사장들에게는 대속죄일의 제물은 물론 다른 속죄 제물을 먹는 것이 허락되지 않았다. 이런 제사들을 드릴 때 짐승의 제물은 성밖에서 불에 태워졌다.

이 마지막 포인트가 저자의 마음에 그리스도께서 성벽 밖에서 십자가에 못 박혔다는 사실을 되새기고 있고(요 19:20; cf. 마 21:39), 저자는 다시 한번 그리스도의 보혈과 그 정결케 하는 능력에 주의를 기울이는 기회를 잃지 않을 것이다(12절; cf. 9:12; 10:10). 이스라엘 진영 밖에서 동물의 제물을 태우는 것과 예루살렘 성벽 밖에서 예수의 죽음 사이에는 의도적인 예표적 일치가 있다. 하지만 저자는 이점을 추구하지 않는다. 대신에 "성문 밖에서" 당한 예수의 수난과 독자들이 당한 고난 사이의 평행 점을 찾는다. 예수에 대한 독자들의 믿음은 그들로 이스라엘 진영 밖에 위치하게 하고 학대를 당하게 하였다. 따라서 저자는 "우리는 그 능욕을 지고 영문 밖으로 그에게 나가자"고 독자들에게 권면 한다(13절). 히브리서 저자가 계속 반복하여 왔듯이 독자들은 심한 박해 속에서도 자신들의 믿음에 진실하여야 한다(cf. 2:1; 3:12; 4:11; 6:4-6; 10:35; 12:3). "영문 밖에서"는 성 바깥을 의미하고 이것이 저자로 하여금 이전에 하였던 다른 강조를 반복할 수 있게 한다: "우리가 여기는 영구한 도성이 없고 오직 장차 올 것을 찾나니"(14절; cf. 11:10, 14-16). 따라서 다른 구절들에 나타나는 연관된 단어들을 통하여 저자는 자신이 갈망하는 적용들을 그리면서 한 요지에서 다른 요지로 옮겨간다.

새 언약의 영역에서 드려져야 하는 제사들이 있다. 그것은 그리스도의 결정적인 제사가 있은 후에는 더 이상 구약의 제사들이 자리를 차지하지 못하므로 동물의 희생이 아니라 "영적인" 제사로 불리어 질 수 있는 것들이다. 언어는 성전 제사 의식의 것과 유사하지만 내용은 완전히 다르다(이러한 용어 치환의 독특한 예를 위해서 벧전 2:5을 보라). 여기서 언급된 영적 제사는 하나님의 이름을 찬미하고 ("항상 찬미의 제사를" 드리고; cf. 12:28), 다른 사람들에게 선을 행하고 가진 것을 나누는 것이다(15-16절). 이러한 제사들은 "하나님이 기뻐 하시는" 것으로 지정되어 진다(cf. 21절).

3) 교회 지도자들에게 순종(13:17)

교회의 지도자들은 결론장인 13장의 앞부분에서 이미 믿음의 모델로서 언급되었다(7절). 그들은 교회의 설립자들인 과거의 지도자들임이 매우 확실해 보인다. 이제 저자는 현재의 지도자들에게 순종할 것을 권면 한다. 그 지도자들은 독자들을 "돌보아 주는" 즉 그들의 영적 안녕을 위해서 깨어 있어야 하는 책임을 가지고 있으므로 독자들이 그들에게 복종하는 것은 자신들의 유익을 위함이다(여기서 "영혼"은 개인들을 가리킨다). 이것은 그들에게 지정된 책무이므로 자신들의 행위에 스스로 책임 있는 설명을 하여야 할 것이다. 그 때가 왔을 때 독자들이 기쁨에 넘쳐서 자신들의 행위에 대한 설명을 드릴 수 있다면 이것은 독자들이 믿음을 잘 지켜 왔다는 것을 의미할 것이다.

4) 기도 요청과 개인적 글(13:18-19)

이러한 기대를 부추기는 구절은 저자에 대한 직접적이고 구체적 정보를 제공하지만 유감스럽게도 모호하다. 독자들은 우리보다 훨씬 더 많은 것을 알고 있다. 확실히 독자들은 저자와 저자의 처한 상황을 알았다. 다른 한편으로 우리들에게는 당혹스러운 진술들만 주어진다. "선한 양심"과 "모든 일에 선하게" 행하라는 언급과 함께 동일한 문장 내에서 기도를 부탁함은 저자가 우리에게 알려지지 않은 어떤 심각한 논쟁에 개입되어 있음을 강하게 암시한다. 동일한 불확실함이 저자가 "(독자들에게) 돌아간다"는 말을 어떻게 이해하여야 할 것인가에 존재한다. 23절에 표현되어 있듯이 독자들을 방문할 수 있음을 저자가 확신하고 있음을 볼 때, 그가 막 석방될 순간이 아니라면 그가 감옥에 갇혀있다는 가능성은 배제될 수 있을 것 같다. 무슨 경우이든 어떤 그 무엇이 저자가 독자들에게 오는 것을 여전히 방해하고 있어서 그는 독자들이 자신을 위해서 "더욱" 간절히 기도해 줄 것을 촉구한다.

5) 결론적 기도와 송영(13:20-21)

성경 전체를 통틀어 가장 아름다운 구절들 중 하나에 속하는 본문에서 저자는 독자들을 하나님의 돌보심과 공급에 맡긴다. 이러한 놀라운 기도 속에서 저자는 히브리서 서신의 일부 주요 주제들을 다룬다. "평강의 왕"으로 하나님을 묘사함은 신약에서 특히 바울에 있어서 통상적 공식이다(롬 15:33; 16:20; 빌 4:9; 살전 5:23; cf. 고전 14:33, 고후 13:11). 평화(샬롬)의 개념은 3:7-4:13에서 다룬 안식일 안식이 현재 우리에게 유효하다는 논의를 상기시켜 준다.

서언은 하나님을 "우리 주 예수를 죽은 자 가운데서 이끌어 내신" 분으로 더 자세하게 묘사한다. 이 묘사는 히브리서 전체을 통하여서 예수의 부활에 대해 직접 언급하는 유일한 부분이다, 하지만 예수의 하나님 우편으로의 승천에 대한 빈번한 언급은 분명히 부활의 실체에 대한 전제를 하고 있다. "양의 큰 목자"로 예수를 언급하고 있음은 베드로전서 5:4의 "목자장"과 요한복음 10:11의 "선한 목자"에 필적하는 평행을 이룬다(cf. 막 14:27).

"영원한 언약의 피로"라는 구절은 히브리서에 나타난 여러 주요 주제와 관계가 있다. 우리는 히브리서 핵심 부분(9-10장)에서 구약 제사의 성취 안에서 그리스도의 희생 죽음의 의미가 강조되었던 것을 보았다. 여기에서 그리스도의 피가 자주 언급되었다(예를 들어 9:12-14; 10:19; cf. 13:12). 더구나 현재 본문 구절에서처럼 예수의 피는 9:20의 언약과 10:29(문맥상)과 12:24의 새 언약과 연결이 되고 있다. "영원한 언약"에 대한 언급은 예수에 의해 중보 된 "더 좋은 언약"(7:22; 8:6; 9:15, 12:24)과 예레미야 31:31에 약속된 "새 언약"(8:8-12에 인용)에 대한 언급들을 상기시킨다. 이와 관련하여 두드러지는 것은 예레미야 32:40에서의 "영원한" 것으로서의 언약에 대한 언급이다(또한 사 55:3; 겔 37:26을 보라). 새 언약이 갖는 영원성의 특성은 "예수는 영원히 계시므로 그 직분도 영원히 갈리지 않고" 소유하는 분으로서의 그리스도에 대한 언급 속에 암시되어 있다 (7:24; cf. "영원한 속죄" [9:12]).

요청의 실제 내용은 독자들이 하나님의 뜻을 행하기 위해서 "모든 선한 일"을 할 태세를 갖추어야 한다는 것이다(21절). 이 요청은 저자가 이제까지 관심을 기울여 기록하여 온 모든 것을 포함할 만큼 충분히 일반적인 것이다. 하나님의 뜻을 행함에 있어서 특별히 흥미로운 것은 "그 앞에 즐거운 것을 너희 속에서 이루시"는 분은 하나님 이시다는 점이다(cf. 빌 2:12-13에서의 동일한 견해). 하나님의 뜻을 행함은 그리스도인들의 가장 으뜸 되는 사역이다.

세상과 개인들을 위한 하나님의 뜻과 목적을 성취함에 있어 중심 되는 것은 그리스도의 사역이다. 그것을 모두 가능하게 하는 것은 예수 그리스도의 대리 행위이다. "예수 그리스도로 말미암아"(21절). 저자에 있어서 그리스도의 사역의 중추적 역할에도 불구하고 놀랍게도 21절은 히브리서에서 "예수 그리스도로 말미암아(또는 예수나 그리스도의 개별 이름으로)"라는 구절이 나타나는 유일한 경우이다. 바울에 있어서 이것은 아주 특징적인 문구이다.

송영에 나오는 "세세 무궁토록"이라는 구절은 예수 그리스도께 직접적으로 언급된 말이다. 이것은 하나님께 직접적으로 돌리어 지는 신약 성서의 대다수의 송영과는 대조적이지만 히브리서 저자의 엄숙한 기독론과는 온전히 맥을 같이한다. 사실, 서신의 서언에 상응하는 종결 부분에서 그리스도를 하나님으로 언급함은 1장과 하나의 인클루지오(inclusio)를 형성하는 것으로 볼 수 있다. 신약 성서에서 그리스도에 대한 몇 안 되는 송영 중에서 베드로전서 4:11(이 경우는 하나님에 대한 직접적 송영으로 볼 수 있더라도), 베드로후서 3:18과 요한계시록 1:6을 비교해 볼 수 있다. 히브리서의 전체 무게는 우리의 대제사장이신 그리스도께서 행하신 것에 근거하므로 히브리서의 송영은 특별히 적절하다는 인상을 준다.

6) 개인적인 사항을 지닌 후기(13:22-23)

바울의 패턴이 여기에 적용된다면 히브리서 후기에서 저자는 아마도 몇 자를 자신의 손으로 직접 써볼 수도 있겠다. 22절에서 우리는 저자가 기록한 것에 대한 자신의 묘사를 접한다. 그는 그것을 "권면의 말"(logos tēs paraklēseōs)로 지칭한다. 강화의 부분들 사이에 흩어져 있는 통상적이고 반복적인 권면과 함께 서신의 내용으로 미루어 볼 때 우리는 저자의 이러한 묘사가 얼마나 적절한지를 알 수 있다. 소위 히브리서라 불리는 서신에 대한 마지막 평가는 세 개의 말로 표현되어야 한다: 설교(권면에 대해서), 소논문(강화에 대해서), 그리고 서신(서신적 결언에 대해서). 이 셋 중에서 첫 번째 것에 강조점이 주어진다. 저자가 "간단히"라는 말을 실제로 썼는지는 물론 논쟁의 대상이다. 여하간 저자는 자신이 그렇게 하였다고 느꼈다. 여기서 우리는 9장 5절 하반절에서의 논평 즉, "이것들에 관하여는 이제 낱낱이 말할 수 없노라"와 11:32에서 표현된 좌절 즉, "내게 시간이 부족하리로다"를 기억하여야 한다. 히브리서에서 다룬 구속사의 범위와 중요 주제 문제와 관련하여 볼 때 우리는 저자가 실제로 간략하게 썼다는 것에 동의할 수 있다.

23절에 언급된 디모데는 사도 바울의 제자요 동역자임이 거의 확실하다. 명백히 그는 독자들에게 잘 알려져 있었는데 이로 말미암아 미상으로 남아 있는 히브리서 저자를 바울 써클에 확실히 포함시킨다. 우리가 아는 바로는 신약에서 그러한 언급이 없을지라도 디모데는 아마 아주 근래에 감옥에서 풀려난 것 같다. 이점은 본질적으로 불가능한 이야기는 아니다. 우리는 디모데에 대한 언급으로부터 다음과 같은 간접적인 결론을 내릴 수 있다. 그는 히브리서 저자는 아니다. 우리가 얼마나 아는 것이 적은지를 감안하면 이러한 명백한 사실은 흥미롭다 하겠다. 저자는 디모데가 돌아오면 독자들을 방문하기를 희망한다.

7) 인사말과 축도(13:24-25)

인사말은 교회 지도자는 물론 "모든 성도"에게 주어지는데 히브리서 교회 공동체의 모든 구성원을 의미한다. 부가된 메모는 조그마한 역사적 정보를 제공한다. 그런데, "이달리야에서 온 자들도 너희에게 문안하느니라"는 언급은 무엇을 의미하는가? 이는 저자가 이태리에서 다른 장소로 보내는 서신을 쓰고 있으며 이태리에 있는 그리스도인들로부터 편지를 받는 장소에 있는 성도들에게 안부를 전하는 것을 의미하거나, 또는 다른 어떤 장소에서 이태리로 서신을 쓰고 있는데 그곳에 있는 이태리 그리스도인들이 자신들의 고향에 안부 전하기를 원했다는 것을 의미할 수도 있다. 후자의 경우가 입증될 수는 없지만 훨씬 더 가능성이 있어 보인다. 학자들 중 다수의 의견은 로마에 위치하였을 유대 기독교 공동체에 보내는 서신을 저자가 기록하였다는 것이다.

대부분의 신약 서신들은 히브리서 저자가 그러하듯이 축도로 마친다. 축도는 독자들에게 은혜를 수여한다. 결말은 서신의 전통적 양식이지만 그것을 넘어서서 기독교 메시지를 포함하는 하나의 단어를 사용한다. 공로가 없음에도 주어지는 하나님의 호의인 은혜는 신약 전체 이야기의 본질적 핵심이고 세상을 구원하기 위한 하나님의 아들의 희생적 죽음 위에 확증된 새 언약의 근거 자체이다.

학습 연구 질문

1. 히브리서의 주요 주제들이 히브리서 13장 어디에서 어떻게 발견되고 있는가?
2. 히브리서 마지막 장은 독자들과 청중에 대해서 무엇을 말하여 주나?
3. 히브리서의 내용에 대한 요약을 각자가 간략하게 제시해 보라.

Further reading

Attridge, H. W. "Paraenesis in a Homily (logos parakleseos): The Possible Location of, and Socialization in, the 'Epistle to the Hebrews.'" *Semeia* 50 (1990): 211-26.

Cranfield, C. E. B. "Hebrews 13:20-21." *Scottish Journal of Theology* 20 (1967): 437-41.

Filson, F. V. "'Yesterday': *A Study of Hebrews in the Light of Chapter 13*." London: SCM, 1967.

Koester, H. "'Outside the Camp': Hebrews 13:9-14." *Harvard Theological Review* 55 (1963): 299-315.

Lane, W. L. "Unexpected Light on Hebrews 13:1-6 from a Second Century Source." Perspective in Religious Studies 9 (1982): 267-74.

Robinson, W. C. "Jesus Christ the Same Yesterday, and Today, and Forever (Heb. 13:8)." *Evangelical Quarterly* 16 (1944): 228-35.

Sanders, J. A. "Outside the Camp." *Union Seminary Quarterly* 24 (1979): 239-46.

Saunders, L. "'Outside the Camp': Hebrews 13." *Restoration Quarterly* 22 (1979):19-24.

Smith, T. C. "An Exegesis of Hebrews 13:1-17." *Faith and Mission* 7 (1989): 70-78.

Snell, A. "We Have an Altar." *Reformed Theological Review* 23 (1964): 16-23.

Thompson, J. W. "Outside the Camp: A Study of Heb 13:9-14." *Catholic Biblical Quarterly* 40 (1978): 53-63.

Walker, P. "Jerusalem in Hebrews 13:9-14 and the Dating of the Epistle." *Tyndale Bulletin* 45 (1994): 39-72.

결론:
신약에서의 히브리서의 위치와
신학과 교회 그리고 그리스도인들에의 공헌

양의 큰 목자이신 우리 주 예수를 영원한 언약의 피로 죽은 자 가운데서 이끌어 내신 평강의 하나님이 모든 선한 일에 너희를 온전케 하사 자기 뜻을 행하게 하시고 그 앞에 즐거운 것을 예수 그리스도로 말미암아 우리 속에 이루시기를 원하노라 영광이 그에게 세세 무궁토록 있을찌어다 아멘

<히브리서 13:20-21>

개요
- 히브리서가 주는 특별한 신학적 강조점들은 무엇인가?
- 히브리서는 신약 신학에 무엇을 제공하는가?
- 히브리서는 교회에 무엇을 제시하는가?
- 히브리서는 그리스도인 각자에게 무엇을 제시하는가?

목표

1. 히브리서의 주요 신학적 특징들을 나열하라.
2. 히브리서가 신약 신학에 주는 독특하고 풍성한 공헌을 강조하라.
3. 히브리서 신학이 오늘의 세계를 살아가는 그리스도인들의 실제 삶에 어떤 영향을 미치는지 상세히 조사하라.

히브리서는 신약 성서에 떠 있는 하나의 섬과 같다. 히브리서는 다른 신약 성서 저술들과는 여러 면에서 병행이 되지 않고 있어서 신학적으로 아주 독립적이다. 신약의 다른 책들은 같은 그룹으로 묶을 수 있는 "친족들"을 갖는다. 복음서(그리고 사도행전), 바울 서신, 공동(또는 일반) 서신(야고보서는 예외가 될 수 있다)은 관련이 있는 저술들의 그룹들이다. 계시록만이 히브리서처럼 신약 정경에 있어서 홀로 유일한 신약의 묵시록이고 이 책만이 요한 저술에 어떤 흥미로운 가족적 유사성들을 가진다. 확실히 어느 정도의 유사성이 히브리서와 바울 서신 사이에 존재하지만 이 유사점들은 히브리서 저자에 의해 상술된 신선하고 새로운 경로에 비교하여 볼 때 상대적으로 연결 고리가 약하다.

히브리서의 독특성을 강조함에 있어서 히브리서는 다른 초대 교회 저술들과 기본 신학적 확신을 공유하고 있다는 사실을 잊어서는 안 된다. 예를 들면, 고등 기독론, 속죄 제사로서의 그리스도의 죽음, 그리스도의 사역 안에서의 구약의 성취, 그리스도를 통한 구원, 그리스도의 하나님 우편 보좌에 앉으심, 그리고 현 시대에서의 실현된 종말의 밝음 등이다. 그러나 이렇게 공유된 신학적 확신들조차도 일부는 히브리서에서 특별히 새로운 방향으로 전개될 수 있다는 점을 인정하여야 한다. 히브리서 저자와 그가 이야기 하고 있는 크리스챤 독자들은 기독교의 기본 신학적 확신에 있어 의견의 일치를 이루고 있다는 것은 사실이다. 그들은 견고한 정통적 입장에 서 있고 일세기 기독교 교회 안에서 분명한 입장을 정립하고 있다. 특성상 독특하지만 히브리서는 이질적인 요소는 전혀 없다.

히브리서 연구를 마침에 있어 신약 성서, 신약 신학, 교회, 그리고 그리스도인들에 끼친 히브리서의 공헌을 평가 하고자 한다. 이는 우리로 히브리서라는 놀라운 책이 갖는 의미와 신약 성서 정경에서의 중요성과 크리스챤 신앙에 접근할 수 있도록 하여야 한다. 우리가 이런 문제들에 관련하여 이끌어 내는 결론들에 있어서 약간의 중복이 있음은 필연적일 것이다.

1) 히브리서의 특별한 신학적 강조점들은 무엇인가?

히브리서에서 중심이 되는 독특한 신학적 강조점은 그리스도를 대제사장으로 제시하는 것이다. 히브리서의 많은 신학적 논의는 이러한 단일 기본 주장에 비롯된다. 저자는 그리스도의 제사장 되심의 자격 요건을 시편 110:4에 근거한 멜기세덱에 관한 유명한 논의를 통해서 제시한다. 이 구절과 시편 110:1과의 연관성 때문에 이 구절로부터 저자는 그리스도의 제사장 직은 하나님의 맹세에 의해 지지를 받고 영원하다는 결론을 내릴 수 있다.

그리스도는 멜기세덱의 반차를 따른 제사장이라는 점을 증명하고 나서 히브리서 저자는 그리스도의 속죄 사역을 대제사장의 대속죄일 사역과 관련하여 묘사한다. 그렇게 함에 있어서 그는 전통적 이스라엘 대제사장과 독특한 대제사장이신 예수 사이에 병행점은 물론 대조되는 점들을 그려낸다. 이스라엘의 대제사장들은 자신들의 죄를 위해서 제사를 드려야 하였다. 그리스도는 그렇게 할 필요가 없었다. 그리고 저자에 의해 많은 강조가 주어지는 것은 이스라엘 제사장들의 사역은 매일매일 반복되어져야 하였고 지성소에서의 대제사장의 경우 매년 계속되어야 하였다는 점이다. 반면에 그리스도의 속죄 제사는 그 자체만으로 모든 시대를 위해 충분하였다. 히브리서 저자가 반복해서 즐거이 주목하는 것은 "단번"의 제사이다. 단번의 제사는 그 자체가 구원의 수단으로서 예수의 죽음이 갖는 결정적이고 최종적인 성격을 지적한다.

다른 어떤 신약 저자도 히브리서 저자가 하는 것처럼 그렇게 자세하게 장막/성전에서의 희생 제사와 그리스도의 죽음사이의 병행들(parallels)을 그려내지 못한다. 지상 성전에 대한 패러다임으로서 하늘 성전의 언어와 그리스도께서 그의 제사장 의무를 행하시는 처소는 히브리서에 있어서 독특하다. 플라톤의 언어를 상기시키는 이러한 이중적 언어 사용은 우리가 논의 하여 왔듯이 최종적이고 영원한 의미를 갖는 것-지상 성전 의식이 가리켜 왔고 예시하였던 것-에 대해 저자가 언급하는 방식이다. 저자가 "완전"이라는 단어를 사용할 때 그가 염두에 두는 것은 하나님의 구원의 목표에 도달하였다는 의미이다.

대제사장들의 사역과 그리스도의 대제사장 사역 사이의 가장 극적인 대조는 아마도 그리스도께서 대제사장으로서 제공하는 것은 자신의 피라는 것에 있다. 여기서 제사장과 희생 제물은 동일한 하나이다. 그리스도의 완성된 사역은 갈보리 십자가상에서 일어났으나 지상 제사의 의미와 성취를 이루는 것 즉, 그 완전함은 이상적인 하늘 성전에서 일어나고 있는 것으로 그려진다.

히브리서의 구원론은 서두의 장들에서 다루어진 고등 기독론에 근거한다. 하나님의 독특한 아들이시고 지금은 하나님의 우편에 앉아 계시는 그리스도의 인격만이 이제 유효해진 명확한 구원을 성취하실 수 있다. 그분 만이 구원(2:10)과 믿음(12:2)의 "저자"요 "선구자"이시다. 사도행전 서두의 장들-가장 초기의 예루살렘 교회-에서만 동일한 직함이 예수에 대해서 사용되어 진다(행 3:15, "생명의 주"[author]; 행 5:31, "그를 오른 손으로 높이사 임금[pioneer로 번역]과 구주로 삼으셨느니라"). 예수께서는 하나님의 임재 처소로 직접 가는 길을 자신의 희생 죽음에 의해서 예비하시면서 "선구자로서" 우리 앞서 가셨다 (6:20).

다른 두개의 주제들이 히브리서에 있어서 특별한 것으로 언급되어 져야 한다. 이 주제들은 새 언약과 믿음에의 강조들이다. 새 언약의 용어는 다른 신약 저술에서도 발견되어지지만 신약 성서 저자들은 히브리서 저자가 하는 것과 같이 새 언약의 사상과 그 결과들에 대해서 철저히 발전시키지 못한다. 저자가 예레미야 31:31-34의 말씀을 8장에서 인용하고 지적하는 것에서 우리가 보았던 것처럼 새 언약이 옛 언약 안에서 이미 선포되어 지고 있다는 것은 저자에 있어서 가장 중요한 점에 속한다. 새 언약은 옛 언약으로부터 성장하여 온 것으로서 옛 언약의 결실로 생각되어 질 수가 있는데 이 생각은 옳다. 이 주제는 또한 대제사장이신 그리스도에 대한 사상과 밀접한 관련이 있다. 레위 제사장 직이 멜기세덱의 반차를 따른 제사장의 출현에 의해 대체되어지는 곳에 새로운 상황이 발생하게 된다. 이 새로운 상황은 율법에 대해서 분명한 결과들을 낳았다. 여기서 구약은 신약에 길을 내어 준다. 즉, 시내산은 시온에 길을 내어 준다 (12:18-24을 보라).

히브리서에서 이루어지는 또 다른 중요한 강조는 믿음의 본질과 중요성이다. 신약 성서에 있어서 이 주제를 다루는 다른 어떤 부분도 히브리서 11장과 견줄 수 없다. 하지만 히브리서 11장에서의 이슈는 신학적일 뿐만 아니라 실천적이다. 저자의 믿음에 대한 논의는 독자들이 그리스도인의 헌신에 계속 머물러 있어야 한다는 관심에서 비롯되고 있다는 점이 명백해 진다. 항상 그렇듯이 히브리서 저자는 자신이 신학적으로 논의한 것에 대한 실천적 적용에 관심이 있다. 저자는 특별히 그리스도를 대제사장으로 이해하는 것으로부터 실천적 의미를 도출하여 낸다. 하지만 이러한 현상은 우리가 보게 되듯이 다른 신학적 강조점들에서도 마찬가지이다.

2) 히브리서는 신약 신학에 무엇을 제시하는가?

히브리서는 신약 성서 안에서 독립적인 흐름을 대표한다. 앞에서 살펴보았던 독특한 강조점은 신약 신학 분야에 중요한 --실제로 필수적인-- 공헌을 한다. 멜기세덱의 반차를 따른 대제사장 예수라는 제하에서 그리스도의 십자가에서의 대속 사역에 대한 묘사는 여기에서 다시 한번 가장 근본적인 요점이 된다. 시편 110:1과 110:4의 연결을 통한 그리스도의 제사장직무의 적법성 확립은 저자에게서 명백히 발견되는 독창성과 훌륭함이다. 그리스도의 제사장직과 더불어 구약 제사 제도하의 대제사장 직무와의 병행들과 대조들에 대한 묘사가 대두된다. 구체적으로 히브리서 저자는 예수의 죽음이 이것을 예지하여 주는 장막의 희생 제사에 어떻게 상응하고 있는지를 보여 준다. 최종적이고 결정적인 특성을 가리키는 한 방편으로서 하늘 성전의 지성소에서 자신의 피를 드리는 예수에 대한 어법은 예수를 또한 영원한 구원의 원천으로 이해할 수 있는 새로운 구조적 체계를 제공한다. 무엇보다도 이점은 신약 신학이 히브리서에 빚지고 있는 것이다.

그러나 다른 놀라운 공헌들도 언급되어 져야 한다. 히브리서 저자가 옛 언약과 새 언약 사이의 관계를 산출하여 내는 방식에 의해서 신약 신학에 대한 구속사적 안목은 깊어진다. 히브리서의 서언으로부터 우리는 이스라엘에 대한 이야기와 예수에 대한 이야기는 하나의 동일한 이야기라는 것을 본다. 새 언약이 역사 안으로 극적인 진입을 하였으나, 동시에 예레미야 31:31-34에 대한 재치 있는 사용이 보여 주듯이, 새 언약은 옛 언약의 성취이기 때문에 앞서 있던 것과 연속선상에 있다. 동시에 이것이 어떤 의미에 있어서 필요로 하는 것 즉, 옛 것의 종말은 저자에 의해서 담대히 확인되어 진다. 이러한 견해는 다른 신약 성서 저자들에 의하여 견지되어 지지만 히브리서 저자는 이 견해를 더욱 풍성하게 한다. 이것과 밀접히 연관되어 있는 것은 저자가 새 언약의 중보로서 그리스도를 제시하는 것인데 이 점은 히브리서에서만 나타난다 (8:6; 9:15; 12:24).

히브리서 저자가 구약을 사용하고 있다는 것은 신약 신학에 상당한 공헌을 한다는 것은 의심할 여지가 없는 사실이다. 기독론적 주석, *sensus plenior*(더 온전한 의미)와 미드라쉬적 해석은 저자에게만 독특한 것이 아니다. 이것들은 대부분의 다른 신약 성서 저자들에 의해 풍성히 사용되고 있다. 히브리서에서 우리가 갖는 것은 신약 신학에 부가된 것이라기보다는 신약 신학 자체의 풍성함이다. 특별히 구약 구절들의 새로운 배열에 이러한 방법들이 적용됨을 히브리서에서 발견한다. 이것들은 구약에 대한 기독교적 전유(專有)가 얼마나 대담한지에 대해서 더 넓은 창을 열어 준다. 초대 교회의 유대인 크리스챤들은 망설임 없이 성경(우리가 구약이라고 칭하는 것)을 그들의 책--그리스도인으로서 그들이 믿게 되었었던 것을 가리키고 확인시켜 주는 책으로 간주하였다.

신약 신학에 거의 새로운 것이 되지 못 한다 하더라도, 더 나은 공헌은 히브리서의 고등 기독론이다. 히브리서의 첫 두 장이 중요함은 예수의 신성과 인성에 균형 잡힌 강조를 나란히 병치 시키고 있기 때문이다. 히브리서 저자는 구약은 예수를 하나님으로 언급한다고 기꺼이 결론 내리고 있으며 예수의 잠정적인 완전한 인성을 즐거이 확인한다. 이것은 우리가 주목하여 보았듯이 빌립보서 2:6-11에서 발견되는 것과 동일한 삼 단계 기독론을 반영한다: 선재, 성육신, 하나님 우편에서 영광 받으심. 히브리서 저자가 예수의 하나님 우편에 앉으심(시편 110:1에서 파생)에 대해서 강한 강조를 함은 결정적이다. 또한 우리는 저자가 예수를 하나님의 독특한 아들과 메시아뿐만 아니라 선지자, 제사장, 왕으로 보고 있다는 것도 보았다. 신약 신학에 있어서 하나님의 아들의 죽으심을 위한 전제 조건으로서의 성육신의 논리적 필요성에 대해서 아무도 이보다 더 효과적으로 말할 수가 없다 (2:9, 14; 10:5-9).

하지만 또 다른 신약 신학의 풍성함은 실현된 종말론에 대한 저자의 강조로부터 온다. 종말적 성취가 이미 임하였다는 견해는 물론 신약 성서 저자들에 의해서 널리 견지되고 있다. 히브리서 저자는 서신의 초두에서 "이 모든 날 마지막"에 대해서 언급함으로써 자신의 관점을 처음부터 직접 가리킨다. 심지어 서신의 중간에서도 그는 그리스도를 "시대의 종말에" 나타나시는 분으로 언급한다. "이미 믿는 우리들은 저 안식에 들어가는 도다"(4:3)라는 확신은 실현된 종말론 차원을 염두에 두고 있는 것처럼 보인다. 하지만 모든 것 중에서 가장 두드러진 것은 시온 산에 대한 놀라운 묘사인데 독자들은 이미 그곳에 도달하였다 (12:22-24). 여기서 이러한 실체에 "우리는 이미 도달하였다"는 주장과 함께 명백히 종말론적인 수많은 이미지들과 마주치게 된다. 그것은 미래에 완전히 드러나기에 앞서 우리가 체험하기 시작하는 어떤 것이다. 저자는 실현된 또는 현재적 종말의 체험과 시대의 중복된 겹침(새 시대가 시작되었으나 옛 시대가 끝나지 않음)에 의하여 초래된 현재의 모호성을 풀어 줄 미래의 완성에 대한 확신에 찬 기대와의 사이에서 전형적인 신약 성서적 균형을 유지한다.

3) 우리의 히브리서는 교회에 무엇을 제시하는가?

우리의 연구 마지막 단계에서 두 개의 실천적 질문으로 나아간다는 것은 히브리서 저자에게 분명한 기쁨이 될 것이다. 저자는 신학은 추상적이거나 이론적인 것으로 남는 것이 아니라 신자들에게 실제적 효과를 미쳐야 함을 의미한다는 것을 가장 잘 알았고 있었다. 우리가 보았듯이 히브리서라고 불리는 설교 논문의 가장 독특한 특징들 중 하나는 강화와 적용/권면을 교대로 사용하는 방식이다. 교회와 그리스도인의 삶을 위해서 히브리서로부터 우리가 무엇을 도출해 낼 수 있을까? 물론 이러한 질문들은 거의 명확하지 않아서 주어진 답변이 중첩됨을 예상할 수도 있다. 그러나 이 질문들은 분리되어 물어 볼 수가 있고 개별적으로 고려함에 있어서 어떤 혜택도 있어 보인다.

먼저 교회로 관심을 돌려 보자. 수시로 변화하는 우리의 세계와 그 속에서 교회의 신학적 확신들이 끊임없이 도전 받는 상황에서 선하다고 할 수 있는 모든 다른 목소리들과 비교하여 볼 때 히브리서는 절대적 진리인 기독교에 대한 확신 속에서 신학적으로 안정성을 제공한다. 이러한 견해는 어려운 것으로 보일지도 모르겠으나 모든 종교를 동등한 진리로 받아들이는 우리 시대에 있어서 위안을 준다. 만약 교회가 히브리서에 주의를 기울인다면 교회는 기독교 기본 신념들에 있어서 흔들리지 않았을 것이다.

이러한 견해와 밀접하게 관련되어 있는 것--실제로는 그것의 원인--은 어떤 무엇과도 비교될 수 없는 그리스도의 우월성이다. 이 주제는 히브리서 저자가 특히 선호하는 주제이다. 그리스도는 천사보다 월등하고 모세보다 훨씬 뛰어나다. 하나님의 독특한 아들이요 약속의 기름을 부음 받은 자로서 그는 성취의 현 시대에 말씀하여진 하나님의 비할 수 없는 종말의 말씀이시다. 이는 재차 교회는 타협하지 말아야 한다는 결론으로 인도한다. 예수를 사람들 중의 단순한 선생으로 만들려는 당대 학자들의 과장된 주장은 강하게 거부되어 져야 한다.

앞에서 다룬 요점들에서 파생되어진 결론은 히브리서 저자에 의해서 또한 강조되고 있다: 그리스도 속죄 사역의 최종성. 그리스도의 십자가는 인류의 죄에 대한 유일하고 최종적이고 완전히 효과적인 해답이다. 여기에서만 구원이 발견되어 져야 한다. 구약의 자세한 제사 의식이 그 거룩한 제단과 특별한 제사직과 함께 예비하여 왔고 가리켜 온 것은 예수의 제사 안에서 결정적으로 성취되었다. 여기에 오늘의 교회가 옹호해야 하는 그 무엇이 존재한다.

히브리서 저자에게 있어서 아주 중요한 의미를 지니고 있는 이러한 점들을 통하여 히브리서는 교회의 진정한 정체성 형성에 대한 진술을 교회에 제공한다. 교회는 역사 안에서 행하시는 하나님의 구원의 활동을 고백하는 자요 선포자이며 또한 그것을 받아들이는 수혜자이다. 오늘의 상대주의 시대가 주는 압박과 관계없이 교회는 교회 정체성에 대한 진정한 의미를 회복하고 유지하여야 한다. 이는 승리주의가 아니라 기독교 신앙을 흐리게 하는 것에 저항하는 것 즉, 신앙에 충실한 헌신에로의 부르심이다. 만약 그리스도께서 진정으로 히브리서에서 그가 누구이며 무엇인지에 대해서 말하는 그 분이라면, 교회는 그가 주권을 가지신 주님이시며 구원은 오직 그를 통해서만 가능하다는 것을 계속 선포하여야 한다. 이것이 교회의 영광이며 특권이요 책무이다.

헌신에로의 부름은 절대적인 것이요 또한 모든 그리스도인들은 히브리서의 원 독자들처럼 신실함에로 부르심을 받았다는 것은 기독교의 절대적 진리 때문이다. 히브리서에서 신실함에로의 호소가 긴급함은 무론 우연이 아니다. 우리가 거듭해서 주목하여 온 것처럼 원 독자들은 구체적인 위험에 처해 있었다. 그러나 약간의 상상력만 동원해도 우리는 오늘의 교회에 적용이 어떻게 이루어 질 수 있는지를 볼 수 있다. 어떤 다른 대안의 길도 우리를 우리의 초석들로부터 벗어나도록 유혹해서는 안 된다. 우리는 새로운 것들과 변덕스러운 것들에 저항하여야 한다. 우리는 우리의 신앙 고백을 붙들고 나아가야 한다.

그렇지만, 동시에 과거의 것에 신실 하라는 부름은 히브리서 11장의 믿음의 모델들이 하였던 것과 마찬가지로 독자들이 용기 있게 미지의 것으로 나아가라는 부름에 의해 균형이 잡혀 진다. 잘 알려진 구절이 말하듯이 독자들은 "영문 밖으로" 나아가야 한다(13:13). 그러므로 독자들은 순례자들로 부름을 받았다고 말하여 지는 것은 정당하다. 또한 이점은 확실히 교회에 대해서도 사실이다. F.

F. Bruce는 그의 주석 마지막 부분에서 다음과 같은 관찰을 한다: "성도들에게 단번에 전달되어진 믿음은 잡혀서 길들여질 수 있는 어떤 것이 아니다"(*Epistle to the Hebrews*[히브리서], 416). 히브리서 원 독자들에게 사실이었던 것은 후대의 교회들에게도 사실이다: "변함없이 전진하는 그리스도에 붙어 있는 것만이 그들을 전진 시켜서 그들로 새로운 질서를 확신과 능력으로 대하게 한다"(히브리서, 417, 이탤릭체의 글씨는 저자의 것). 교회는 모든 확신을 가지고 미래를 향하여 전진할 수 있고 전진 하여야 한다. 정체성에 대한 인식을 갖고서 교회는 안전하게 미래와 하나님의 인도하심에 대해서 개방성을 유지할 수 있다. 히브리서 11장에 기록된 믿음의 위대한 모델들처럼 교회는 자신들의 믿음에 이러한 방식으로 실체를 부여하여야 한다. 믿음은 위험을 감수해야 한다는 것은 사실이지만 교회는 흔들리지 않는 나라를 받았다는 것 또한 사실이다 (12:28). 교회가 교회로 남아 있다면 미래의 도전들로부터 두려워해야 할 것은 아무것도 없다.

마지막으로 히브리서는 교회의 현존재에 대한 이해를 고무시킬 수 있는 실현된 종말론에 대한 비전을 교회에 제공한다. 구원 받은 자들의 집단에 히브리서는 "그러나 시온산과 살아 계신 하나님의 도성인 하늘의 예루살렘과 축제 모임의 천만 천사와 하늘에 기록된 장자들의 모임과 만민의 심판자이신 하나님과 온전하게 된 의로운 남성들과 여성들의 영들과 새 언약의 중보자이신 예수와 및 아벨의 피보다 더 은혜롭게 말하는 뿌린 피에게 당신들은 이르렀다"고 말한다 (12:22-24). 우리가 보아 왔듯이 이점은 단순히 미래가 아닌 현재적 기독교 구원의 영광스러운 본질에 대한 매우 은유적이고 시적인 묘사이다. 시온 산은 최고도의 기쁨의 장소이다. 교회는 무엇보다도 즐거워함과 하나님께서 은혜로 주신 위대한 구원을 기리는 것으로 특징지어져야 한다. 확실한 것은 그리스도인들의 소망은 현재 무너진 질서의 변형과 최종 완성으로부터 분리될 수 없지만, 장차 일어날 복합적 사건들에 앞서 종말을 미리 맛보는 체험을 하나님께서 교회에 하게 하셨다는 점이다. 교회는 이 점을 명심하여서 이제까지 하여 온 것보다 더욱 많은 일을 하여야 할 것이다. 이러한 관점은 교회에 공동체 생활에 대한 사상과 양식을 통지하여야 한다. 실현된 종말론의 차원은 매우 저평가되어 있고 이것이 갖고 있는 교회에 대한 잠재력은 거의 주목받지 못 하고 있다.

4) 히브리서는 그리스도인 각 개인에게 무엇을 제시하는가?

히브리서 저자는 자신의 신학이 제공하는 자원을 독자들이 개척하기를 원하고 있다는 것이 매우 분명해진다. 강화를 담고 있는 본문은 권면을 지원하기 위해 항상 적절한 자리에 위치해 있다. 이 장에서 지금까지 말하여 온 것은 궁극적으로 각 개인 기독교인들을 위한 것이다. 앞서의 제하에서 언급되어진 점들은 물론 크리스챤들 특별히 교회와 관련된 자들의 체험과 관련이 있다. 기독교 신앙의 절대적 진리와 그리스도의 비교할 수 없는 월등함과 그리스도의 속죄 사역의 궁극성에 의존하는 것은 명백히 개 그리스도인의 삶을 살아가는데 매우 중요하다. 그래서 그리스도인의 삶을 믿음 안에서 담대히 행하는 순례자의 개념으로 이해하는 것, 역경 속에서도 신실해야 함에의 긴급한 부름, 그리고 현재 성취된 종말에 대한 기쁨의 이미지는 그리스도인 한 사람 한 사람에게 중요하다.

그러나 크리스챤 생애의 실제 삶에 적용될 수 있는 많은 것들이 지금까지 상세하게 설명되지 못하여 왔다. 그리고 이것은 지금 우리가 다루려고 하는 문제들과 연관이 있다. 좋은 출발 법은 첫 번째 섹션에서 다루었던 히브리서의 신학적 강조점으로부터 실제적 결과들을 그려보는 것이다.

우리는 대제사장 예수로 시작한다. 이것은 각 그리스도인에게 무엇을 의미하는가? 완전한 신성과 인성을 갖춘 대제사장을 그리스도 안에서 우리가 갖고 있다는 사실은 저자에게 다음의 사실들에 주의를 기울이도록 강요한다. 그리스도의 인성이 의미하는 것은 그리스도인은 "자기가 시험을 받아 고난을 당하셨은 즉 시험받는 자들을 능히" 도우실 수 있는 "자비하고 충성된 대제사장"을 소유하고 있다는 것이다 (2:17-18). 우리들의 대제사장은 말하자면 인간의 조건을 내면에서부터 잘 알고 계신다. 이 점은 4:15에서 언급되고 있다: "우리에게 있는 대제사장은 우리 연약함을 체휼하지 아니하는 자가 아니요 모든 일에 우리와 한결같이 시험을 받은 자로되 죄는 없으시니라." 이 구절의 의미는 다음 구절인 4:16에서 그려지고 있다: "우리가 긍휼하심을 받고 때를 따라 돕는 은혜를 얻기 위하여 은혜의 보좌 앞에 담대히 나아갈 것이니라." 요약 하면, 우리들은 우리 자신의 대제사장으로 우리를 이해하고 우리의 연약함을 도울 수 있는 분을 가지고 있다. 우리의 필요가 무엇이든 간에 우리의 대제사장이신 그리스도는 준비가 되어 있을 뿐 아니라 도움을 주실 수 있다.

다른 한편으로 하나님의 독특한 아들로서 그리스도의 신성은 그가 "육체에 상관된 계명의 법을 좇지 아니하고 오직 무궁한 생명의 능력을 좇아" 대제사장이 되었다는 것을 의미 한다 (7:16). "예수는 영원히" 계시고 "그가 항상 살아서 저희를 위하여 간구" 하시므로 "자기를 힘입어 하나님께 나아오는 자들을 온전히 구원하실 수" 있기 때문에 그는 영원한 대제사장이시다 (7:24-25). 우리는 그 존재가 영원히 끝나지 않고 우리를 대신하여 그의 아버지께 드리는 중보 기도에서 끊임없이 간구하시는 제사장을 갖고 있다. 우리의 대제사장은 하나님 앞에 끊임없이 드리는 간구에서 우리를 대표하신다. 크리스챤 개인들에 대한 함축된 의미들은 굉장하다.

우리 대제사장의 십자가에서의 속죄 사역과 그 효력과 최종적 특성과 관련하여 우리는 히브리서 저자가 여기에서 또한 개별적 그리스도인의 삶에 대한 실제적 의미를 어떻게 발견하고 있는 지를 보게 된다. 이점은 히브리서에서 아주 중요한 의미를 갖는다. 그리스도의 속죄 사역은 죄에 대한 용서를 제공함으로써 (2:17; 9:14) 우리로 하여금 "은혜와 자비"를 얻게 하기 위하여 하나님 임재 처소인 보좌 앞으로 "가까이 나아가게" 한다 (4:16). 히브리서의 중심 논의의 끝이라 할 수 있는 9-10장에서 저자는 구약 제사가 예표 하였던 것을 성취하는 유일하게 효력 있는 제사로서 제시된 그리스도의 제사가 주는 의미에 대하여 상세히 설명한다. 10:19 초두의 "그러므로"는 그 앞에서 길게 설명되어진 논의에 의해 요구되어지는 삼중의 권면으로 인도 한다: "우리가 나아가자"(22절), "우리가 믿는 믿음의 도리를 굳게 잡자"(23절), 그리고 "서로 돌아 보아 사랑과 선행을 격려하자"(24절). 이는 크리스챤 독자들에 대한 저자의 실제적 관심의 중심 그 자체이다. 첫 번째 권면이 가장 중요하다: 그리스도의 대속 사역은 우리가 예배와 기도로 하나님께 가까이 나아감을 가능하게 하면서 하나님의 임재 앞으로 나아가는 방해받지 않는 접근을 그리스도인들에게 제공한다.

그러나 히브리서 저자는 이러한 주제로부터 더 많은 것을 추출하여 낸다. 히브리서 전체를 통하여 가장 두드러진 적용은 그리스도의 대속 사역을 통하여 제공된 자원들안에서 발견되어 진다. 그리스도께서 십자가에서 성취하신 것을 근거로 하여서 우리는 심지어 가장 어려운 상황에서도 우리가 믿는 것을 굳게 붙잡을 수 있다. 신실하심은 그리스도의 사역을 통해서 우리의 것으로 보장된 구원의 확실성 때문에 우리들을 위한 하나의 가능성이 된다. 이와 동일한 점이 6:18-19에 나타난 독특한 이미지속에서 언급된다. 우리를 공격하는 것으로부터 피할 피난처를 찾도록 강요당할 때 우리는 우리들 앞에 놓여 있는 소망을 부여잡음으로써 큰 격려를 받을 수가 있다. 이 소망은 우리의 대제사장께서 "우리를 대신하여" 우리 앞서 "휘장 안에 들어" 가는 소망으로 묘사되어진 "튼튼하고 견고한 영혼의 닻"이다. 각 개인 크리스챤은 어떤 폭풍이 몰아쳐 오더라도 가장 높은 수준의 안전을 보장하는 닻을 가지고 있다. 우리를 대신한 그리스도의 사역으로 인하여 우리의 미래는 보장되어 있다.

그 뿐만 아니라 완전하게 성취된 그리스도의 대속 사역은 하나님을 진심으로 섬기게 함으로써 그리스도인의 양심을 정결케 하였다 (9:14). 우리가 물려받은 진동치 아니하는 나라는 우리로 하여금 "경건함과 두려움으로" 하나님께서 받으실 예배를 드림으로 감사를 드리도록 한다(12:28).

히브리서는 "인내로써 우리 앞에 당한 경주를 경주"하기 위해 필요한 자원을 공급하는 그리스도의 사역에 대한 설명을 제공한다 (12:1). 11장에서 언급된 '큰 구름같은 증인들'에도 불구하고 우리는 그들을 바라보기보다는 "믿음의 주요 또 온전케 하시는 이인 예수를" 바라보도록 요구받는다 (12:2). 예수는 그의 사역으로 말미암아 그리스도인의 삶의 가능성과 수단을 제공할 뿐만 아니라 또한 그 자신이 믿음과 순종의 삶을 살아감에 대한 완벽한 본보기요 모델이 되신다.

히브리서에서 성화에 대한 도전을 주고 있다는 점은 거의 간과할 수가 없다. 인내에 대한 수많은 권면에는 순전히 윤리적 문제와 관계된 권면들이 많이 따라 나온다(chapter 10B의 박스에 언급된 "히브리서에 나타난 권면들"과 chapter 13의 "히브리서 13장에 나타난 권면"들을 보라). 이러한 강조는 실제로 모든 신약 성서 저자들에서 발견되고 있다. 히브리서 저자의 언어는 강력하다. "모든 사람으로 더불어 화평함과 거룩함을 좇으라 이것이 없이는 아무도 주를 보지 못하리라" (12:14). 확실히 감동을 주는 것은 마지막 송영에서의 언급인데, 여기에서 저자는 하나님께서 "모든 선한 일에 너희를 온전케 하사 자기 뜻을 행하게 하시고 그 앞에 즐거운 것을 예수 그리스도로 말미암아 우리 속에 이루시기를 원하노라"고 기도 한다 (13:21). 무엇보다도 그리스도인은 하나님의 뜻을 행하도록 부름을 받았다. 빌립보서 2:13에 기록되어 있듯이, 성화에 대한 우리의 모든 노력은 동시에 우리 안에 거하시는 하나님의 역사라는 점이 여기서도 부각되고 있다.

히브리서의 진수

구약 성서에서 한 약속들을 성취함에 있어 하나님은 그의 독특한 아들--신성과 완전한 인성의 현현 그 자체이며 천사들보다도 더 위대하신 분--을 멜기세덱의 반차를 따른 대제사장이 되게 하기 위해서 그리고 또한 죄에 대한 단번의 확실한 제사--성전 제사 의식에 의해 예표 되어진 반복할 필요가 없는 제사--를 자신의 희생에 의해 동물의 피가 아니라 자신의 피로써 드리게 하기 위하여 보내셨다. 이렇게 함으로써 하나님은 (1) 예레미야 선지자에 의해 예언된 새 언약을 취임시키고 (2) 철저한 죄 씻음을 하게 하는 죄 용서를 제공하고 (3) 믿는 자들에게 안식일 안식 즉, 기쁨과 평화와 성취와 종말의 유산에 대한 확신에 찬 기대와 온전한 성취에 앞서 이미 체험되기 시작한 기쁨의 실체를 제시하고, (4) 아직 보이지 않는 것들에 의지하고 또 우리에게 모든 어려움과 장애에도 담대함과 용기를 갖게 하는 믿음의 삶을 살도록 부르신다. 이 속에서 우리는 이제 하나님의 우편에 앉아 계시는 우리의 대제사장이시요 항상 영원토록 동일하신 다시 말해서 어제나 오늘이나 영원토록 동일하신 위대한 목자 되신 분의 신실한 섬김에 의지할 수 있다.

우리는 히브리서가 특별히 잘 알려져 지게 된 세 가지 점을 강조함으로써 논의에 대한 결론을 내리고자 한다: 믿음, 훈육(discipline) 그리고 안식. 이 셋은 각 그리스도인에게 높은 의미를 전달한다. 11장에 있는 믿음의 예들은 단순히 살펴보기 위해서 기록된 것이 아니라 따라 하기 위함이다. 그리스도인들은 미지의 알려지지 않은 것들에 처해서 담대하게 행동하고 보이지 않는 것들의

실체에 의존함으로써 자신들의 믿음을 실체화하도록 부름을 받았다. 실질적 의미에 있어 그리스도인들은 보이지 아니하는 천상의 더 좋은 나라에 의해 움직이는 다른 세계, 즉 하나님의 도성 사람들이다. 유대인 크리스챤 독자들에게 "영문 밖으로 나가라"는 구체적인 소명은 모든 그리스도인들을 위한 메시지를 포함 한다: 알지 못하는 미지의 세계로 두려워하지 말고 전진하여 나아가라.

각 사람에 닥친 시련을 하나님의 훈련으로 생각하라는 부름은 혁명적 생각이다. 이러한 사상은 히브리서 저자의 원래 생각이 아니다. 실제로 그는 잠언 3:11-12의 말씀을 인용하고 있으며 그의 논의는 이 구절에서 흘러온다. 역경 속에 처해 있다고 가정할 때 이말은 독자들에게 강력한 효력을 미쳤음에 틀림이 없다. 하지만 그것의 적용은 원 독자들에게만 제한될 필요가 없다. 그 이유는 모든 시대의 크리스챤들의 체험과 관계가 있기 때문이다. 그것은 확실히 부정적인 우리의 체험을 긍정적인 것들로 바꿀 수 있는 놀라운 안목이다. 하나님은 우리의 유익을 위해서 우리의 고난을 사용하기 원하시고 그 결과로 우리들을 하나님의 더 나은 자녀로 만드시기를 원하고 계신다. 물론 이러한 가르침은 성숙한 자들을 위한 것이다. 모든 것이 다 고난을 하늘에 계신 하나님의 연단으로 간주하도록 하지는 않을 것이다. 하지만 그렇게 하는 자는 놀라운 약속을 소유하게 되는데 이 약속과 함께 저자는 이 부분에서의 논의를 맺는다: 현재 고난의 고통에도 불구하고 "후에 그로 말미암아 연달한 자에게는 의와 평강한 열매를 맺나니"(12:11).

마지막으로, 우리가 이제 들어갈 안식에 대한 히브리서에서의 독특한 강조에 대해서 살펴보고자 한다. 우리가 살펴보았듯이 이 안식은 모든 것을 감싸는 복지의 상태를 가리킨다. 그것은 구원의 체험 즉, 좀더 자세히 말하자면 현재에 이미 이루어진 구원의 존재적 열매를 가리킨다. 그것은 샬롬(shalom)과 유사하고 또한 그것은 종말의 축복에 대한 즐거운 기대요 시식(taste)인 점에 있어서 유대 안식일과 같다. 안식의 이러한 시식은 그리스도께서 우리에게 가져다 준 것이 무엇인지를 이해하는 그리스도인의 권리이다. 우리가 살고 있는 현대 세상은 열광적 활동과 깊은 불안전과 에는 듯한 염려의 시대이므로 이러한 안식은 그리스도인들에 의해서 전유되어야 한다. 바울이 말하는 동일한 사상이 "모든 지각에 뛰어난 평강"의 개념으로 나타난다(빌 4:7). 우리의 것이고 전유할 수 있는 준비가 되어 있는 안식은 오직 그리스도의 사역 때문에 가능하고 그것 위에 근거한다. 저자는 "오늘날, 그것이 오늘이라고 불리어 지는 동안 저 안식에 들어 갑시다" 라고 말하면서 우리에게 호소한다.

히브리서는 각 그리스도인에게 제시할 많은 것을 가지고 있다. 우리가 당연히 주의를 기울여야 할 도전들과 구체적 권면들로 가득 차 있다. 동시에 서신은 그리스도의 대제사장 사역을 통하여 우리의 것이 된 풍부한 공급에 동반된 강조를 제시한다. 모든 것 위에 용서의 실체와 깨끗해진 양심이 서 있다. 우리의 궁극적 인내와 신실함은 하나님의 우선적인 은혜에 근거하는 "영혼의 닻"을 오직 우리만이 소유하고 있기 때문에 가능하다. 그리고 안식, 즉 우리들의 소망의 기대가 되고 보증이 되는 활기찬 실현된 종말에 대한 놀라운 약속이 지금 여기에 있다. 그리고 모든 것--우리가 이제까지 이야기하여 왔고 히브리서가 우리에게 제시하여 왔던 모든 것--은 "위대한 양의 목자, 그 영원한 언약의 보혈에 의해서" 오직 예수 그리스도로 말미암아 가능하다. 그에게 영광이 영원히 있을 찌어다.

연구 학습 질문

1. 히브리서 신학을 형성하는 중심 사상들은 무엇인가?
2. 어떤 면들에서 히브리서는 신약 신학을 풍성하게 할 수가 있는가?
3. 히브리서의 가르침으로부터 온 어떤 것들이 오늘의 교회에 가장 중요한가?
4. 히브리서로부터 나온 무엇이 우리 각자의 신앙생활에 가장 중요한 유익이 되는가?

부록

보록(EXCURSUS): 히브리서의 신약 정경 진입

입증할 수는 없지만 많은 학자들은 히브리서가 로마에 있는 하나 또는 아마도 그 이상의 유대인 크리스챤 공동체에 쓰여 졌다는 결론을 내려 왔다. 확실하게 알려진 가장 오래된 히브리서에 대한 기록은 96년 로마 교회에서 고린도 교회에 보내는 서신에서의 히브리서 인용에서 나온다. 이 문서는 사도적 교부들(Apostolic Fathers)로 알려진 저작들의 묶음에서 발견된 하나의 서신이다. 이 서신은 통상적으로 로마의 클레멘트(Clement of Rome)라는 이름과 관련되어 있고 크레멘트 1서로 불리어 진다(*1 Clement*). 히브리서에 명백히 의존하고 있음이 클레멘트 1서 36.2-5; 21.9; 27.2과 히브리서 11장을 사용하고 있는 9-12장에서 발견된다. 클레멘트가 히브리서를 존중하였다는 것이 명백해지더라도 그는 자신에게 거의 확실히 알려졌을 히브리서 저자의 정체에 대한 어떤 정보도 제공하지 않는다. 크레멘트 1서의 기록 연대는 너무 빨라서 이 서신으로부터 히브리서의 신약 정경 진입에 대한 결론을 내리지는 못한다. 그러나 일찍부터 바울 서신으로 동방 교회가 받아드렸음에도 불구하고 서방 교회는 4세기 까지 히브리서에 대해서 확실치 않은 입장이었다는 점을 감안할 때, 클레멘트 1서가 갖는 히브리서에 대한 높은 평가는 의심할 여지가 없었다는 점이 한층 더 흥미롭다. 2세기에 로마 교회는 히브리서에 대한 매우 높은 인식을 하고 있었다는 것을 우리는 <허마스의 목자(*The Shepherd of Hermas*)>의 저자와 순교자 져스틴(Justin Martyr)으로부터 보게 된다.

우리에게 알려진 바울 서신의 최고(最古) 파피루스 사본인 파피루스 46(papyrus 46)은 바울 서신서들 중간에 히브리서를 포함시킨다. 여기에서 히브리서는 로마서와 고린도 전서 사이에 위치한다. 이는 이 사본을 기록한 사람들에 의해서 히브리서는 바울 서신으로 받아 들여 졌다는 것을 명백히 가리키고 있다. 이와 비교해서 주요한 안샬 대문자 사본(uncial manuscripts: 시내산 사본과 바티칸 사본 [4세기] 그리고 알렉산드리아 사본 [5세기])은 모두 히브리서를 바울 서신에 포함하고 있으나 교회에 보내는 서신들 뒤에 그리고 개인들에 보내는 서신서(예를 들어 목회 서신과 빌레몬서)앞에 위치시킨다.

다른 한편으로, 무라토리안 정경에서 히브리서는 빠져있는 것이 두드러진다. 이 정경이 로마로부터 필시 180년경에 온 것으로 추정 되므로 히브리서의 삭제는 히브리서에 대한 배척이거나 아니면 적어도 문서에 대한 상당한 불확실성을 가리킨다. 이 연대보다 약간 더 나아가서 2세기 말경에 골(Gaul)지방 리용(Lyon)의 감독인 이레니우스(Irenaeus) 역시 히브리서를 인용하지만 그 역시 바울 저작설을 거부하였던 것 같다([6세기의] Stephen Gobarus에 따르면).

3세기 아주 초반에 북 아프리카 카르타고의 터툴리안(Turtullian)은 히브리서 6:4-8을 인용하면서 그것을 "사도들 중 한 특정 동료, 즉 하나님에 의해서 충분히 신임을 얻은 자로서 절제함을 중단 없이 실천함에 있어서 바울이 그 자신 다음에 두었던" 바나바로부터 온 자료라고 소개 한다(*On Modesty* 20). 인용 후에 터툴리안은 그 저자는 "이것을 사도들로부터 배웠고 그것을 사도들과 함께 가르쳤다"는 점을 덧붙이고 있다.

거의 동일한 시기에 알렉산드리아의 클레멘트는 히브리서를 바울 서신에 포함시키며 바울이 히브리서를 그들 자신의 언어로 기록하였고 후에 그의 여행 동료인 누가가 헬라어로 번역을 하였다고 결론지었다(한참 휘[13세기]에 이 견해는 토마스 아퀴나스[Aquinas]에 의하여 받아들여 지곤 하였다). 이 정보의 자료로 사용된 유세비우스(Eusebius)는 다음과 같이 덧붙인다:

따라서 이 서신의 헬라어 역에서 우리는 사도행전에서와 같은 동일한 스타일을 발견한다. 통산적 서언--"사도 바울"--은 좋은 명분아래 삭제되었다. 클레멘트가 말하기를, "자신에 대해서 이미 의심하고 편견을 가졌던 히브리인들에게 서신을 쓰면서 그는 처음에는 너무 예민하여서 자신의 이름을 말하면서 그것들을 제거하지 못하였다. … 이제 축복받은 장로[아마도 클레멘트의 스승인 Pantaenus]가 말하곤 하였듯이 전능자의 사도인 주는 히브리인들에게 보내어 졌다. 그래서 바울은 그[바울]가 이 방인에게 보내어 졌다는 것을 알고서는 겸손함에서 자신을 히브리인들에게 보내진 사도로 묘사하지 아니 하였다. 이것은 첫째로 그가 주님을 매우 존경하였기 때문이고 둘째는 그가 이방인들의 사도요 대사이었을 때 히브리인들에게 서신을 쓰는 중에 그의 지역을 벗어났기 때문이다(교회사 [*Church History*] 6.14).

삼세기의 또 다른 알렉산드라인 오리겐은 히브리서의 저작권과 씨름을 하였다. 또 다시 우리는 유세비우스의 다음 정보에 의존 한다:

> 히브리인들에게 라는 타이틀의 서신에서 사용된 어법은 특징적 세련되지 못함이나 또는 사도 자신에 의해 받아들여진 표현을 나타내지 않는다. 스타일의 차이점들을 인식할 수 있는 사람이라면 누구나 동의하려 하듯이 문장 구조는 헬라 어법에 더 가깝다. 다른 한편, 서신의 내용은 놀랍고 사도의 확인된 저술들과 아주 동등하다: 이것의 진리는 사도를 조심스럽게 읽어본 사람이라면 누구나에 의해서 받아들여질 수 있었을 것이다. … 만약 나의 개인 의견에 대해 질문을 받는다면, 나는 그 내용은 사도의 것이나 표현이나 문장 구조는 다른 사람의 것, 다시 말해서 사도의 가르침을 기억하고 그의 선생이 말한 것에 대한 자신의 해석을 기록한 사람의 것이라고 말하겠다. 그래서 어떤 교회가 이 서신을 바울의 저작으로 간주한다면 그것은 그렇게 해서 이루어진 것이라고 권하여야 한다. 원시 교회는 사도의 저작으로 전해 주는 각가지 명분들이 있기 때문이다. 서신을 누가 썼는지는 하나님만 아신다: 우리에게 도달한 그 설명은 그것은 로마의 감독이 되었던 클레멘트의 저작이거나 또는 복음서와 사도행전을 기록한 누가였다는 것을 가리킨다(교회사 6.25).

3세기 중반 경에 북아프리카 감독인 시프리안(Cyprian)은 히브리서에 대해서 암시를 하지만 절대로 인용하지는 않는다. 아마도 그는 서신의 바울 저작권을 거부하였고 권위 있는 서신으로 받아들이지 아니하였던 것 같다.

4세기 초반에서 비롯된 것으로 보이는 신약 성서 저술 목록이 6세기의 클레어몬타누스 사본에서 발견되어 진다. 이 사본은 헬라어와 라틴어로 된 바울 서신과 히브리서를 포함하는데 히브리서를 마지막에 둔다. 히브리서 바로 앞에 나오는 신약 성서의 라틴어 목록은 실수로 데살로니가 서신서들과 히브리서를 빠뜨린 것 같다. 하지만 또 다른 북아프리카에서 파생된 4세기 라틴어 목록(Cheltenham or Mommsen 목록)에서 바울 서신은 13권으로 기술되어 있고 히브리서를 정경이라고 별도로 말하는 독립된 언급이 없다.

우리가 그의 교회사에 대해서 많은 것을 빚지고 있고 초대 교회 교부들에 대해서 귀중한 정보를 위해 인용하여 왔던 4세기 초반에 가이샤라(Caesarea)의 감독이었던 유세비우스는 325년경에 정경의 상태에 대해서 나름대로 평가를 한다. 그는 책들을 세 개의 범주로 나눈다: 인정된 책, 논쟁중인 책, 가짜의 책 (교회사, 3.25). 바울 서신들은 물론 인정된 책들의 범주에 놓여진다. 그가 이전에 14개의 바울 서신을 언급하였다는 사실은 바울 서신에 히브리서를 포함시켰다는 것을 가리키지만 그는 여전히 단서를 붙일 필요를 찾는다. "다른 한편, 바울은 명백히 그리고 의심의 여지없이 14개 서신의 저자였으나 그럼에도 우리는 권위를 가진 어떤 기관들이 히브리서는 바울의 저작이라는 것을 로마 교회가 거부하였다는 것을 지적하면서 히브리서를 부인하였다는 사실에 주의를 기울여야 한다"(교회사 3.3; cf. 6.41에서 유세비우스는 히브리서에서 온 자료 본문을 사용하면서 그것을 바울의 저작으로 돌린다).

동부에서의 상황과는 대조적으로 14세기에 들어 와서야 히브리서는 서방 교회에서 받아들여졌다. F. F. Bruce는 어떻게 히브리서가 받아들여지게 되었는지에 대해서 간략히 설명 한다.

> 340년에 알렉산드리아 감독 지위에서 추방된(두 번째 추방) 아타나시우스(Athanasius[알렉산드리아의 감독]는 로마로 가서 그곳에 있는 교회의 모임에서 몇 년을 보냈다. 그는 로마의 감독(율리우스 1세: Julius I)과 다른 교회 지도자들과 친분을 쌓았고 로마 교회는 동방에서 온 위대한 신학자의 출현으로 인해 여러 가지 방면에서 혜택을 받았다. 그가 로마 교인들을 설득하여 그들로 하여금 동방 교회 교인들의 입장과 같은 선상에서 히브리서의 정경성을 받아들이거나 아니면 바울의 저작권을 받아들이도록 하였다. 이 때로부터 로마 또는 로마의 영향권 내에 있는 서방 교회에서 히브리서는 신약의 책으로 받아들여져야 하는 권리에 대해서 중대한 의의가 제기되지 않았다(*The Canon of Scripture* [Downers Grove, Ill.: InterVarsity, 1988], 221).

4세기 라틴 주석가인 암브로시아스터(Ambrosiaster)와 펠라기우스(Pelagius)는 히브리서를 알고 있었던 것 같다. 하지만 이들은 바울 서신은 13개의 서신으로 이루어 졌다고 계속 언급하여서 히브리서를 바울 서신으로 받아들이지 않았던 것처럼 보인다. 그들은 모든 바울 서신에 대한 주석을 저술하였으나 히브리서에 대해서만 저술하지 아니 하였다. 4세기 후반에 브레시아의 감독인 필라스터(Philaster)는 히브리서를 바울 서신으로 받아들였으나 밀란(Milan)의 감독인 암브로스(Ambrose)는 히브리서를 바울 저작으로 언명하지 않고서 그 정경성을 받아들였다.

동일한 시기에 신약 정경에 대하여 저술하고 있었던 제롬(Jerome)은 다음과 같이 말한다: "사도 바울은 일곱 교회에 서신을 보냈다(여덟 번째에 대해서는 그러한 서신, 즉, 히브리서는 대부분의 사람들에 의하여 이 숫자(일곱) 바깥에 위치하여졌다)"(*Epistle*, 53.9). 몇 년 뒤 제롬이 히브리서를 사용할 때 그는 다음의 사항을 덧붙인다.

> 동방 교회들에서 뿐만 아니라 이전 시대의 모든 헬라어 저자들에 의해서 "히브리인들에게"라는 타이틀의 서신은, 많은 사람들이 바나바나 클레멘트에 의한 것으로 판정함에도 불구하고 사도 바울의 서신으로 받아들여 진다는 점이 우리 사람들에게 말하여져야 한다. 히브리서는 교회 사람의 저작이고 매일의 교회 공적 낭독에서 인정을 받고 있기 때문에 저자가 누구인가는 크게 중요하지 않다. 라틴계 사람들의 습관이 히브리서를 정경으로 받아들이지 않는다면, 동일한 자유에 의해서 헬라 교회들 역시 요한의 묵시록을 받아들이지 않는다. 하지만 우리는 현시대의 습관을 따라서가 아니라 양쪽 작품으로부터의 증언들을 자유롭게 사용하여온 이전 저자들의 선례를 따라서 이 두 권의 책을 다 받아들인다. 그리고 그들이 습관처럼 경우에 따라서 묵시적 저술들로부터 인용하는 대로 또 실제로 이교도 작품에서 범례들을 사용하고 있는 것처럼 인용 하는 것이 아니라 그것들을 정경적이고 교회적 작품들로 다루면서 인용하고 있다 (*Epistle*, 129.3).

어거스틴은 히브리서의 저자에 대하여 망설였던 것 같다. 초기 저작에서 그는 히브리서를 바울에 의해서 기록된 것으로 언급을 한다. 그러다가 몇 년 동안 그는 또한 히브리서 저자는 미상이라는 생각을 품고 있었던 것처럼 보인다. 하지만 후기 저작(약 409-30)에서 그는 히브리서의 정경성과 권위에 의심을 품지 아니 하였다 하더라도 시종일관 히브리서는 작자 미상이라고 언급 한다.

카르타고(Carthages) 3차 회의(397)에 의해 인증된 신약 성서 목록은 "13권의 사도 바울 서신과 한권의 히브리서를 동일한 것으로 포함한다." 히브리서에 대한 바울 저작이 확증된다 하더라도 그것은 13권의 서신과 분리되어 목록에 나타난다. 이 점은 초기 로마 교회의 사고에 적어도 어떤 영향을 미친 것으로 보여 지는 한 문제를 반영 한다: 만약 서신들이 보편적으로 바울의 것으로 받아 들여지고 히브리서는 그렇지 않다고 한다면 바울은 이름이 거론된 7개의 교회에 서신을 보냈다. 이 점은 무라토리안 정경과 시프리안(Cyprian)에 의해서 구체적으로 주목을 받는다. 후자(Cyprian)는 심지어 "바울은 이러한 적절하고 한정된 숫자를 마음에 두고 있었기에 일곱 교회에게 서신을 썼다"라고 말 한다(*To Fontunatus: Exhortation to Martyrdom* 11). 일곱이라는 수가 여덟보다는 훨씬 더 선호된 채 완전함과 충만함을 나타내는 수에 대한 사유함이 있었던 것 같다.

16세기로 들어와서 우리는 카톨릭 학자들인 카제탄(Cajetan) 추기경과 에라스무스가 히브리서의 바울 저작을 부인하였다는 것을 본다. 자신의 1516년판 헬라어 성경에서 에라스무스는 히브리서에 대해서 다음과 같이 썼다.

> 훌륭한 독자들이여! 많은 사람들이 이 서신이 바울의 저작인지 아니면 어떤 다른 저자의 저작인지에 대해 의심하고 있다는 이유로 여러분들이 이 서신에 대해서 덜 중요하다고 생각지 않기를 바랍니다. 저술자에 상관없이 이 서신은 여러 가지 이유로 크리스챤들이 읽을 가치가 있는 책 입니다. 표현상 바울의 스타일과는 아주 다르지만 그럼에도 바울의 정신과 혼에 가장 밀접한 관련이 있습니다. 그러나 서신을 누가 썼는지에 대해서 결정적으로 보여줄 수는 없지만 우리는 많은 논의들로부터 히브리서는 바울보다는 다른 사람에 의하여 기록되었다고 추측합니다.

마찬가지로 마르틴 루터(Martin Luther)는 히브리서의 저자가 바울이라는 것을 받아들일 수가 없었다. 루터는 저자가 "사도의 제자였고 사도들로 부터 배웠던 제자였고 성경을 잘 아는 학식이 많은 뛰어난 사람이었다"고 결론짓는다(히브리서 서문). 후에 그는 아볼로가 그 저자라는 그럴듯한 추측을 하였다.

그러나 우리의 관점에서 볼 때 루터가 히브리서는 다른 신약 성서가 갖는 것과 동일한 가치를 소유하지 못한 열등한 저술로서 야고보서, 유다서, 그리고 계시록과 함께 신약성서의 부록으로 분류하려 하였다는 것은 매우 놀라운 일이다. 루터의 관점에서 볼 때 히브리서는 바울의 이신칭의의 교리를 담고 있지 않기 때문에 충분한 명확성을 지닌 복음을 나타내지 아니 하였다. 그는 히브리서가 구약을 사용하는 방식을 높이 평가하고 찬양하였다. 모든 것을 종합하여 볼 때 루터의 최종 평가는 혼합된 것이었다. 저자는 신앙의 기초를 놓고 있지 않지만 이 기초위에 금과 은과 귀중한 보석으로 집을 짓는다. 그러므로 우리가 나무나 짚이나 그것과 섞인 건초를 발견한다 하더라도 이것이 우리로 하여금 아주 훌륭한 가르침을 받는 것을 막지 못할 것이다. 그럼에도 우리는 히브리서를 사도의 서신들과 절대적으로 동일한 위치에 놓지 않는다"(히브리서 서문).

루터의 동료요 종교 개혁자인 요한 칼빈 또한 그 정경성에 대해서는 조금의 주저함도 갖지 않았지만 히브리서의 바울 저작을 거부하였다. 그리고 그는 기쁜 마음으로 히브리서 주석을 저술하였다. 히브리서에 대하여 칼빈은 다음과 같이 기록 한다.

> 나는 조금의 의심도 없이 그것을 사도적 서신서 들에 포함 시킨다. 뿐만 아니라 그것의 권위를 일부 사람들이 의심하였다는 것은 사탄의 도구를 통한 것이었다는 것밖에는 의심하지 않을 수 없다. … 그러므로 우리는 하나님의 교회와 우리자신으로 하여금 매우 큰 축복을 빼앗기도록 허용할 것이 아니라 그것을 확고하게 부여잡을 것을 주장하여야 한다. 하지만 우리는 서신의 저자에 대한 염려를 거의 가질 필요는 없다. … 나는 바울이 저자였다는 것을 믿을 수가 없다. … 가르침의 방법과 스타일은 충분히 저자는 바울이 아니라는 것을 보여 주고 있다. 그리고 저자는 자신이 사도들의 제자 중 한명임을 고백하고 있는데 이점은 바울의 관습과는 전적으로 어긋난다(히브리서 주석).

또 다른 16세기 종교 개혁가 베자(Beza)는 더욱 적극적으로 바울의 히브리서 저작 입장으로 기울어져 있다. 그는 그의 1565년 판 헬라어 신약 성서에서 다음과 같이 쓰고 있다.

그러나 이 서신은 성령에 의해서 진정으로 헌신되어 졌다는 점에 우리 모두가 동의한다면 우리는 이 점의 결정에 자유를 허용하도록 하자. 반면에 서신은 그렇게 훌륭하고 정확한 방식으로 기록되어 있어서 사도 바울을 제외한 어느 누구도 저자가 거의 될 수 없었을 것이다(사도행전에서 학식과 우아함이 가장 위대한 경건과 어울려져 있는 인물로 높이 평가되어 있는 아볼로가 히브리서를 기록하였다는 것을 상상 할 수 없다면).

최종적으로 우리는 1534년판 신약 성서 영어 번역본에서 히브리서에 대해서 다음과 같이 말하였던 윌리엄 틴데일(William Tyndale)의 언급으로 돌아간다.

이 서신에 관하여 이제 까지 많은 의문이 제기되어 왔는데 그것도 저자가 될 수 있을 정도의 학문이 있는 위대한 사람들 가운데에서 이러한 의문이 있어 왔다. 이제 저자가 바울인지 아닌지에 대해서 나는 아니라고 말하지만, 그러나 다른 사람들의 판단을 허용한다면 누구나 저자에 대해서 의심을 가질 수 있다는 것을 제외하고서 나 또한 어떤 사람의 신앙에 대한 논문이라고 생각하지 않는다. 더구나 이 서신이 사도들 중 어느 한 사람에 의해서 기록되었다는 것을 거부할 뿐만 아니라 또한 그 속에 기록된 어떤 본문으로 말미암아 이 서신을 보편 서신 또는 경건 서신이 아닌 것으로 서신을 거부하였던 많은 이들이 있었다. 이것에 관하여 당신은 다른 권위 있는 성서들이 거부되지 않는 것처럼 이 서신도 더 이상 거룩하고 경건하고 보편적인 것에 대해서 거부되어 져서는 아니 된다는 것을 본다. [저자]는 그리스도의 신실한 종이었고 디모데와 또 바울 자신이 견지하였던 동일한 교리의 신실한 종이었다는 것을 어렵지 않게 보게 된다. 그리고 저자는 사도였거나 또는 사도 시대 아니면 비슷한 시기에 살았던 사람이라는 것을 쉽게 알게 된다. 서신이 나머지 다른 모든 성서와 동의하고 있다는 것을 볼 때에, 만약 이 서신을 공평하게 보아야 한다면, 어떻게 그것을 권위를 가진 거룩한 성경으로 받아들이지 않을 수가 있겠는가?

요약: 실제로 처음부터 히브리서는 알렉산드리아를 포함한 동방 교회에 의해서 정경으로 받아들여졌다. 이점은 모든 경우는 아니지만 통상적으로 히브리서는 바울에 의하여 기록되었다는 견해를 수반한다. 4세기가 되어서야 동일한

견해가 로마와 서방 교회에서 우세하게 되었다. 하지만 여기서도 역시 바울이 히브리서 저작자라는 견해는 결코 확실치가 않았다. 이 모든 것이 제시하는 것은 직접적 사도의 저술, 즉 이 경우에 바울에 의한 저작이라는 견해는 히브리서를 권위 있는 정경으로 받아들이는 데 절대적인 요구 사항이 아니라는 점이다. 최소한으로 요구되어 지는 것은 사도적 관련 즉, 저자는 더 넓은 사도 써클의 회원이었다는 것이다.

현재 히브리서 저자가 누구인지 알 수 없다는 것이 사실로 남는다면 마찬가지로 히브리서는 루터의 견해에도 불구하고 신약의 위대한 책 들 중 한 권이라는 점도 또한 사실이다. 히브리서의 정경적 위치와 권위는 하나님의 섭리와 수십 세기에 걸쳐 교회를 구원하시는 성령의 인도하심에 의해서 보장된다.

참고문헌

최근에 출간된 주요 주석들:

Attridge, H. W. *The Epistle to the Hebrews*. Hermeneia. Philadelphia: Fortress, 1989.

deSilva, D. A. *Perseverance in Gratitude: A Socio-Rhetorical Commentary on the Epistel "to the Hebrews."* Grand Rapids: Eerdmans, 2000.

Ellingworth, P. *The Epistle to the Hebrews*. New International Greek Testament Commentary. Grand Rapids: Eerdmans, 1993.

Koester, C. R. Hebrews. Anchor Bible 36. New York: Doubleday, 2001.

Lane, W. L. *Hebrews*. 2 vols. Word Biblical Commentary 47A, 47B. Waco, Tex.: Word, 1991.

약간 오래되었으나 여전히 유용한 주석들:

Bruce, F. F. *The Epistle to the Hebrews*. New International Commentary on the New Testament. Rev ed. Grand Rapids: Eerdmans, 1990.

Delitzsch, F. J. *The Epistle to the Hebrews*. 2 vols. ET, 1868. Reprint, Minneapolis: Klock & Klock, 1978.

Hughes, P. E. *A Commentary on the Epistle to the Hebrews*. Grand Rapids: Eerdmans, 1977.

Westcott, B. F. *Commentary on the Epistle to the Hebrews*. 1892. Reprint, Grand Rapids: Eerdmans, 1952.

분량이 적고 덜 학문적이나 유용한 주석들:

Gordon, R. P. *Hebrews*. Readings: A New Biblical Commentary. Sheffield: Sheffield Academic Press, 2000.

Hagner, D. A. *Hebrews*. New International Biblical Commentary. Peabody, Mass.: Hendrickson, 1990.

Pfitzner, V. C. *Hebrews*. Abingdon New Testament Commentaries. Nashville: Abingdon, 1997.

Other Books and Articles(기타)

Anderson, C. P. "Hebrews among the Letters of Paul." *Studies in Religion/Sciences Religieuses* 5 (1975-76): 258-66.

Barrett, C. K. "The Eschatology in the Epistle to the Hebrews." In *The Background of the New Testament and Its Eschatology*, ed. W. D. Davies and D. Daube. Cambridge: Cambridge University Press, 1954. Pp, 363-93.

―――――. "The Christology of Hebrews." In *Who Do you Say I am? Essays on Christology*, ed. M. A. Powell and D. R. Bauer. Louisville: Westminster John Knox, 1999. Pp. 110-27.

Bockmuehl, M. N. A. "The Church in Hebrews." In *A Vision for the Church: Studies in Early Christian Ecclesiology in Honour of J. P. M. Sweet*, ed. M. N. A. Bockmuehl and M. B. Thompson. Edinburgh: Clark, 1997. Pp. 133-51.

Brooks, W. E. "The Perpetuity of Christ's Sacrifice in the Epistle to the Hebrews." *Journal of Biblical Literature* 89 (1970): 204-14.

Bruce, F. F. " 'To the Hebrews' or 'To the Essenes' ?" *New Testament Studies* 9 (1963): 217-32.

_____ "The Kerygma of Hebrews." *Interpretation* 23 (1969): 3-19.

_____ ."The Structure and Argument of Hebrews."*Southwestern Journal of Theology* 28 (1985): 6-12.

_____ ." 'To the Hebrews' : A Document of Roman Christianity?" In *Aufstieg und Niedergang der romischen Welt: Geschichte und Kultur Roms im Spiegel der neueren Forschung,* ed. H. Temporini and W. Haase. Part 2, *Principat*, 25.4. New York: de Gruyter, 1987. Pp. 3496-521.

Campbell, J. C. "In a Son: The Doctrine of the Incarnation in the Epistle to the Hebrews." *Interpretation* 10 (1956): 24-38.

Carlston, C. E. "Eschatology and Repentance in the Epistle to the Hebrews." *Journal of Biblical Literature* 78 (1959): 296-302.

Clements, R. E. "The Use of the Old Testament in Hebrews." *Southwestern Journal of Theology* 28 (1985): 36-45.

Dahms, J. V. "The First Readers of Hebrews." *Journal of the Evangelical Society* 20 (1977): 365-75.

Ellingworth, P. "Jesus and the Universe in Hebrews." *Evangelical Quarterly* 58 (1986): 337-50.

France, R. T. "The Writer of Hebrews as a Biblical Expositor." *Tyndale Bulletin* 47 (1996): 245-76.

Gooding, D. W, *An Unshakable Kingdom: The Letter to the Hebrews for Today.* Leicester: InterVarsity, 1989.

Gordon, R. P. " 'Better Promises' : Two Passages in Hebrews against the Background of the Old Testament Cultus." In *Templum Amicitiae: Essays on the Second Temple Presented to Ernst Bammel*, ed. W. Horbury. Journal for the Study of the New Testament Supplement Series 48. Sheffield: JSOT Press, 1991. Pp.434-49.

Guthrie, G, H. *The Structure of Hebrews: A Text-Linguistic Analysis*. Biblical Studies Library. Grand Rapids: Baker, 1994.

Hagner, D. A, "The Son of God as Unique High Priest: The Christology of Hebrews." In *Contours of Christology in the New Testament*, ed. R. N. Longenecker. Grand Rapids: Eerdmans, forthcoming.

Horbury, W. "The Aaronic Priesthood in the Epistle to the Hebrews." *Journal for the Study of the New Testament* 19 (1983): 43-71

Hughes, G. *Hebrews and Hermeneutics: The Epistle to the Hebrews as a New Testament Example of Biblical Interpretation*. Society for New Testament Studies Monograph Series 36. Cambridge: Cambridge University Press, 1979.

Hughes, P. E. "The Christology of Hebrews." *Southwestern Journal of Theology* 28 (1985): 19-27.

──────. "The Epistle to the Hebrews." In *The New Testament and Its Modern Interpreters*, ed. E. J. Epp and G. W. MacRae, 351-70. Philadelphia: Fortress, 1989.

Hurst, L. D. *The Epistle to the Hebrews: Its Background of Thought*. Society for New Testament Studies Monograph Series 65. Cambridge: Cambridge University Press, 1990.

Isaacs, M. E. *Sacred Space: An Approach to the Theology of the Epistle to the Theology of the Epistle to the Hebrews*. Journal for the Study of the New Testament Supplement Series 73. Sheffield: Sheffield Academic Press, 1992.

Johnsson, W. G. "The Cultus of Hebrews in Twentieth-Century Scholarship." *Expository Times* 89 (1978): 104-8.

_____. "The Pilgrimage Motif in the Book of Hebrews." *Journal of Biblical Literature* 97 (1978): 239-51.

Käsemann, E. *The Wandering People of God: : An Investigation of the Letter to the Hebrews.* Minneapolis: Augsburg, 1984.

Kistemaker, S. *The Psalm Citations in the Epistle to the Hebrews.* Amsterdam: Van Soest, 1961.

Koester, C. R. "The Epistle to the Hebrews in Recent Study." *Currents in Biblical Study* 2 (1994): 123-45.

Lane, W. L. *Hebrews: A Call to Commitment.* Peabody, Mass.: Hendrickson, 1985.

_____. "Hebrews: A Sermon in Search of a Setting." *Southwestern Journal of Theology* 28 (1985): 13-18.

Leschert, D. F. *The Hermeneutical Foundations of Hebrews.* Lewiston, N.Y.: Mollen, 1994.

Lindars, B. "The Rhetorical Structure of Hebrews." *New Testament Studies* 35 (1989): 382-406.

_____. *The Theology of the Epistle to the Hebrews.* New Testament Theology. Cambridge: Cambridge University Press, 1991.

Manson, T. W. "The Problem of the Epistle to the Hebrews." *Bulletin of the John Rylands Library* 32 (1949-50): 1-17.

McCown, W. G, "Holiness in Hebrews." *Wesleyan Theological Journal* 16 (1981): 58-78.

Meyer, W. D. "Obedience and Church Authority: The Problem of the Book of Hebrews." *Ashland Theological Journal* 28 (1996): 9-28.

Nairne, A. *The Epistle of Priesthood*. Edinburgh: T & T Clark, 1915.

Olbricht, T. H. "Hebrews as Amplification." In *Rhetoric and the New Testament*, ed. S. E. Porter and T. H. Olbricht. Journal for the Study of the New Testament Supplement Series 90. Sheffield: Sheffield Academic Press, 1993. Pp. 375-87.

Parsons, M. C. "Son and High Priest: A Study in the Christology of Hebrews." *Evangelical Quarterly* 60 (1988): 195-215.

Porter, S. E. "The Date of Composition of Hebrews and Use of the Present Tense Form." In *Crossing the Boundaries: Essays in Biblical Interpretation in Honour of Michael D. Goulder*. Leiden: Brill, 1994. Pp. 295-313.

Pryor, J. W "Hebrews and Incarnational Christology." *Reformed Theological Review* 40 (1981): 44-50.

Schäfer, J. R. "The Relationship between Priestly and Servant Messianism in the Epistle to the Hebrews." *Catholic Biblical Quarterly* 30 (1968): 359-85.

Schmidt, T. E. "Moral Lethargy and the Epistle to the Hebrews." *Westminster Theological Journal* 54 (1992):167-73.

Smalley, S. S. "The Atonement in the Epistle to the Hebrews." *Evangelical Quarterly* 33 (1961): 36-43.

Stanley, S. "The Structure of Hebrews from Three Perspectives." *Tyndale Bulletin* 45 (1994): 245-71.

Stewart, R. A. "Creation and Matter in the Epistle to the Hebrews." *New Testament Studies* 12 (1966): 284-93.

Stott, W. "The Concept of 'Offering' in the Epistle to the Hebrews." *New Testament Studies* 9 (1962): 62-67.

Swetnam, J. "Sacrifice and Revelation in the Epistle to the Hebrews." *Catholic Biblical Quarterly* 30 (1968): 227-34.

―――――. "Form and Content in Hebrews 1-6; 7-13." *Biblica* 53 (1972): 368-85; 55 (1974): 333-48.

―――――. "Christology and the Eucharist in the Epistle to the Hebrews." *Biblica* 70 (1989): 74-95.

Tasker, R. V. G. *The Gospel in the Epistle to the Hebrews*. London: Tyndale, 1950.

Tetley, J. "The Priesthood of Christ in Hebrews." *Anvil* 5 (1988): 195-206.

Thomas, K. J. "The Old Testament Citations in the Epistle to the Hebrews." *New Testament Studies* 11 (1965): 303-25.

Thompson, J. W. *The Beginnings of Christian Philosophy: The Epistle to the Hebrews*. Catholic Biblical Quarterly Monograph Series 13. Washington, D. C.: Catholic Biblical Association, 1982.

―――――. "The Hermeneutics of the Epistle to the Hebrews." *Restoration Quarterly* 38 (1996): 229-37.

Trotter, A. H., Jr. *Interpreting the Epistle to the Hebrews*. Guides to New Testament Exegesis 6. Grand Rapids: Baker, 1997. An excellent book, providing much helpful information and sage advice.

Vanhoye, A. *Our Priest Is Christ: The Doctrine of the Epistle to the Hebrews*. Rome: Pontifical Biblical Institute, 1977.

_____ *Structure and Message of the Epistle to the Hebrews.* Rome:Pontifical Biblical Institute, 1989.

Vos, G. *The Teaching of the Epistle to the Hebrews.* Grand Rapids: Eerdmans, 1956.

Wikgren, A. "Patterns of Perfection in the Epistle to the Hebrews." *New Testament Studies* 6 (1960): 159-67.

Williamson, R. "Hebrews and Doctrine." *Expository Times* 81 (1969-70): 371-76.

_____. "The Eucharist and the Epistle to the Hebrews." *New Testament Studies* 21 (1974-75): 300-312.

_____. "The Background of the Epistle to the Hebrews." *Expository Times* 87 (1975-76): 232-37.

_____. "The Incarnation of the Logos in Hebrews." *Expository Times* 95 (1983-84): 4-8.

Witherington, B., III. "The Influence of Galatians on Hebrews." *New Testament Studies* 37 (1991): 146-52.

용어풀이

Admonition(권면)
그리스도의 사랑으로 주어지는 경고나 권면. 권면이 주어지는 사람들의 행위에 영향을 주도록 의도된 것.

Adoptionist(양자론[자])
예수 그리스도는, 예를 들어 부활 시에, 오직 입양(adoption)에 의해서만 하나님의 아들이라는 입장을 주장하는 견해.

Akedah
아브라함이 이삭을 제물로 드리기 직전에 이삭을 묶음을 가리키는데 이는 하나님의 아들을 십자가에 제물로 드리는 것과 평행을 이룸으로 주목을 받을 만한 사건이다.

allusion(암시)
성서 구절에 대한 간접적 언급(short of quotation)

anachronism(시대착오)
하나의 사건, 환경, 또는 관습을 시간적으로 잘 못 언급한 것. 다시 말해서 시간을 벗어나서 존재하거나 행해진 것으로 언급.

anchor(닻)
안정과 안전을 제공하는 고정된 지점.

apostasy(배교)
자신의 종교적 신앙을 버리거나 포기하는 것.

archetype(원형)
어떤 모형이 배출되는 원래의 형태나 모델, 즉 원형.

atonement(속죄)
하나님과 죄인들 사이의 갈라진 관계를 다시 세우고, 화해시키고, 복원하기 위해서 예수께서 십자가에 죽으심.

benediction(축도)
보통 설교나 서신의 종결부에 언급되는 축복.

camp, the(진영)
광야에서의 경험을 암시하는 이스라엘 공동체. 히브리서 저자는 "영문 밖"(out side the camp)에서 당하신 예수 고난과 히브리서 독자들의 고난 사이의 평행을 그리기 위해서 이 용어를 사용한다. 독자들의 기독교 신앙은 그들로 이스라엘 진영 밖에 위치하게 하였고 그로 인해 학대를 당하였다.

Christology(기독론)
구체적으로 그리스도의 인격과 관련된 신학의 한 분야. 즉, 그리스도와 관련된 교리나 신학.

codex(사본)
두루마리를 페이지(page)로 대체시킨 고대 서적 형태로 재질은 파피루스, 양피지, 또는 고급 피지(vellum)로 만들어졌다.

cognate
기원, 본성, 질에 있어서 같은 종류의 어떤 것, 즉 '친족 관계의,' '관련된,' '연관된,' '동족 관계를 갖는' 등의 의미.

confession(고백)
신약에서 일상적인 이 용어는 객관적인 의미에 있어서 '무엇을 믿는가?' 그리고 '세례 시에 무엇을 고백 하는가?'를 가리킨다.

continuity(연속성)
현재나 과거의 실체들 사이의 실질적인 연결. 예를 들어 옛 언약의 약속의 실현으로서 새 언약.

corpus(pl., corpora)
공동의 기원을 갖거나 유사한 기원으로 인해서 함께 수집되어 모아진 수집품.

covenant(언약)
양 당사자 사이의 형식상의 동의로서 상호간의 책임과 의무에 대한 관계를 기술한다.

covenant/will(언약/유언)
헬라어 *diathēkē* 이중적 의미. 두 가지 의미가 다 죽음을 포함한다. 유언은 사람이 죽어야 효력을 발휘하고 언약은 동물의 죽음으로 성립된다.

Day, the(그 날)
종말의 심판의 날.

discipline(훈육)
사람의 궁극적 선을 위해서 잠정적 고통이 따르는 체험에 복종.

discontinuity(불연속)
현재의 실체들이 과거의 실체를 넘어서 어떤 새로움을 가져오는 방식. 예를 들어, 새 언약은 이전에는 체험할 수 없었던 수준의 체험으로 우리를 인도한다.

docetic(가현설의)
초기 이단의 한 분파에게 사용되어진 용어. 이 이단은 그리스도는 진정한 인간이 아니었으나 단지 인간의 몸을 가진 것으로 "보였거나" 인성을 가진 "분처럼 보였을" 뿐이라는 주장을 하였다.

doxology(송영)
하나님에 대한 찬양의 한 형태. 히브리서의 경우 예수에게도 적용: "영광이 그에게 세세 무궁토록 있을찌어다."

dualism(이원론)
실체를 분해할 수 없는 가장 적은 두 개의 원소들이나 양태로 보는 견해. 헬라적 사고에서 이 용어는 물질과 영 사이의 분리에 대한 형식을 띠고 있다. 예를 들어 플라톤의 지상의 실체들에 상응하는 천상의 이데아(idea)들에 대한 개념.

eschatological(종말론적)
세상의 마지막에 대한 연구인 종말론과 관련된 것임.

eschatology(종말론)
마지막 종말에 대한 교리를 다루는 조직신학의 한 분야(ta eschata).

exegesis(석의)
문자적으로 "밖으로 꺼집어 냄"을 의미. 성서 신학 분야에서 이 용어는 성서 본문의 의미에 대한 해설, 설명의 행위를 말한다.

exhortation(권면)
바랄만한 행위와 관련된 경고나 조언을 하는 행위.

expiation(속죄)
대속을 이루는 행위. 대속의 수단은 죄와 죄책을 없애는 데에 있다.

faith(믿음)
예수 그리스도 안에서 드러난 것처럼 하나님에 대한 신념, 믿음, 복종.

forgiveness(용서)
죄악을 용서하거나 면제하는 것으로 하나님과의 올바른 관계를 복원시킨다.

functional Christology(기능적 기독론)
예수에 의해 행해진 구원을 베푸는 행위와 관련하여 그리스도의 본성에 대해서 언급 한다; "그리스도의 사역"(존재론적 기독론[ontological Christology]을 보라).

Gnosticism(영지 주의)
2세기 기독교 이단으로 발전된 견해로 물질은 악하다는 사상과 해방은 영지 (gnosis)를 통해서 온다는 사상적 특징을 갖는다.

grammatical-historical interpretation(문법적 역사적 해석)
문장론적 구조와 문화적 역사적 상황에 초점을 맞춘 성서 본문 해석 방법으로 저자의 원래 의도된 의미를 추구한다.

guarantee(보증)
확실성 또는 확신; 예를 들어 예수는 더 좋은 언약의 보증이다.

heavenly Jerusalem(천상의 예루살렘)
유대 문학에 있어 궁극적 구원과 종말론적 샬롬의 체험에 대한 상징.

hermeneutic(해석학적)
강조된 해석 원리에 속하거나 이에 관심을 갖는다. 특히 주석(exegesis)이나 실천적 주해(exposition)와는 구분된다.

hope(소망)
하나님의 신실하심과 신뢰를 근거로 한 확신에 찬 기대.

house(집)
히브리서에서 이 용어는 예수를 자신들의 사도요 대제사장으로 믿음 고백한 자들 즉, 예수를 하나님의 독특한 아들로 인식한 자들을 가리킨다. "집"(house)과 "집을 건축 하는 자"(builder of the house) 사이의 구분은 중요하다.

imperative(명령법)
명령, 요청, 또는 권면을 표현하는 말들에 대한 문법적 용어.

incarnation(성육신)
삼위 일체중 제2위의 인격이 인간이 되셨다는 교리.

indicative(직설법)
어떤 것을 지적하거나, 언급하거나 또는 선언하는 말들에 대한 문법적 용어.

Levitical priesthood(레위 제사장 계열)
레위 족속으로부터 나오는 이스라엘 백성들의 전통적 제사장 계열. 히브리서의 논의에 있어서 레위 제사장 계열은 멜기세덱의 반차를 따른 한 제사장의 출현으로 대체되어 진다.

Masoretic Text(맛소라 본문)
10세기 또는 그 이전 시대에 유대 학자들에 의해 편찬된 히브리 성서 본문으로 권위 있는 본문을 이룬다.

metaphor
차이가 있기는 하지만 유추가 가능한 대상(object), 즉 적절한 적용이 가능한 대상에 이름이나 묘사적인 용어가 전사된 그림 언어. 메타포는 문자적으로 취해져서는 안 된다.

midrash(미드라쉬)
히브리 성서의 어떤 본문에 대한 고대 유대식 설교 주석으로 알레 고리 해석과 전설적 예증을 포함한다. 또한 본문을 다루는 방식도 이런 종류의 주석적 특징을 띤다.

Mount Zion(시온산)
히브리서에 나타난 이미지는 그리스도인들이 도달한 현 실체 즉, 새 언약과 그것이 가져오는 축복에 대한 묘사이며 시내산 옛 언약과는 대조를 이룬다.

oath(맹세)
사람의 말에 대한 맹세된 확약; 예를 들어 하나님께서는 자신의 목적의 변함 없는 특징을 더욱 확신적으로 보여주기 위해 맹세 하셨다.

offering(봉헌)
사람이 자신이나 자신이 가진 것을 하나님께 드림.

ontological Christology(존재론적 기독론)
그리스도의 존재의 본성에 대해서 언급 한다; "그리스도의 인격."(기능적 기독론[functional Christology]를 보라).

papyrus(파피루스)
식물로부터 만들어진 고대 필사 재료. 교차되어 배열된 두개의 층 사이에 엷은 띠를 풀로 붙여 넣어서 낱장들이 만들어진다.

paraenesis(윤리적 권면)
본질에 있어서 통상적으로 윤리적이고 절충적인 권면. 프레네시스를 포함하는 본문은 독자들에게 적절한 행위를 하도록 권면한다.

perfect(완전한)
히브리서에서, 점진적으로 성취되는 하나님의 뜻의 완성된 결과로서 예수의 십자가에서 죽으심과 구원의 성취를 이룸을 가리킨다.

pesher
"주석"(commentary)에 해당하는 히브리어. "이것이 의미하는 바는 …"이라는 공식(formula)을 사용하여 주석을 한다.

Platonic idealism(플라톤적 관념론)
실제의 것들은 초월적인 이데아의 모형이라는 것과 이러한 이데아는 진정한 지식의 대상이라는 것을 강조하는 플라톤의 철학.

polemic(논박)
다른 사람의 의견이나 입장(원리)에 대한 공격적인 비난 또는 반박.

possession(소유)
사람이 소유하거나 가지고 있는 것. 히브리서 저자는 '더 오래 지속되는 소유'에 확신을 가질 것을 상기시킴으로써 독자들에게 동기를 유발시킨다.

prima facie(명백한)
"첫눈에"(at first sight)--초기의 증거는 특정한 결론을 제시한다.

propitiation(속죄)
합당한 제사를 드림으로써 죄에 대한 대속을 이루는 것에 대한 신학적 용어. 가끔 그리스도의 죽음을 묘사하기 위해서 그리고 하나님의 진노를 누그러뜨림과 연관된 의미로 사용됨.

prototype(원형)
모형들이 만들어지는 원래의 패턴이나 모델; 즉, 원형.

realized eschatology(실현된 종말론)
신약의 특정 구절들은 배타적으로 미래에 대한 언급을 하지 않지만 성서 시대와 특히 예수의 생애와 사역에서 성취된 것으로 이해되어 져야 한다는 견해. 미래 종말이 온전히 임하기 전에 실현되어지는 과정에 있는 종말론이다.

rest(안식)
이스라엘 백성들을 위한 하나님의 안식은 약속된 땅에 대한 소유와 약속된 땅에서의 안전으로 생각되어 졌다. 하지만 히브리서 저자는 그것이 안전, 만족, 충족, 하나님의 백성을 위한 평화를 포함하는 초월적인 영적 안식임을 강조한다.

rhetorical criticism(수사학적 비평)
작문 기술이나 화술에 의존하는 것이 설득이나 대화의 수단이라는 것을 나타내는 양상들을 하나의 본문 안에서 발견하려는 성서 분석 방식.

ritual(의식)
통상적으로 종교적 의미를 가진 의식; 예를 들어 동물 희생을 중심으로 하는 성전 제사 의식.

rubric(제목)
표제 또는 제목.

sacrifice(제물)
하나님에 대한 예배나 헌신의 행위로서 바쳐진 귀한 어떤 것으로 이것에 의해서 죄가 용서함을 받고 올바른 관계가 확립된다.

sanctification(성화)
성령의 능력에 의해서 신자들을 행위에 있어서 거룩하게 만드시는 하나님의 지속적인 행위.

sensus plenior
"더 온전한 의미." 성서는 원래의 저자에 의해서 기록된 시대의 특정 문화적 역사적 독자들을 위해 뚜렷이 명시된 문자적 뜻이나 의미를 넘어선 의미들을 포함한다는 해석학적 확언. 이 의미는 과거를 뒤 돌아 보는 회상적 관점에서만 보여 진다.

Septuagint(LXX)
구약의 헬라어 번역본. 70인역이라는 이름이 붙여진 것은 Ptolemy Philadelphus(284-247 B.C.)의 요청으로 72인의 팔레스타인 유대인(12 부족에서 6명씩)에 의해서 파로스(Pharos) 섬에 72일 동안 은둔하여 완성되었다는 전설에 기인한다.

servant(종)
하나님께 복종함에 있어서 신실한 사람; 예를 들어 모세는 하나님의 집에 신실한 종이었다고 말하여 진다.

Shekinah
구약과 유대교 신학에서 진술되어 있는 것처럼 하나님의 영광스러운 세상에서의 임재.

Son(아들)
종이라는 칭호와 대조되는 예수에 대한 독특한 칭호. 아들이라는 칭호는 하나님과의 독특한 관계와 하나님의 집에 대한 다스림을 암시한다.

substance(실체)
히브리서에서, 주관적 확신이나 또는 특히 히브리서 11:1에서 확실한 증거의 의미에서 객관적인 실체를 가리킨다.

synonymous parallelism(유사 평행 대구)
시에서 특히 히브리서에 나타난 2행 연구에서 두 번째 행은 첫 번째 행의 사상을 다른 말로 반복한다.

today(오늘)
하나님께서 그의 백성들로 그의 안식에 들어가도록 정하신 날. 히브리서에서 이 날은 현재적 의미와 종말적 의미를 둘 다 갖고 있다.

triumphalism(승리주의)
그리스도인의 삶이나 교회의 승리를 강조하는 입장. 이 용어는 가끔 진정한 설명을 주지 못하거나 약하거나 수적으로 열세인 자들 즉, 피정복자에 대한 박해나 불의를 가리려고 하지 않을 경우 부정적으로 보여 지기도 한다.

type(유형)
비교할만한 중요 점들을 가진 전주자(forerunner); 예를 들어, 제사장 멜기세덱은 그리스도에 대한 하나의 유형이었다.

typology(모형론)
특별히 구약과 신약에서 역사적으로 상응하는 패턴 속에서 발견되는 유사성들(또는 모형들)에 대한 연구. 유사성들은 하나님의 의도하심에 의한 것이므로 먼저의 본문은 이후의 것을 예시한다는 신념에 모형론은 근거한다. 이후의 본문들은 먼저의 것들에 대한 성취로 인식된다.

uncial(안샬)
각각의 글자를 분리하여 대문자로 기입하는 필사 방식. 또한 "대문자체"(majuscule)로 불리어지기도 하는데 이는 소문자체 글자가 연결된 형태로 쓰여 지는 "소문자체"(minuscule) 또는 "필기체"(cursive)와 대조적이다.

wisdom Christology(지혜 기독론)
이스라엘의 하나님에 대한 완곡한 표현으로 지혜(Sophia)가 사용되고 하나님으로서의 지혜가 그리스도에게 적용됨을 가리킨다. 지혜는 초대 교회의 기독론을 풍성하게 하고 특징짓는 기본 범주중 하나이다.

witness(증인)
진실하다고 알려진 것에 대해서 증거 하는 자. 히브리서에서 "구름과 같이 허다한 증인들"은 그들의 믿음에 의해서 입증이 된 자들이다.

주(Footnotes)

1) 유세비우스, 교회 역사(*Ecclesiastical History*) 6.25.
2) *Ibid*.
3) 히브리서 11:32은 저자가 자신에 대한 언급에서 남성 어미를 갖는 분사(*diēgoumenon*, "에 대해서 말하는")를 사용하는 경우이다. 이 점은 저자가 남성이라는 점을 드러내지 않는다. 브리실라는 여성 분사를 사용하여 자신을 겉으로 드러낼 만큼 우둔하지 않았을 것이다.
4) 200년경의 것으로 보이는 가장 초기의 완전한 바울 서신 원고인 파피루스 46(Papyrus 46)에 의하면 히브리서는 두 번째 서신 즉, 로마서와 고린도전서 사이에 나온다. "히브리인들에게"(To the Hebrews)라는 표제는 알렉산드리아의 클레멘트 [유세비우스에 의하면]와 터툴리안에 의해서 또한 확인 된다.
5) 예를 들어, von Soden, Zahn, Moffatt, Windisch, E. F. Scott, Käsemann, Geerhardus Vos.
6) 사도행전 6:7은 허다한 수의 제사장의 무리가 믿음을 받아들였다는 것에 대해서 언급을 한다. 수신자의 신원 확인에 대한 논의는 Spicq의 *L'Epître aux Hébreux* (Paris: Gabalda, 1952), 1:26-31에서 폭넓게 이루어지고 있다.
7) 예를 들어, F. M. Braun, H. Kosmala, J. W. Bowman, Y. Yadin, D. Flusser, C. Spicq, G. W. Buchanan, P. E. Hughes.
8) 특별히 F. F. Bruce, "'To the Hebrews' or 'To the Essenes'?," *New Testament Studies* 9 (1962-63): 217-32에 의해 이루어진 철저한 논의를 보라.
9) 히브리서를 알고 있다는 지식에 대한 가장 이른 증거는 95년경에 로마에서 기록된 클레멘트 1서(1 Clement)에서 온다. D. A. Hagner, *The Use of the Old and New Testaments in Clement of Rome*(Leiden: Brill, 1973), 179-95를 보라.
10) T. W. Manson, "The Problem of the Epistle to the Hebrews," *Bulletin of the John Rylands Library* 32(1949): 1-17(=*Studies in the Gospels and Epistles* [Philadelphia: Westminster, 1962], 242-58).
11) G. H. Guthrie, *The Structure of Hebrews: A Text-Linguistic Analysis* (Grand Rapids: Baker, 1998), 143.
12) David A. deSilva, *Perseverance in Gratitude: A Socio-Rhetorical Commentary on the Epistle "to the Hebrews"* (Grand Rapids: Eerdmans, 2000), 35-58에서의 훌륭한 논의를 보라. 저자의 스타일에 대한 좋은 논의와 그리고 특별히 수사

학적 기법의 사용에 대해서는 A. H. Trotter Jr., Interpreting the Epistle to the Hebrews (Grand Rapids: Baker, 1997), 163-84를 보라.
13) G. B. Caird, "The Exegetical Method of the Epistle to the Hebrews," *Canadian Journal of Theology* 5 (1959): 44-51을 보라.
14) 13장은 앞장인 12장과 함께 속한다는 것을 아주 잘 보여주는 F. Filson, *"Yesterday": A Study of Hebrews in Light of Chapter 13, Studies in Biblical Theology* 24 (Naperville, III.: Allenson, 1967)을 보라.
15) Guthrie, *Structure of Hebrews*, 146.
16) W. G. Doty (*Letters in Primitive Christianity* [Philadelphia: Fortress, 1973])는 히브리서를 "서신-수필"의 양식으로서 묘사한다. Doty는 히브리서는 "오직 서신적 서언만을" 갖고 있다고 부주의하게 말한다 (p. 68).
17) George W. Buchanan, *To the Hebrews, Anchor* Bible 36 (Garden City, N. Y.: Doubleday, 1972), xix. 과장된 언급처럼 보이지만 Buchanan의 주장이 의미가 없는 것은 아니다.
18) R. Williamson, "Platonism and Hebrews," *Scottish Journal of Theology* 16 (1963): 415-24를 보라.
19) K. J. Thomas, "The Old Testament Citations in Hebrews," *New Testament Studies* 11 (1964-65): 303-25.
20) 일세기 해석학에 대한 유용한 논의를 위해서 R. N. Longenecker, *Biblical Exegesis in the Apostolic Period,* 2d ed. (Grand Rapids: Eerdmans, 2000)를 보라.
21) 이 구절은 쿰란 4번 동굴에서 발굴된 신명기 히브리어 사본에서 발견되는데 70명의 번역자들에 의해 사용된 본문 속에 있었을 가능성을 가리킨다. F. M. Cross Jr., *The Ancient Library of Qumran* (New York: Doubleday, 1958), 135-36.
22) 이 구절을 그리스도에게 적용시킴은 아담에 대한 천사 경배에 관한 랍비 전통에 의해서 용이하게 진행되어 온 것 같다. 논리는 이러하다: 만약 첫 번째 아담이 그러한 경배를 받아야 하였다면 두 번째 아담이야 말할 것도 없지 않은가!
23) Caird, "Exegetical Method," 47.

히브리서의 신학적 강해

초 판 1쇄 인쇄 • 2008년 8월 15일
초 판 1쇄 발행 • 2008년 8월 15일

저 자 도날드 A. 헤그너지음
역 자 이 창 국
발행인 류 근 상
발행처 크리스챤출판사
　　　　경기도 고양시 덕양구 토당동364번지 현대 107- 1701호

등 록 2000년 3월 15일(제53호)
전 화 031) 978-9789, 011)9782-9789
팩 스 031) 978-9779

값 : 표지 뒷면

ISBN 978-89-89249-29-0